시간 해방

Buy Back 시간 해방 Your Time

Dan Martell

돈, 시간, 환경의 한계를 극복하는 시간 증식의 비밀

댄 마텔 지음 | 박영준 옮김

흐름출판

시간은 어떻게 내 삶을 위기에 몰아넣고 구했나

나는 여행용 가방에 담긴 권총을 물끄러미 내려다봤다.

'이 총을 경찰들에게 겨누면 내 비참한 인생이 마무리되겠지.'

눈 위로 흘러내리는 땀을 닦으면서 백미러로 차의 뒤편을 바라봤다. 총을 든 경찰관 두 명이 내 쪽으로 다가오고 있었다. 경찰들을 피해 엄청난 속도로 차를 몰다가 어느 집의 벽을 들이받고 멈춘 참이었다. 마침내 내가 탄 차를 따라잡은 경찰들이 내게 총을 쏘아대도 전혀 놀랄 일이 아니었다. 게임은 끝났다.

절망감이 밀려들었다. 사고뭉치로 살아온 지난날의 기억이 주마등처럼 머리를 스쳤다. 초등학생 때는 걸핏하면 가게의 물건을 훔쳤고, 중학생 때는 청소년 교정 시설에 갇혔고, 고등학생 때는 끝내 학교에서 쫓겨났다.

집 안에서 마약, 돈, 훔친 총 따위를 발견한 어머니는 더 참지 못하고 나를 신고했다. 하지만 동생 피에르Pierre가 귀띔해 준 덕에 나는 앉아서 체포되기를 기다리는 대신 63달러를 주머니에 넣고 도망쳤다. 그 뒤에는 사냥꾼들의 캠프나 친구 집의 소파 위를 전전했다. 그렇게 몇 주 동안 경찰들을 피해 도망 다니다가 고향을 벗어나 삼촌이 있는 몬트리올에 가기로 마음먹었다.

그래서 자동차를 한 대 훔쳤다. 하지만 멀리는 못 갔다. 도로로 접어들자마자 검문에 걸린 것이다. 운전면허증을 집에 두고 왔다는 어설픈 이야기를 늘어놓는 사이 경찰들이 순찰차 뒤에 놓인 컴퓨터로 내 신원을 조회했다. 그 틈을 타서 나는 가속 페달을 밟았다.

그다음 몇 분 동안 영화의 한 장면을 방불케 하는 추격전이 펼쳐졌다. 나는 전속력으로 차를 몰고 경적을 울려대며 도로 위의 자동차들을 이리저리 피해 달렸다. 하지만 결국 어느 집의 벽을 들이받고 멈춰 섰다.

내가 총을 집어 든 건 바로 그때였다.

하지만 총의 안전장치가 풀리지 않았다. 뭔가가 걸렸는지 꿈쩍도 하지 않았다. 아무리 잡아당겨도 소용이 없었다. 내가 안전장치로 애를 먹고 있는 사이 경찰들이 나를 차에서 끌어내 순찰차에 태웠다.

내가 저지른 범죄가 어지간히 심각했는지 성인 교도소에서 6개월간 복역하라는 형을 선고받았다. 그곳에 있을 때는 말썽을 피우지 않고 조용히 시간을 보내려 했지만 오래된 습관을 고치기는 어려웠다. 결국 다른 재소자와 싸움을 벌여 독방에 갇히는 신세가 됐다. 그 좁고 불쾌한 방에서 속옷 바람으로 사흘을 보냈을 때 브라이언Brian

이라는 교도관이 방으로 들어왔다.

"따라와."

그는 나를 옆방으로 데리고 가더니 문을 닫았다. 나는 방 안을 이리저리 둘러보다가 그곳이 교도소에서 보안 카메라가 없는 몇 안 되는 공간 중 하나라는 사실을 알게 됐다.

두려운 마음에 심장이 쿵쾅거렸다. 브라이언은 나를 한참 바라보며 침묵을 지켰다. 그리고 간단하면서도 의미심장한 질문을 던졌다.

"댄, 왜 이곳에 온 거지?"

"아침을 먹다가 다툼이 있었어요. 어떻게 된 일이냐면…"

브라이언이 말을 끊었다.

"아니, 어쩌다 교도소에 오게 된 거냐고."

나는 더듬대며 몇 가지 허술한 이유를 댔다.

"차를 훔쳤어요. 경찰에게서도 도망치고."

브라이언이 다시 말을 가로막았다.

"아니야, 댄. 나는 이 교도소에서 10년을 일했어. 그동안 수많은 청소년을 만났지. 셀 수도 없을 만큼. 하지만 너는 주어진 일을 끝까지 해내고 말썽을 부리지 않으려 노력했어. 너는 그 아이들과 달라. 그 점이 내가 이해할 수 없는 부분이야. 너는 이곳에 있을 사람이 아니라고."

순간, 내 의지와는 상관없이 뜨거운 눈물이 흘러내렸다. 브라이언은 내가 "뭔가를 이루기 위해 이 태어난 사람"이라고 말했다. 그전까지 나는 사람들로부터 골칫거리라는 소리만 듣고 살았다. 하지만 브라이언은 나조차 알지 못했던 잠재력을 발견했다. 그의 따뜻한 말은 내게 더 나은 삶을 향한 희망을 불러일으켰다.

돌이켜보면 나는 숱한 사고를 일으키며 보냈던 어린 시절에도 항상 뭔가에 잠재력을 보였다. 창의력도 있었고 위험을 감수하려는 대범함도 있었다. 사람들 앞에서 말도 잘하는 편이었고 나름대로 혼란스러운 상황에 대처하는 법도 알았다. 한마디로 내게는 사업가에게 요구되는 재능이 있었다. 단지 그 재능이 올바른 방향을 향하지 못했을 뿐이다.

얼마 뒤에 내 삶을 결정짓는 또 하나의 중요한 순간이 찾아왔다. 나는 브라이언과 대화를 나눈 지 며칠 만에 10대 청소년을 위한 심리 치료 시설로 옮겨졌다. 그곳에서도 새로운 삶을 향한 여정이 이어졌다. 나는 공부에 힘을 쏟는 한편 주어진 일에 최선을 다했다. 그렇게 시간을 보내는 사이에 릭Rick이라는 사내와 친구가 됐다. 건물을 점검하고 수리하는 일을 담당하던 릭은 내게는 큰형 같은 사람이었다. 하루는 릭을 도와 어떤 방을 청소하다가 낡은 컴퓨터 옆에 놓인 자바Java 프로그래밍 책을 한 권 발견했다. 나는 무심코 책장을 넘기다가 충격에 빠졌다. 내가 생각한 컴퓨터 프로그램은 고대의 상형문자처럼 난해한 기호와 알아먹기 힘든 수학 방정식으로 가득한 외계어였다. 하지만 그 책은 평범한 글자로 적혀 있었다. 책이 내게 말을 걸었다.

컴퓨터 전원을 켜고 책의 첫 장에 쓰인 대로 간단한 명령어를 몇 마디 입력했다. 몇 분 뒤, 프로그램이 가동되면서 화면에 글씨가 새겨졌다.

"안녕, 세상 사람들(Hello, World)!"

그 순간 '바로 이거야!'라는 생각이 들었다. 몇 가지 명령어를 입력한 것만으로도 눈앞에 믿을 수 있고 예측 가능한 결과물이 나타났다. 소프트웨어의 예측 가능성은 혼란스럽기만 했던 내 어린 시절을 보상해 주는 듯했다. 그날 이후로 컴퓨터 프로그램을 작성하는 일은 내게 새로운 중독의 대상이 됐다.

얼마 지나지 않아 나는 소프트웨어와 시스템을 디자인하는 작업에 모든 것을 쏟아붓기 시작했다. 지금도 고객들에게 시스템 개발 방법을 가르치며 혼란을 예측 가능한 영역으로 바꿔주는 일이 내게는 큰 즐거움이다.

처음 프로그래밍 일을 시작했을 때는 큰 자부심을 느꼈다. 하지만 지금 와 생각해 보면 아는 게 없어서 용감했다. 나는 근거 없는 자신감으로 당시 새롭게 떠오르던 '인터넷'이라는 세계에 무작정 뛰어들었다. 말썽을 피우는 데만 썼던 재능을 사업가의 여정을 밟는 데 활용하기 시작했다. 어린 시절의 방황이 사업가로서 기틀을 닦는 데 완벽한 여건을 제공한 셈이었다.

나는 미지의 세계가 두렵지 않았다. 열여덟 살이었던 1998년에 처음으로 정식 회사를 설립했다. 마리타임 베이케이션Maritime Vacation이라는 휴가철 숙박 시설 예약 사이트였다. 스물한 살에는 웹 애플리케이션을 호스팅하는 회사 NB 호스트NB Host를 창업했다.

사업가 정신은 내 삶을 구원하고 나아갈 방향을 가르쳐 줬다. 하지만 한 가지 문제가 있었다. 그때까지 내가 알고 있던 업무 처리 방식은 오직 어렵고 골치 아픈 일을 본인이 직접 처리해서 결과를 내는 GSD^Get, Shit, Done뿐이었다. 즉, 열심히 일해야만 돈을 벌 수 있다고 생각했다. 먹고, 자고, 쉬는 시간을 아낄수록 성과가 커질 거라는 착각이었다.

나는 처음 창업한 두 회사가 처참히 실패할 때까지 직원들과 효과적으로 협업하는 방법, 시간을 가치 있게 활용하는 방법을 몰랐다. 하지만 내 안에 사업가의 피가 흐른다는 사실만은 알았다. 나는 더욱 힘을 내어 세 번째 회사를 설립했다. 그것이 바로 2004년에 창업한 소프트웨어 회사 스페릭Spheric이었다. 그동안 쏟아부은 힘겨운 노력은 스페릭에서 조금씩 열매를 맺기 시작했다. 하루에 15시간에서 18시간을 일에 몰두한 덕분에 회사는 매년 150퍼센트씩 매출이 성장했다. 하지만 그 과정에서 내 삶은 엉망이 됐다.

결혼식이 4개월도 남지 않은 어느 날이었다. 나는 평상시처럼 꼭두새벽에 출근한 뒤에 저녁 늦게 집으로 돌아왔다. 현관문을 열자마자 머리끝까지 화가 난 약혼녀의 모습이 보였다.

"이런 식으로는 안 되겠어."

그녀가 약혼반지를 식탁 위에 올려놓으며 말했다.

그때는 몰랐지만 실패한 두 회사와 파혼 사이에는 공통점이 있었다. 바로 '나'였다. 그리고 문제의 중심에는 GSD라는 사고방식이 버티고 있었다. 내가 직접 시간을 써야만 문제를 해결할 수 있다는 완고한 사고방식은 오히려 내 눈을 멀게 했다. 내게는 비즈니스와 개인적 삶을 더 나은 방향으로 이끌 지침이 필요했다.

문제의 해결책은 내가 모르는 사이에 땅에 뿌려져 조금씩 자라고 있었다. 나는 약혼녀와 헤어지기 몇 년 전부터 비즈니스와 관련된 책들을 읽기 시작했다. 처음으로 집어 들었던 책은 팀 샌더스Tim Sanders가 쓴《사랑은 킬러 앱Love is The Killer App》이었다. 이 책을 읽은 뒤에 이런 생각이 들었다.

'와, 어떤 사람이 20년 동안 쌓아 올린 경험을 단돈 20달러를 주고 몇 시간 만에 얻어낸 셈이군. 앞으로 이런 책을 얼마나 더 많이 읽을 수 있을까?'

나는 그때부터 데일 카네기Dale Carnegie의《인간관계론》, 나폴레온 힐Napoleon Hill의《생각하라 그리고 부자가 되어라》, 스티븐 코비Stephen Richards Covey의《성공하는 사람들의 7가지 습관》같은 고전적 서적을 탐독하기 시작했다. 이 책들은 내 비즈니스를 보다 순탄하게 만들었다. 하지만 성에 찰 정도는 아니었다. 내게는 '삶을 바꿔줄 확실한 무언가'가 필요했다. 즉, 사업가라는 역할에 힘을 실어주면서도 더 나은 사람으로 만들어줄 시스템이 필요했다. 약혼녀와의 이별은 내게 진실하고 총체적인 삶의 해결책이 필요하다는 경고 메시지였다.

나는 계속해 책을 읽고, 자료를 탐구하고, 실험을 거듭했다. '내가 매몰되지 않을 비즈니스 시스템'을 만들어 열정을 지속시키고, 삶을 되찾을 수 있는 방법을 찾아 나섰다. 개인적인 경험과 수많은 책, 훌륭한 멘토, 강연은 모두 단 하나를 가리켰다. 비즈니스를 일정 수준 이상으로 성장시킬 수 있는 유일한 방법은 시간을 바이백 Buyback(재화를 팔았다가 다시 사들이는 행위 – 옮긴이)하는 방법뿐이라는 것이었다. 즉, 타인의 시간을 사들임으로써 여분의 시간을 마련하고 그 시간을 가장 중요한 일에 쓰라는 뜻이었다.

나는 전과 완전히 다른 방식으로 시간을 쓰기 시작했다. 아니, 사들이기 시작했다. 좋아하는 일(사업을 이끄는 일)을 하면서도 내가 바라는 사람(친구, 아버지, 남편)이 되는 시간론을 익혔다. 그 과정에서 2008년, 스페릭을 매각하고 처음으로 수백만 달러를 손에 쥐었다. 그 경험은 세상에서 어떤 일이 가능하고 어떤 일이 불가능한지에 관한 기존의 인식을 완전히 바꿔놓았다.

시간을 바이백할 수 있게 되자 일을 하는 방식에도 변화가 생겼다. 2009년, 나는 샌프란시스코로 가서 새로운 회사를 설립했다. 그곳에서 내가 구축한 바이백 원칙을 바탕으로 내 시간과 에너지를 자유롭게 해줄 팀을 조직하고 인프라를 구축했다. 그렇게 절약한 시간과 에너지를 다른 곳에 재투자했다. 신기하게도 사업이 성장할수록 시간이 더욱 풍족해졌다.

그 무렵부터 나는 각종 세미나에 강연자로 나섰다. 참석자는 대부분 나처럼 소프트웨어 분야에 종사하고 있었다. 처음에는 '회사의 성장을 위한 마케팅 전략'을 주제로 실리콘밸리의 한복판에서 배우고 익힌 비즈니스 기법을 주로 이야기했다. 하지만 그 과정에서 과거의 나처럼 'GSD 사고방식'에 매몰돼 어려움을 겪는 사업가가 많다는 사실을 알게 됐다.

　2015년에는 SaaS 아카데미SaaS Academy●라는 유튜브 채널을 개설했다. 소프트웨어 회사 설립자들을 대상으로 에너지 관리를 중시해야 하는 이유, 회사를 운영하는 표준화된 운영 체계의 중요성, 궁극적으로는 시간을 바이백하는 방법 등을 공유했다. 구독자들의 피드백은 놀라웠다. "간결한 치료 요법과도 같았다."는 반응부터 "개인과 조직의 혁신을 다루는 최고의 동영상"이라는 극찬에 이르기까지 수많은 구독자가 긍정적인 반응을 보였다. 그 과정에서 내가 깨닫게 된 보편적인 진실은 모든 사람이 자신의 시간과 비즈니스를 관리하는 데 어려움을 겪고 있다는 것이었다. 특히나 선천적으로 사업가 자질을 타고난 사람들일수록 더 그랬다. 따라서 이 책에서는 이들을 가리켜 모두 '사업가'라 칭한다. 사업가라면 특히 비즈니스와 일상생활을 균형 있게 누릴 방법을 찾아야 한다.

　그동안 GSD 사고방식을 바탕으로 일한 사람들은 현시점에서 약간의 성공을 거뒀을지도 모른다. 인간관계를 희생하면서까지 열심히 일하면 일정 수준의 보상이 생긴다. 하지만 어느 순간에 다다르면 성장에 제동이 걸린다. 사업의 규모가 커질수록, 직위가 높아질수록, 책임이 무거워질수록 할 일은 많아지고 시간은 언제나 모자란다.

● 　SaaS(Software as a Service)는 서비스형 소프트웨어(클라우드 컴퓨팅 서비스 중 사용자가 쓸 애플리케이션까지 제공되는 유형-옮긴이)를 가리키는 업계의 용어이다.

하지만 그런 와중에도 회사, 가족, 친구들은 모두 당신에게 시간을 요구할 것이다.

출근하기가 두렵고(처리할 이메일이 잔뜩 밀려 있고, 해결해야 할 문제가 한둘이 아니며, 고객이나 직원들이 일거리를 안겨주기 때문에), 퇴근하기도 망설여진다면(지치고, 스트레스가 심하고, 집에서도 못다 한 일을 생각하기 때문에) 이 책은 바로 당신을 위해 세상에 나왔다. 다시 말해 본인의 시간을 재구매함으로써 놀라운 성과를 만들고 좋아하는 일을 마음껏 즐기고 싶은 사람들을 위해 쓰였다.

사업가 DNA를 가진 사람은 사업가처럼 사고하고 일해야 온전한 삶을 살 수 있다. 불필요한 업무에 에너지를 송두리째 빼앗기고, 인간관계를 망가뜨리는 상황을 지속하면 안 된다. 이 책은 내가 어떻게 비즈니스와 삶의 접근 방식을 바꿨는지에 관한 대안을 다룬다. 나는 당신이 더 나은 방법을 찾아낼 수 있도록 도울 것이다.

성장을 두려워하지 않는 회사를 만드는 법

스티븐 코비는 이렇게 말했다. "핵심은 시간을 사용하는 법이 아니라 시간을 투자하는 법을 찾아내는 것이다."[1] 나는 바로 그 방법에 관해서 이야기할 예정이다.

내가 다룰 체계적 접근 방식이나 문제 해결 전략은 사업을 두 번이나 실패하고, 파혼하고, 1,200권이 넘는 비즈니스 및 자기 계발 서적을 탐독하고, 세계에서 가장 큰 SaaS(서비스형 소프트웨어) 교육 및 멘토 조직을 운영하고, 시간을 바이백하는 방법에 대해 수많은 강연을 하는 과정에서 형성됐다.

나는 이 책의 내용을 실제로 삶에 적용했을 뿐 아니라, 수천 명의 사업가들에게도 이식시켰다. 덕분에 그들은 더 많은 에너지를 얻고, 행복한 미래를 설계하고, 비즈니스를 진정으로 즐기게 됐다. 일터에서는 직원들을 행복하게 만들었고, 일상에서는 더 나은 친구, 부모, 배우자가 될 수 있었다. 물론 회사도 기하급수적으로 성장했다.

대부분의 사업가는 회사를 수익성 있게 만들기 위해서는 열심히 일하는 방법밖에 없다고 생각한다. 어느 정도까지는 그 말도 일리 있다. 하지만 번성하는 당신의 '제국'을 건설하기 위해서는 시간을 바이백하는 법을 배워야 한다. 그래야만 본인의 삶을 통제하고, 일을 즐기고, 비즈니스가 제공하는 자유를 되찾을 수 있다.

장담하건대 당신은 사업가로 충실한 삶을 살면서도 시간의 제약에서 해방되고, 좋아하는 일에 더 많은 에너지를 쏟을 수 있다. 게다가 이 모든 것은 서로 밀접하게 연결된다. 당신이 행복해지면 더 나은 사업가가 될 것이고, 더 나은 사업가는 더 훌륭한 연인이자 가족, 친구가 될 수 있다.

그동안 나는 수많은 사람에게 시간을 바이백해서 삶에서 가장 중요한 부분에 다시 예치하는 방법을 공유했다. 그들은 자기가 가장 잘하는 일에 더 많은 시간을 할애하는 법을 배웠고, 절약한 에너지를 이용해서 더 많은 시간을 바이백했다. 그렇게 시간이 무한 증식하기 시작했다.

이 책이 어떤 내용으로 이루어졌는지 간략히 소개한다.

1부에서는 바이백 원칙과 바이백 루프, DRIP 매트릭스에 관해 이야기한다. 당신의 사고방식을 혁신적으로 바꿔줄 이 도구들은 평소 회사에서 어떻게 시간을 보내고 있는지 돌아볼 기회를 제공한다. 당신은 어떤 업무가 본인의 시간을 가장 많이 낭비하는지와 그 이유를 파악할 수 있다. 이 도구들을 당신과 회사에 대입하는 순간, 대부분이(심지어 당신 자신도) 얼마나 소모적으로 회사를 운영하고 일하는지 알게 된다.

2부에서는 시간 거래 방식을 살펴본다. '대체 사다리' 방법론을 통해, 한 단계씩 더 중요한 상위 업무로 옮겨가는 방법을 배운다. 또한 '플레이북'을 제작해 시간을 프로세스화하고 업무를 위임하는 요령에 관해서도 다룬다. 대체 사다리와 플레이북을 이용하면 직접 시간을 들이지 않고도 업무를 통제하고 완성도를 높일 수 있다.

3부에서는 각자의 '에너지' 흐름에 따라 '완벽한 한 주'를 설계하는 방식을 다룬다. '완료의 정의(DoD)'나 '1:3:1' 규칙을 활용해 조직의 생산성을 저해하는 병목 현상을 분석하고 극복 방안을 마련한다. 무엇보다 3부의 백미는 '캠코더 방법론'이다. 캠코더 방법론을 이용하면 많은 시간을 할애하지 않고도 효과적으로 직원들을 훈련시킬 수 있다.

4부에서는 꿈꾸는 법을 이야기한다. 원하는 목표를 구체화하는 10X 비전 수립 프로세스와 '미리 채워진 한 해'를 설계함으로써 꿈을 현실로 만든다.

이 책은 독자들에게 다양한 과제를 내준다. 각 장의 마지막에는 앞서 배운 내용을 삶에 직접 적용해 보는 '실전 매뉴얼'을 다루고 있기 때문에 《시간 해방》에서 제시하고 있는 시간론을 자신의 것으로 습득할 수 있다. 또한 BuyBackYourTime.com/Resources 사이트에 참고 자료를 올려놓았으니 편히 이용하길 바란다.

나는 시간을 바이백함으로써 놀라운 삶을 누릴 수 있게 됐다. 이번 주에는 기업 가치가 수천만 달러에 달하는 내 회사를 성장시키기 위한 업무에 6시간 정도를 투자할 계획이다. 또 철인 3종 경기에 나가기 위한 훈련과 빈곤층 아이들을 대상으로 한 자원봉사도 예정돼 있다. 무엇보다 나는 내 아이들과 시간을 보내고, 아내와 점심 데이트를 하고, 매일 저녁 가족들과 저녁 식사를 즐길 것이다.

내가 이런 나날을 보낼 수 있게 된 까닭이 단지 열심히 일했기 때문만은 아니다. 그보다는 매 순간을 적절한 곳에 투자하고 이를 통해 더 많은 에너지를 얻는 방법을 배웠기 때문이다.

물론 혼자 이룬 일은 없다. 나는 수많은 사람에게서 수없이 많은 도움과 가르침을 얻었다. 이제는 그 소중한 정보를 여러분과 나누려 한다.

마지막으로 이 책은 당신만을 위해서가 아니라 당신의 회사, 직원, 공동체의 미래에 도움을 주기 위해 쓰였다. 이제 당신을 옭아매던 시간의 제약에서 해방될 시간이다. 성장의 전율을 느끼길 바란다.

목차

들어가며 | 시간은 어떻게 내 삶을 위기에 몰아넣고 구했나   — 5

1부 사소한 시간 습관이 만드는 놀라운 변화

1장 재생산   — 27

당신만이 문제를 해결할 수 있다는 착각   — 31

바이백 원칙이 삶을 자유롭게 한다   — 37

한계에 도달한 사람들   — 40

돌아보고, 옮기고, 채워라   — 48

2장 집중   — 57

자신의 적성을 알고 있는가   — 59

한 우물을 파라   — 62

숨겨진 천재성을 발견하고 살려라   — 65

에너지와 시간, 돈을 안겨주는 일을 찾는 법   — 69

80% 해내는 사람은 100% 훌륭하다   — 78

사람을 채용할 돈은 충분하다   — 83

사소한 일로 고통받을 시간은 없다   — 87

3장 차단 —91

혼란에 중독된 사람들의 위기 —93

성공을 해치는 다섯 명의 시간 암살자 —100

시간을 해치는 유혹에서 벗어나라 —110

문제를 극복하는 정공법 —112

2부 시간의 주인이 되기 위한 시간 거래법

4장 거래 —119

삶을 주도하는 세 단계의 시간 거래 —121

비용은 최소로, 성과는 최대로 —125

하루를 망가뜨리는 무가치한 업무 —127

시간 vs. 에너지 —129

업무의 시간 가치 판단하기 —131

싫어하는 일부터 멈춰라 —134

5장 대체 —137

누군가에게 반드시 맡겨야 하는 일 —141

필요한 인력을 알아보는 눈 —143

1단계: 관리 업무 —147

2단계: 납품 —147

3단계: 마케팅 —149

4단계: 영업　　　　　　　　　　　　　　　　　— 151

5단계: 리더십　　　　　　　　　　　　　　　　— 153

간단한 습관으로 큰 차이를 만들라　　　　　　— 155

가장 대체하기 어려운 업무를 넘기는 법　　　　— 156

시간의 수렁에서 벗어나기　　　　　　　　　　— 159

6장 복제　　　　　　　　　　　　　　　　　— 163

우리 모두에게 비서가 필요하다　　　　　　　　— 164

비서가 알려준 자유로 가는 지름길　　　　　　— 170

유능한 비서는 효율성을 극대화한다　　　　　　— 177

3부 완벽한 삶을 만들기 위해 시간을 무한 증식하라

7장 자동화　　　　　　　　　　　　　　　　— 183

당신의 삶을 '맥도널드화' 하라　　　　　　　　— 185

새로운 기회를 만드는 무한 증식의 비결　　　　— 188

성공을 체계화하는 프레임워크　　　　　　　　— 190

플레이북을 직접 만들 필요는 없다　　　　　　— 203

속도와 정확도를 모두 높이는 플레이북　　　　— 206

한 가지 업무부터 시작하라　　　　　　　　　　— 207

8장 우선순위 — 211

시간이 피 흘리고 있다 — 213

한 주를 완벽히 통제하라 — 216

한 번에 많을 일을 처리해 주는 마법 — 219

"예스"를 조심하고 "노"를 존중하라 — 223

어떤 하루하루를 꿈꾸는가 — 225

최고의 성과를 내는 하루를 만드는 법 — 225

완벽한 한 주 설계하기 — 228

9장 절약 — 235

해결책 1 - 50달러짜리 마법의 약 — 236

해결책 2 - 동기화 회의 — 237

해결책 3 - 완료의 정의 — 240

해결책 4 - 1:3:1 규칙 — 242

자유와 시간을 되찾기 위해 에고를 깨뜨려라 — 244

10장 채용 — 249

A급 직원은 A급 직원과 일하고 싶어 한다 — 251

올바른 채용이 시간을 아껴준다 — 263

4부 최고의 시간은 어떻게 설계되는가

11장 코치 — 269

트랜잭션 관리 vs. 혁신적 리더십 — 271

지시하지 말고 목표를 말하라 — 273

체크하지 말고 측정하라 — 279

성과를 올리고 싶다면 성공적으로 코치하라 — 281

12장 리뷰 — 289

모든 인간은 시한폭탄이다 — 290

피드백 없이는 생산성도 없다 — 291

팀의 성과를 끌어올리는 가장 쉬운 방법 — 293

진실을 감당할 자신이 있는가 — 296

피드백을 효과적으로 'CLEAR' 하라 — 299

A급 직원을 지키면 수백만 달러가 절약된다 — 301

13장 효율 — 307

불가능함을 불가피함으로 바꾸는 힘 — 311

1단계: 한계 없이 꿈꾸기 — 314

2단계: 선명한 10X 비전 창조하기 — 320

모든 효율을 비전에 담아내라 — 329

14장 균형 — 333

당신의 삶에 가장 중요한 순간은 언제인가 — 334

큰 꿈을 실행 가능한 형태로 만들어라 — 336

완전히 달라진 다음 해를 만드는 법 — 340

실천, 계속 해내는 힘 — 345

최고의 순간을 누릴 시간 — 346

나가며 | 다시 사들인 삶 — 351

삶 전체를 바이백하라 — 357

당신의 제국 — 360

부록 | 삶을 떠받치는 일곱 기둥 — 365

미주 — 371

1부

사소한
시간 습관이 만드는
놀라운 변화

1장 재생산

목표란 당신이 달성하고자 하는 결과물이며, 시스템은 결과물에 도달하기 위한 과정이다.

— 제임스 클리어James Clear[1]

스튜어트Stewart가 나를 찾아왔을 때, 그는 생사의 갈림길에서 처절한 싸움을 벌이고 있었다.

"집 밖을 나설 수도 없고, 심호흡을 할 수도 없습니다. 극심한 공포감이 주기적으로 찾아와요. 악몽 속에서 하루하루를 살아가고 있습니다." 그는 이렇게 말했다.

몇 달 전만 해도 스튜어트는 본인 회사가 기존에 출시한 앱의 백앤드Backend(소프트웨어에서 사용자와 접점을 갖지 않는 프로그램의 후단부-옮긴이) 프로그램을 대대적으로 재설계하는 작업을 이끌었다.

그는 하루에 14시간씩 일주일에 7일을 일하며 프로젝트를 지휘했다. 그들은 크리스마스가 돼서야 겨우 작업을 마쳤다. 스튜어트는 며칠 휴가를 내어 아내, 처제와 디즈니랜드로 여행을 떠났다. 유원지를 10분 정도 걸었을 때, 스튜어트는 갑작스레 심장이 조여들고 숨쉬기가 힘들어졌다. 그는 벤치에 앉아 잠시 쉬면서 가족들을 안심시켰다. "괜찮아. 나중에 따라갈 테니 먼저 가."

그러나 괜찮지 않았다. 심장이 마구 뛰고 공포감이 밀려들었다. '세상에서 가장 행복한 곳에 앉아 심장마비에 걸리는 건가?' 그는 자신에게 이렇게 물었다. 시간이 흐르면서 한숨을 돌린 스튜어트는 벤치에서 일어나 가족들과 합류했다.

집으로 돌아와 업무로 복귀하면서 증세는 재발했다. 병원 검진에서는 심장에 아무런 이상이 없었다. 진짜 문제는 무엇이었을까? 바로 '불안감'이었다. 스튜어트는 당황했다. 살아오면서 그런 공황 증세를 겪어본 적이 없었기 때문이다.

머지않아 한 주에도 두 차례씩 공황 증세가 찾아왔다. 디즈니랜드에서 처음 공황을 경험하고 3개월이 지난 2020년 3월이 되자 스튜어트는 투쟁 도피 반응Fight or Flight(인간이 심리적·신체적으로 감당하기 어려운 상황에 닥쳤을 때 느끼는 불안과 위협의 감정 – 옮긴이)으로 온몸이 마비돼 하루의 대부분을 침대에 누워 보냈다. 몸 상태가 워낙 나쁘다 보니 화상 회의에도 참석할 수 없었다. 스튜어트는 이 상황을 벗어나기 위해 할 수 있는 모든 일을 다 했다. 자기 계발서를 탐독하고, 명상에 빠지려고 노력했으며, 억지로 운동을 하기도 했다. 하지만 그럴

수록 컨디션만 나빠졌다. 무엇도 그의 건강에 도움이 안 됐다.

디즈니랜드에서 처음 공황 증세를 겪기 전만 해도 스튜어트는 34세의 젊고 열정적인 사업가였다. 좋은 학교를 나왔고 일도 열심히 했다. 대학교에서는 재무를 공부했으며, 월스트리트에서 업무 경력을 쌓았다. 2015년에는 자신의 두 번째 스타트업(중소기업의 온라인 매출을 높여주는 애플리케이션 개발 회사)을 설립했다. 4년 만에 직원은 10명으로 늘었고 회사가 출시한 애플리케이션도 10여 개에 달했다. 회사 제품을 매일 이용하는 사용자 수도 64만 명을 돌파했다. 누가 뭐래도 그는 성공한 사업가였다.

스튜어트는 다른 훌륭한 사업가들처럼 세세한 일까지 주의를 기울였다. 대부분의 업무를 혼자 해냈다. 그것이 '올바르게 일하는 방법'이라고 생각했다. 게다가 업무 수행에 필요한 전문성도 충분했다. 재무를 전공한 덕에 스튜어트는 회계 장부를 기록하고 관리하는 방법을 잘 알았다. 또 프로그래밍에도 능해서 소프트웨어 개발자들이 수행하는 모든 업무에 구체적으로 관여했다. 심지어 출장을 위한 비행기 예약도 본인이 하고 회의 일정도 직접 잡았다.

스튜어트는 조금씩 성공적인 회사를 일궈나갔다. 자신의 능력과 경험을 바탕으로 가족에게 경제적 여유로움을 안겼고, 직원들에게 일자리를 제공했으며, 시장에 가치를 부여할 수 있는 기업의 틀을 닦았다. 물론 그 단계까지 도달하는 데는 힘겨운 노력과 희생이 필요했지만, 그럴 만한 가치는 충분해 보였다. 공황 증세가 찾아오기 전까지는 그랬다.

서른넷, 스튜어트의 모든 것이 멈췄다. 그의 몸은 '이제 할 만큼 했어.'라고 말하며 더 이상의 활동을 거부했다. 회사의 성장은 중단될 위기에 빠졌고, 그동안 그가 이루기 위해 노력했던 결과물은 침대에서 몸을 일으키기도 어려운 스튜어트의 어깨에 위태롭게 매달려 있었다.

그동안 나는 수백 명이 넘는 다양한 고객들과 일했다. 대부분 자기가 운영하는 회사에 열정을 품은 사업가였다. 나는 그들이 영업 조직을 확대시킬 수 있도록 도왔고, 최고의 인재를 구하는 방법이나 마케팅 자금을 효과적으로 사용하는 법을 코치했다. 하지만 내가 그들과 더욱 많은 시간을 보낸 일은(그리고 가장 좋아한 일은) 그들의 시간과 에너지를 가장 많이 소모하는 업무가 무엇인지 찾는 작업이었다. 나는 그 문제를 함께 풀면서 그들이 더 많은 돈을 벌고 삶을 즐기는 방향으로 나아가게 도왔다.

이미 여러 개의 소프트웨어 회사를 설립한 스튜어트가 내게 전화를 걸었을 때, 그는 회사의 성장 전략이나 마케팅 계획 또는 시간, 돈, 에너지를 절약하는 방법을 배우기 위해 나를 찾은 것이 아니었다.

그는 살고 싶어서 나를 찾았다.

당신만이 문제를 해결할 수 있다는 착각

UC 버클리 대학교의 연구에 따르면 사업가들은 우울증, ADHD, 약물 남용, 양극성 장애 등의 질환에 걸릴 확률이 일반인보다 훨씬 높다.[2] 대부분의 사업은 좋은 취지에서 시작된다. 사업가들은 비즈니스를 통해 고객에게 좋은 해결책을 제공하고, 시장에 혁신을 불어넣고 돈을 많이 벌어 가족이나 친구들과 더 많은 시간을 보내겠다고 계획한다. 하나같이 훌륭하고 긍정적인 미래를 지향한다. 그런 사람들이 수많은 신체적 · 정신적 문제에 시달리는 이유는 무엇일까?

'열심히 일할수록 회사의 생산성이 높아진다.'는 잘못된 생각에 사로잡혀 있기 때문이다. 누구든 열심히만 일하면 남보다 앞설 수 있다는 것은 매력적인 말이다. 하지만 당신을 감쪽같이 속이는 말이기도 하다. 늘 최선을 다해 일해야 한다는 직업 윤리는 결국 한 가지 오판에 도달한다. 더 많은 입력Input이 더 많은 결과물Output을 가져온다는 것이다.

하지만 바쁘게 일하기만 해서는 비즈니스의 성공을 기약할 수 없다. 쳇바퀴 위에 올라간 햄스터는 늘 바쁘다. 개도 땅을 파느라 여념이 없다. 하루에도 몇 시간씩 온갖 잡무에 시달리고, 직원들에게 일을 방해받고, 수많은 이메일을 처리하느라 땀 흘리는 사람들이 너무나 많다. 그들도 분명 종일 바쁘다. 다만 그렇게 좋은 성과를 거두지 못할 뿐이다.

심지어 '효율적으로' 바쁘게 일하는 것도 정답이 아니다. 사업가

나 조직의 리더, 관리자급 직장인들은 대체로 효율적이다. 그들은 누구보다 신속하게 일을 처리하는 능력이 있다. 전화를 걸고, 고객을 방문하고, 이메일을 보내고, 계약서에 도장 찍는 일을 어떤 직원보다 잘한다. 하지만 본인이 하지 않아도 될 업무까지 효율적으로 처리하느라 바쁜 사람들은 조만간 스튜어트가 처한 것과 비슷한 상황을 맞게 될지도 모른다.

스튜어트는 자기 일을 대신할 직원을 채용해 교육하는 데 훨씬 많은 시간과 에너지가 소모될 거라고 생각했다. 따라서 직접 업무를 처리하는 것이 일을 제대로 완료하는 가장 쉬운 방법이라고 믿었다. 그래서 그는 모든 업무를 스스로 처리했다. 그러지 않을 이유가 없었기 때문이다.

스튜어트는 회사의 장부를 정리하고 회계 업무를 담당함과 동시에 수석 엔지니어였고, 선임 프로젝트 관리자였으며, 인사 부서의 리더였고, 고객 지원부의 부서장이었다. 동시에 그는 자신의 비서이기도 했다. 스튜어트가 높은 수준의 직업 윤리를 갖췄다는 사실은 부인할 수 없다. 그 점은 충분히 존경받을 만하다. 하지만 그는 평소 한 주에 70시간을 일했고, 바쁠 때는 주당 100시간을 업무에 쏟았다. 보물이 가득한 성을 코앞에 두고 공황 증세가 나타난 것도 무리는 아니었다. 그는 자신의 시간을 되찾아 삶에서 가장 중요한 일에 다시 예치하는 방법을 알지 못했다.

사업가들은 회사를 다음 단계로 성장시키기 위한 비밀의 열쇠가 본인이 가장 뛰어난 능력을 발휘하거나, 진정으로 좋아하거나, 회사에 가장 큰 가치(대개 매출액 측면에서)를 안겨줄 만한 일에 본인의 시간을 사용하는 데 있다는 사실을 잘 모른다. 이런 기준을 충족하는 업무는 대체로 두세 가지에 불과하다. 그 밖의 일에 집중하는 것은 회사의 성장을 더디게 하고 당신의 삶을 소모시킨다. 따라서 이들을 하루빨리 일정에서 제거해야 한다. 당신은 현재 진행 중인 업무의 95퍼센트를 다른 사람의 손에 넘기고, 진정으로 중요한 일로 복귀해야 한다.

《1페이지 마케팅 플랜》의 저자 앨런 딥Allan Dib은 다음과 같이 말했다. "돈은 언제나 벌 수 있다. 하지만 시간은 벌 수 없다. 따라서 당신이 지금 시간을 쏟고 있는 업무가 회사에 가장 큰 영향을 미치는 일인지를 항상 확인해야 한다."[3]

날마다 수많은 이메일과 전화에 시달리고 크고 작은 문제를 해결하느라 바쁜 사람들 귀에는 이 말이 어처구니없이 들릴지도 모른다. 하지만 내 말에 조금 더 귀 기울여 보라. 그리고 내 말의 신빙성을 의심해 보기 전에 몇 분만 이렇게 생각해 보기를 권한다. 당신이 누구보다 뛰어난 능력을 발휘할 수 있는 일이나 진정으로 좋아하는 일, 회사의 가치를 높이는 일에만 모든 시간을 집중하면 어떤 기분이 들까?

아마 족쇄를 벗은 듯 안도의 한숨을 내쉴 것이다. 마음이 평온해지고, 더 나은 배우자, 부모, 친구가 될 수 있을 것이다. 물론 직원들도 분명히 행복해진다. 당신이 매일 아침 생기 있는 모습으로 출근해 회사를 더 훌륭하고 원대한 목표로 이끌면서 모든 직원에게 각자의 능력을 마음껏 발휘하게 해줄 테니 말이다. 부동산 업계에서 활동하는 내 친구 키스Keith의 이야기를 들어보자.

키스는 부동산 회사를 설립해서 성공했다. 집을 사고파는 데 그 친구보다 능력이 뛰어난 사람은 없었다. 하지만 그런 그에게도 한 가지 문제가 있었다. 무엇이었을까? 키스는 일주일에 20시간 정도를 전화 통화에 쏟았다. 집에서도 전화기를 손에서 놓지 않았다.

마침내 키스는 해결책을 찾아냈다. 자신을 대신해 영업 업무를 수행할 직원을 채용하기로 한 것이다. 그 직원에게 고객들과의 통화를 맡겼다. 고정 급여를 주기보단 성공 수수료를 주는 식(이 업계에서 흔한 채용 방식)으로 채용이 이뤄졌다. 키스의 사업은 더욱 번창했고 가족은 행복해졌다. 그리고 영업 업무를 대신하는 직원도 두둑한 수수료를 챙겼다. 키스는 영업과 관련된 중요한 전화(전체 통화의 10~15퍼센트)만 직접 받았다. 그렇다면 키스는 그렇게 얻어낸 여분의 시간을 어디에 썼을까? 자신의 사업에 가치를 불어넣고 가족들과 행복을 나누는 데 사용했다.

또 다른 친구 마틴Martin의 사례도 참고할 만하다. 마틴은 비즈니스 컨설턴트로, 클라이언트 회사가 영업 프로세스를 최적화하거나 마케팅 전략을 수립하도록 도왔다. 마틴의 문제는 고객들과 매주 10여 차례의 전화 회의를 진행해야 한다는 것이었다. 그는 아침저녁으로 한 차례씩 통화를 하며 고객들이 페이스북을 통해 집행한 광고가 효과를 발휘하지 못하는 원인을 진단하고 해결책을 제시했다. 어느 정도 시간이 지나자 마틴은 그 일이 지겨워졌다. "전화 회의를 할 때마다 똑같은 질문을 받고 앵무새처럼 똑같은 대답을 해줘야 해."
반복되는 업무는 에너지를 빼앗았고 비즈니스의 다른 부분에도 영
향을 미쳤다.

마틴은 타고난 창의성을 발휘해 문제를 해결했다. 다른 회사와
파트너십을 맺어 그들에게 전화 회의 업무를 '무료로' 넘긴 것이다.
대신 그들은 자기 회사가 제공하는 서비스를 고객들에게 추가로 제
안할 수 있었으므로, 잠재 고객들과 진행하는 전화 회의를 기꺼이 떠
맡았다. 마틴은 그렇게 확보한 주당 몇 시간이라는 소중한 자원을 회
사의 핵심 업무를 수행하는 데 활용했다.

키스와 마틴은 추가로 얻은 시간을 비즈니스와 삶에서 '가장 중
요한 곳'에 재투자했다. 그들은 에너지를 소모하는 업무를 다른 사람
의 손에 넘김으로써 '시간'이라는 소중한 자원에 자유를 선사했다. 따
라서 그 시간은 가장 소중한 곳에 사용돼야만 했다.

이러한 경험은 키스, 마틴, 스튜어트로 하여금 자신이 회사에서
가장 뛰어난 능력을 발휘할 수 있는 일이 고작 몇 개뿐이라는 사실을
알게 했다. 그밖의 업무에 사용하는 시간은 에너지를 고갈시키는(그
리고 결국 더 큰 비용을 요구하는) 행위일 뿐이다. 그것이 바로 지금부터
이야기할 '바이백 원칙'Buyback Principle의 핵심이다.

1. 회사에서 가장 제한적인 자원인 '사업가의 시간'을 확보하는 법
2. 사업가에게 '더 많은 에너지와 더 많은 돈'을 안겨줄 분야에 그 시
   간을 재투자하는 법

지금까지 얘기한 내용을 바탕으로 바이백 원칙을 정리하면 다음과 같다. 바이백 원칙은 시간을 사들이기 위해 계속 활용해야 할 사고방식이자 규칙이다. 당신은 바이백 원칙에 따라 자신의 업무를 위임하고 더 많은 에너지와 돈을 안겨줄 활동으로 여분의 시간을 채워야 한다. 여기서 강조해야 할 점은 단지 직원을 '채용'하는 것이 전부가 아니라, 시간을 '재투자'한다는 목표로 사람을 뽑아야 한다는 것이다. 스튜어트의 회사에는 이미 많은 직원들이 근무하고 있었다. 그런데도 그는 죽음과 같은 스트레스에 시달렸다. 문제는 스튜어트가 '자신의' 시간을 바이백한다는 구체적인 목적의식을 바탕으로 직원들을 채용하지 않은 데 있었다.

그런 의미에서 나는 지금까지 이야기한 개념을 아래와 같이 정리하고 싶다.

바이백 원칙: 회사를 성장시키기 위해서가 아니라 당신의 시간을 되사기 위해 직원을 채용하라.

이 원칙은 당신에게 생각지 못했던 금전적 성공을 안겨준다. 더해서 처음 사업을 시작한 사람에게는 상상했던 삶을 이룰 수 있게 만들어준다.

당신이 바이백 원칙을 따른다면 눈앞에 환상적인 사이클이 펼쳐질 것이다. 갈수록 회사는 더 많은 돈을 벌고 당신은 더 많은 시간을 바이백한다. 그 결과, 더 행복한 삶을 살며 자유를 되찾게 된다.

당신은 좋아하는 일을 하며 돈을 벌고 그 돈으로 더 많은 자유를 사들인다. 그럼 더 많은 돈이 주머니로 들어온다. 당신은 가장 잘 하는 일에 집중하기 위해 그 돈을 재투자한다. 비즈니스는 계속해서 성장한다.

이 책을 읽으면서 알게 되겠지만, 당신은 관리 업무, 고객 배송 및 추적, 영업 등 회사가 반드시 수행해야 하는(그러나 꼭 당신 손으로 할 필요는 없는) 업무를 담당할 직원을 얼마든지 채용할 수 있다. 덕분에 회사에 더 많은 일이 밀려들어도 당신은 가장 좋아하는 일에 전념하면서 더 많은 매출을 올릴 수 있다.

바이백 원칙은 사업가가 더 이상 이메일에 파묻혀 지내지 않게 만든다. 일부 업무에서는 뛰어난 능력을 발휘하지만, 다른 일에서는 평범한 능력을 가지고 있다는 사실을 인정하게 해준다. 또한 매일매일 그날 할 일을 선택할 때 가장 가치가 높은 과업을 선택하게 만든다.

당신이 내 말을 믿지 못할 수도 있다. 괜찮다. 이해한다. 대부분의 사업가가 내 말을 믿지 못한다. 스튜어트도 처음에는 내 말을 귀담아듣지 않았다. 직접 그 원칙을 시도하기 전까지 말이다.

바이백 원칙이 삶을 자유롭게 한다

스튜어트는 바이백 원칙을 이해하고 적용했다. 즉, 비즈니스와 삶에서 가장 중요한 일에 집중하게 되면서 모든 것이 달라졌다.

이 성실하고 문제 해결에 능한 사업가는 침대에서 벗어날 수 없고, 숨쉬기조차 힘겨울 무렵 우연히 내 강의를 접했다. 그리곤 2주 간 동영상을 몰아보며 내용을 모조리 숙지했다. 스튜어트는 그동안 자신이 얼마나 미치광이처럼 회사를 운영했는지를 처음으로 깨달았다. 더 중요한 사실은 그가 더 나은 미래를 만들 방법을 찾아냈다는 것이다.

스튜어트는 자신이 하루를 어떻게 보내는지 조사하는 작업에 돌입한 뒤에 놀라운 사실을 발견했다. "스스로가 시간을 신중하게 관리하고 있다고 생각했어요. 하지만 막상 내가 하는 일들을 종이에 옮겨 업무 목록을 만드니 이런 깨달음이 찾아오더군요. 아, 이런 일을 하면 안 되는데."

스튜어트의 일정에는 하루를 낭비시키는 잡일이 많았다. 더군다나 그는 엔지니어들의 업무 범위를 정하고, 관리하는 데에도 많은 시간을 소모했다. 그가 자신의 '바이백 요율'(다음 장에서 자세히 다룬다)을 계산하자 충격적인 결과가 나왔다. 스튜어트의 시간 가치(시간당 100달러)와 그가 시간을 투입해서 수행한 업무의 가치(시간당 10달러) 사이에 엄청난 격차가 있었던 것이다. 결과적으로 스튜어트는 회사에 시간당 90달러의 손해를 끼친 셈이었다. 게다가 그 과정에서 자신을 삶을 위기로 몰아넣었다.

스튜어트는 자신이 하던 업무의 우선순위를 설정하고 일정에서 어떤 일부터 덜어낼지 결정했다. 그다음 캠코더를 이용해 자신이 불필요한 업무를 수행하는 장면을 한 달 내내 촬영했다. 그렇게 업무 처리 방식을 정리해 그 일을 새로 채용한 두 직원에게 넘겼다.

그 과정을 통해 스튜어트는 자신의 일정에서 어떤 일을 없애거나 계속할지, 누구에게 그 일을 맡길지, 어떤 방법으로 그들을 관리할지를 알게 됐다. 그리고 자신의 궁극적인 직무는 '생산성'을 관리하는 것이 아니라 에너지와 감정을 관리함으로써 생산성이 높은 업무의 양을 최대로 늘리는 것이라는 사실을 깨달았다. 그래야만 자기가 수행하는 일에 진정한 기쁨을 누리면서 회사에 최고의 성과를 안겨줄 수 있었다.

스튜어트는 그로부터 2개월도 채 지나지 않아 한 주에 30시간 이상 업무로부터 자유로워졌다. 하루에 일하는 시간도 11시간에서 6시간으로 줄였고, 자녀들에게 세심한 관심을 쏟는 아빠이자 아내를 열심히 도와주는 남편으로 변모했다. 심지어 주짓수에 도전해 푸른색 띠를 따는 등 예전에 좋아했던 취미 생활도 다시 시작했다. 그럼에도 불구하고 스튜어트의 회사는 매출이 세 배나 늘었고, 그의 수입도 두 배가 증가했으며, 그를 그토록 힘들게 했던 공황 증세도 사라졌다. 이 모든 일이 1년도 안 돼서 일어났다.

스튜어트의 삶은 당신이 시간을 바이백할 경우 어떤 변화가 일어나는지 잘 보여주는 완벽한 사례다. 사업가는 자신에게 주어진 자원을 최대한 활용해서 더 많은 시간을 사들여야 한다. 그리고 그렇게 얻은 여분의 시간을 자기가 가장 잘하고, 가장 좋아하고, 회사에 가장 높은 가치를 안겨줄 수 있는 일에 재투자해야 한다. 오늘날 스튜어트는 새로운 직원을 채용할 때마다 철저히 바이백 원칙을 따르고 있다.

'회사를 성장시키기 위해서가 아니라 당신의 시간을 되사기 위해 직원을 채용하라.'

한계에 도달한 사람들

스튜어트의 사례가 다소 극단적으로 보일 수도 있다. 하지만 많은 사업가가 그 루트를 그대로 밟는다.

모든 업무(특히 가치가 낮은 업무)를 스스로 처리해야 한다고 믿는 사람들은 결국 스튜어트의 길을 따르게 된다. 어느 날 삶의 무언가가 부서진다. 그건 당신의 건강, 도덕관념, 가족, 또는 일상적 습관이 될 수도 있다. 이 글을 쓰는 동안 나의 컨설팅을 받게 된 세 명의 고객은 스트레스로 인한 대상포진, 푹 자도 피로가 풀리지 않는 부신 피로 증후군으로 고생한다고 털어놓았다.

극심한 스트레스에 시달리는 일부 사업가는 바람직하지 못한 자가 치료로 스트레스를 달랜다. 개중에는 별로 해롭지 않은 치료 방식도 있지만, 명백히 해로운 방법도 사용된다. 당신이 사업가라면 내 말이 무슨 뜻인지 잘 알 것이다. 어쩌면 당신은 과식하거나, 새벽까지 게임에 매달리거나, 텔레비전 앞에서 의미 없이 시간을 보낼 수도 있다. 스트레스 속에서 수십 년을 보낸 사람은 자신을 괴롭히는 일상

적 업무에서 벗어나기 위해 훨씬 해로운 활동에 빠지기도 한다.●

자신의 시간을 다시 사들여 다른 곳에 에너지를 집중하는 법을 배우지 못한 사업가들은 비즈니스가 성장할수록 구속되는 느낌을 받는다. 마침내 그들은 고통의 한계선, 즉 페인 라인Pain Line이라고 불리는 지점에 도달한다.

페인 라인은 더 이상의 성장이 불가능한 심리적 한계선이다. 스튜어트는 디즈니랜드에서 휴가를 즐기던 중 한계선을 만났다. 휴가를 떠나기 전만 해도 그는 행동이 빠르고 성실한 사업가였지만, 한계선을 터치하자 갑작스럽게 그의 몸은 활동을 거부했다. 스튜어트의 페인 라인은 공황 증세라는 물리적 형태로 다가왔다.

대체로 사업가들의 페인 라인은 직원 수가 12명 이상으로 늘고 매출액이 100만 달러를 넘긴 시점에 찾아온다. 그들은 오로지 열심히 일해야 한다는 직업 윤리로 회사를 키웠다. 그래서 회사의 모든 스트레스를 누구와도 나누지 않고 혼자 감당한다. "모든 책임은 내가 진다."라는 것이 그들의 사고방식이다.

물론 '나만큼 이 일을 할 수 있는 사람은 없다.'라는 생각도 어느 정도 효과를 발휘한다. 하지만 효과가 언제까지나 지속되진 않는다. 그런 사고방식으로 일정 수준의 성장을 이룰 순 있겠지만, 그 이상에

● 어떤 사람들은 과식을 일삼거나, 알코올에 빠지거나, '하얀색 가루'에 손을 댄다.

다다른 순간부터 수많은 이메일, 일상적 업무, 무가치한 일 등에 에너지를 빼앗기게 된다. 그리고 에너지를 빼앗는 모든 요인이 한데 모여 고통의 장벽을 만들어낸다. 회사가 성장할수록 고통이 커진다. 빼곡한 일정은 폭발하기 직전이고, 책임감의 무게가 나날이 어깨를 짓누른다. 온종일 일만 생각하면서도 회사에 발을 들이기 두렵다.

나는 다양한 조직에서 일하는 수천 명의 사업가를 코치한 경력과 나 자신이 페인 라인에 시달렸던 경험을 바탕으로 감히 이렇게 단언한다. "고통 속에서 성장하는 사업가는 없다."

페인 라인에 도달한 사람, 즉 온갖 업무나 프로젝트에서 오는 일상적 고통을 더는 감당하지 못하게 된 사람은 비즈니스의 방향을 바꾼다. 스튜어트처럼 응급 상황이 발생해서 불가항력으로 회사의 성장이 갑작스레 멈추기도 하지만, 어떤 사업가들은 회사의 성장에 따른 고통의 강도를 관리할 만한 수준으로 유지하기 위해 회사의 성장 속도를 의도적으로 늦춘다. 또 어떤 경우에는 회사가 성장해 더 많은 고통을 안겨주기 전에 사업가 스스로 사업을 망치기도 한다.

이 경우 사업가는 새로운 신념, 시스템, 전략 등을 채택하는 방식으로 겉보기엔 아무런 문제가 없어 보이게 포장한다. 그러나 이때 채택되는 신념, 시스템, 전략은 사실 다음 세 가지 중 하나의 결과로 이어져 조직의 발전에 지장을 주기도 한다.

1. 매각Sell

비즈니스에서 겪는 고통이 너무도 큰 나머지, 그곳에서 빠져나올 수만 있다면 어떤 대가라도 치르겠다고 다짐할 때 사업가는 종종 회사의 매각(작게는 프로젝트 포기, 양보 등)을 결정한다.

2020년, 어느 사업가 부부에게서 한 통의 전화가 걸려 왔다. 그들은 연 매출 600만 달러의 회사를 운영하고 있었다. 회사의 수익성은 높았지만, 두 사람은 바이백 원칙을 비즈니스에 적용하는 법을 몰랐다. 사업을 시작한 지 10년 만에 건강이 나빠졌고, 친구들과의 관계가 엉망이 됐으며, 결혼 생활은 무미건조해졌다. 지칠 대로 지친 그들은 내게 회사 매각을 도와달라고 부탁했다. 나는 지금이라도 시간을 바이백하기 시작하면 삶을 돌려받을 수 있다고 설명했지만 소용없었다. 이미 두 사람은 사업을 향한 열정을 모두 잃어버린 뒤였다.

치열하게 일에 열중하던 사업가들이 한순간에 일에 대한 열정과 추진력을 잃고 바닥으로 추락하는 경우는 흔하다. 그럴 경우엔 회사를 매각하는 수밖에 없다. 회사를 매각하기로 결정했다면 적어도 합리적인 조건에 따라 매각하기를 권한다. 좋지 않은 상황에서 서둘러 탈출하기 위해 무작정 회사를 넘기면 안 된다.

2. 심리적 태업Sabotage

혹시 이 상황들이 친숙하진 않은가?

- 갑자기 신제품을 개발하거나 새로운 사업부를 조직한다.
- 웹사이트를 급히 손봐야 할 필요성을 느낀다.

- 사소한 실수를 저질렀다는 이유로 핵심 조직 구성원을 교체한다.
- 중요한 의사 결정을 미루다 기회를 놓친다.

이들 중 어느 하나라도 해당하는 사람은 현재 페인 라인에 도달했을 가능성이 크다. 무의미한 업무로 고통을 겪고 있는 사업가는 무의식적으로 심리적 태업에 해당하는 의사 결정을 내린다. 그들에게 더 큰 성장은 더 큰 고통을 의미하기 때문이다. 사업가들은 의식적으론 비즈니스의 성장을 바라므로 열심히 일한다. 하지만 그들의 무의식은 교묘하게 그들의 의식을 조종해 좋지 않은 의사 결정을 내리게 만들어 사업을 '관리 가능한' 상태로 끌어내린다. 그렇기에 그들은 자기가 회사의 성장을 가로막고 있음을 모른다. 그들의 단호한 의사 결정은 주위 사람들의 지지를 받기도 한다. 하지만 다시 페인 라인이 닥쳤을 때 그들은 나쁜 의사 결정을 반복하며 같은 굴레에 빠진다.

느닷없이 이런 의사 결정을 내리기도 한다. "새로운 웹사이트가 필요합니다." "목표 시장을 바꿉시다." "당신들은 올바른 방식으로 일하고 있지 않습니다!" 온갖 논리를 내세우며 이런 조치를 정당화하지만, 결국은 내적인 감정에 과도하게 반응하고 있을 뿐이다. 물론 "오늘부로 이 회사를 망쳐놓을 겁니다!"라고 노골적으로 말하는 사람은 아무도 없다. 그들은 불필요하고 급진적인 의사 결정을 합리화함으로써 자신의 비즈니스를 '무의식적으로' 망가뜨리는 것이다.

3. 성장 거부Stall

성장 거부란 '차라리 더 작은 회사를 운영하는 편이 낫겠다.'라고 생각하게 되는 것이다. 다시 말해 더는 회사를 키우지 않겠다는 '의식적' 의사 결정이다. 회사의 현재 규모조차 감당하기 벅찬 사업가는 회사가 성장할수록 에너지가 고갈된다는 느낌을 받는다.

하지만 회사의 성장을 멈추겠다는 결정은 서서히 죽어가겠다는 결정과 마찬가지다. 시장은 진화한다. 인간의 본성이 진화를 강요하기 때문이다. 수잔은 늘 더 빠른 자전거를 원하고, 케빈은 성능이 더 좋은 아이폰을 갖고 싶어 한다. 래리는 언제나 더 큰 텔레비전을 찾는다. 인간의 모든 의사 결정은 성장과 진화를 향한 DNA의 표출일 뿐이다. 동네 시장에서 작은 가게를 운영하는 사람도 진화해야 한다. 그렇지 않으면 고객들은 더 나은 선택지를 찾아 떠날 것이다.

성장은 수입을 늘리기 위해서만 필요한 것이 아니다. 생존을 위해서도 필수적이다.

회사의 성장이 멈춤으로써 닥칠 수 있는 최악의 결과는 고객이 떠나는 것이 아니라, 직원들이 떠나는 것이다. 사업가가 성장을 중단하기로 마음먹은 순간, 조직의 핵심을 이루는 스타 직원들이 회사를 떠날 준비를 시작한다. 어린 시절 더 빠른 자전거를 갖고 싶어 했던 수잔은 어른이 되면서 더 높은 자리, 더 많은 급여, 더 많은 책임을 손에 넣고 싶어 한다. 회사가 그런 기회를 제공하지 못하면 수잔은 결국 떠날 것이다. 성장을 거부하는 사업가는 자신도 모르게 퇴보하거나 몰락한다.

당신이 이미 페인 라인에 도달했더라도 아직 회사의 내일에 대한 고민을 하고 있다면 우리에게는 희망이 있다. 페인 라인은 관점을 바꿀 기회다. '더 많은 성장=더 많은 고통'이라는 기존의 인식을 '더 많은 성장=더 많은 자유'라는 공식으로 대체할 기회인 셈이다.

스튜어트는 과거 자신이 시간을 어떻게 사용했는지 돌이켜 보는 과정에서 그동안 얼마나 제정신이 아닌 채 살았는지 알게 됐다. 그는 자신에게 스트레스를 떠안겼을 뿐만 아니라 인간관계도 망가뜨렸다. 아이러니한 사실은 본인이 회사에 도움을 준다고 생각한 그 선택이 회사에 손해를 끼치고 있었다는 것이다. 첫째, 그는 회사에 더 많은 돈을 가져다주는 곳에 귀중한 시간을 쓰지 못했다. 둘째, 최고의 능력을 갖춘 직원들이 각자의 기량을 마음껏 발휘하고 돈을 벌 기회를 빼앗았다.

스튜어트는 영웅담 같은 사례를 남겼다. 그는 자기가 줄곧 수행해 왔던 업무를 능력이 출중한 직원들의 손에 넘겼고, 본인이 가장 좋아하는 일, 즉 회사를 더욱 발전시키는 일에 집중하기 시작했다. 덕분에 회사는 폭발적으로 성장했다.

시스템〉목표

당신은 일주일에 단 몇 시간이라도 여분의 시간을 원하는 곳에 집중할 수 있다면 회사를 눈부시게 성장시킬 수 있다는 사실을 알고 있다. 당신은 똑똑하고 재능이 뛰어나다. 조직을 정비하고, 매출을 늘리고, 마케팅을 강화하는 데 필요한 아이디어도 풍부하다. 업무를 더 매끄럽게 처리할 방법에 관한 훌륭한 아이디어도 넘쳐난다. 문제는 당신이 다음과 같은 사고방식에 빠져 있다는 것이다.

'내게는 시간이 없다. 내게 도움을 줄 만한 사람을 고용할 형편이 안 된다. 나만큼 이 일을 잘하는 사람이 없다. 그런 일을 하고 싶어 하는 사람은 아무도 없을 것이다. 좋은 사람을 찾을 수가 없다.'

시간이 많다면 회사를 더 발전시킬 수 있다는 사실은 누구보다 당신이 잘 안다. 하지만 위에 나열한 생각이 추가적인 시간을 확보할 기회를 가로막는다. 당신에게 필요한 것은 '시스템'이다. 그동안 내가 여러 회사를 운영하고 많은 조직에 투자하는 바쁜 나날 속에서도 삶을 사랑하고 가족과 함께 시간을 보낼 수 있었던 이유는 모두 시스템 때문이었다.

작가 제임스 클리어는《아주 작은 습관의 힘》에서 시스템의 중요성에 대해 이렇게 말했다. "승자와 패배자가 추구하는 목표는 같다. 하지만 당신은 목표한 수준까지 오를 수 없고, 단지 시스템의 수준까지 내려갈 뿐이다." 우리는 오로지 우리가 만든 시스템의 퍼포먼스만큼만 목표를 이룰 수 있다는 얘기다.

건강과 인간관계를 잃고 스트레스로 가득한 일 중독자가 되고 싶어 하는 사람은 없다. 그런데도 사업가들이 그런 상황에 빠지는 이유는 그들의 문제를 해결해 주는 검증된 시스템이 부족하기 때문이다.

돌아보고, 옮기고, 채워라

당신이 바이백 원칙에 입각해 시간을 재구매하고, 삶을 안정화하고, 더 많은 돈을 벌 수 있는 곳에 시간을 집중하게 됐다면, '바이백 루프'Buyback Loop를 새롭게 구축했다고 볼 수 있다.

바이백 루프는 당신이 시간을 보내는 방식을 '돌아보며', 어떤 과업이 에너지를 가장 많이 빼앗는지 확인하는 단계부터 시작된다. 그리고 그 일을 더 잘 수행하고 즐길 사람들에게 그 일을 '옮기는' 단계로 이어진다. 마지막 단계는 당신의 삶을 안정화하고 더 많은 돈을 벌게 해주는 일로 시간을 '채우는' 것이다. 이 과정을 계속 반복한다.

쉽게 말해 돌아보고, 옮기고, 채우는 것이 바이백 루프의 전부다. 이 접근 방식을 적절히 활용하는 사람은 본인의 시간을 꾸준히 업그레이드할 수 있다. 예를 들어 당신이 고객에게 청구서를 보내고 이메일과 씨름하는 일에 에너지를 가장 많이 빼앗긴다고 해보자. 이 업무를 할 일 목록에서 제거하면 고객을 확보하기 위한 마케팅 프로젝트나 당신이 좋아하는 영업에 더 많은 시간을 보낼 수 있다. 나중에는 그런 업무에서도 손을 떼고 리더십을 개발하거나 회사의 전략을 구상하는 데 전념할지도 모른다. 심지어 언젠가는 그런 일조차 남에게 맡기고 더 높은 차원의 업무를 지향함으로써 당신의 노력 없이도 저절로 굴러가는 회사를 만들 수도 있다. 그런 의미에서 당신이 잡다한 업무로 고통을 겪는 순간은 기존의 사고방식을 업그레이드함으로써 바이백 루프를 시작하고 삶을 개선할 기회다.

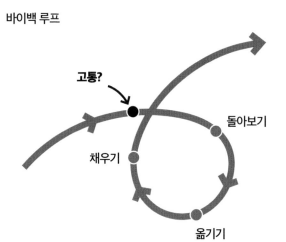

바이백 루프

고통?

돌아보기

채우기

옮기기

고통을 겪는 사람은 하나를 선택해야 한다. 지금과 같은 상태를 계속 유지할 것인가, 또는 돌아보기-옮기기-채우기 방법론을 이용해서 생각과 삶을 업그레이드할 것인가.

바이백 루프를 삶에 도입한 사업가나 예술가는 무수히 많다.

세계 최고의 소설가 중 하나인 톰 클랜시Tom Clancy는 지난 20년 동안 다른 작가들을 고용해서 톰 클랜시의 이름으로 수십 편의 책을 냈다. 클랜시는 집필이 시작될 때 작품의 전체적 개념과 줄거리를 제시하는 역할만 맡았다. 대신 그는 영화 제작자와 크리에이티브 컨설턴트라는 흥미롭고 수익성 높으며 새로운 기회를 추구하는 일에 더 많은 시간을 할애했다. 다시 말해 클랜시는 작가로 경력을 시작했지만, 회사가 성장함에 따라 다른 사람들에게 작가의 일을 위임했다. 그렇게 얻은 시간으로 삶을 성장시키고 새로운 기회를 탐구했다. 그는 자신만의 바이백 루프를 구축함으로써 작가를 거쳐 스토리텔링 전문가와 영화 제작자의 길을 걸었다.

앤디 워홀Andy Warhol은 재능이 뛰어나고 야심 찬 예술가들을 고용해서 세계적 명성을 자랑하는 자신의 작품을 구상하고 창조하는 일을 돕게 했다. 그는 작품 제작 과정에서 상대적으로 가치가 낮은 업무를 '팩토리'라 불리는 본인 작업실 소속의 작가들에게 조금씩 넘겨줬다. 한마디로 워홀은 최초의 아이디어를 제시한 뒤에 제작 중간 단계를 다른 작가들에게 위임했고, 마지막 단계에서 마법의 가루를 뿌림으로써 작품을 완성한 것이다. 이런 방식으로 앤디 워홀은 수천 점의 작품을 남겼다. 앤디 워홀은 바이백 루프를 활용해서 전설 같은 아티스트의 위치에 올랐으며 그의 유산은 오늘날까지도 이어지고 있다.

또 워런 버핏Warren Buffett의 사례를 생각해 보라. 그는 주로 두 가지 중요한 일을 하며 하루를 보낸다. 하나는 독서, 또 하나는 어디에 투자할지 기회를 찾는 것이다. 그가 다스리는 버크셔 해서웨이Berkshire Hathaway 제국의 기업 가치는 1조 달러에 육박하고 직원 수는 40만 명에 달한다. 물론 그가 '처음부터' 엄청난 성공을 거둔 것은 아니었다. 그는 금융업에 뛰어들어 사회생활을 시작했고 경력 초기에는 영업 사원으로 일했다. 그 과정에서 워런 버핏은 다른 사람들의 손에 업무를 넘기며 시간을 점차 업그레이드했다. 조금씩 높은 위치로 옮겨간 것이다.

'돌아보기-옮기기-채우기' 방법론의 주기는 영원히 계속된다.

이 방법을 통하면 우리는 자신의 시간을 꾸준히 업그레이드할 수 있다.

근면한 노동의 가치가 없다거나 성실한 직업 윤리로는 성공할 수 없다는 뜻은 아니다. 다만 훌륭한 직업 윤리에 시간을 바이백하는 노력을 결합하면 더 좋은 성과를 얻을 수 있다는 것이다.

올바르게 바이백 루프를 이어가기 위해선 아래의 질문을 염두에 두고 '돌아보기-옮기기-채우기' 방법론을 일상에 실천할 수 있어야 한다.

- 돌아보기: 하고 싶지 않은 업무 중 다른 사람에게 낮은 비용으로 손쉽게 넘길 수 있는 일은 무엇인가?
- 옮기기: 우리 회사 직원 중에 그 일을 맡아줄 만한 사람은 누군가? 또는 어떤 사람을 채용해서 일을 맡겨야 하는가?
- 채우기: 새롭게 얻어낸 시간을 재투자할 업무는 무엇인가? 즉 내가 좋아하고 회사에 더 많은 돈을 안겨줄 업무는 무엇인가?

당신이 하루를 어떻게 사용하는지 돌아보라. 아마 다른 직원(사람)에게 맡길 수 있는 업무로 가득할 것이다. 그들의 손에 미련 없이 일을 넘겨라. 그렇게 얻은 시간을 활용해 에너지와 소득을 채움으로써 더 많은 시간을 바이백할 수 있는 무한 루프를 만들어야 한다.

또 우리가 시간을 바라보는 관점을 재고해야 한다. 시간은 화폐이자 좋아하는 일을 사고팔 수 있는 도구다. 시간이라는 화폐를 지불하고 싫어하는 일을 구매한다면 고통을 쌓아 올리는 것과 다름없다. 돈을 벌수록 그 돈으로 자신의 시간을 더 많이 바이백하는 사업가는 자신의 회사를 도망치고 싶은 회사가 아니라 진심으로 애정하는 회사로 키워낸다.

다섯 가지 바이백 요점 ─────

1. 바이백 원칙: 회사를 성장시키기 위해서가 아니라 당신의 시간을 되사기 위해 직원을 채용하라.

2. 당신이 아무리 열심히 일해도 혼자서는 더 나은 회사를 만들 수 없다. 문제는 우리에게는 하루에 24시간밖에 주어지지 않는다는 것이다. 혼자서 모든 일을 감당하려다가는 당신(그리고 당신의 인간관계)이 먼저 무너지는 결과를 맞는다.

3. 당신이 계속해서 무가치한 업무에 시간을 쏟으면 언젠가 페인 라인을 경험할 것이다. 이 지점에 도달한 사람은 회사를 발전시키기 위해 노력을 쏟는 과정에서 심각한 고통에 시달리다가 급기야 성장을 거부하거나, 심리적 태업을 벌이거나, 회사를 매각하는 세 가지 선택지 중 하나를 고르게 된다.

4. 페인 라인에 맞닥뜨린 사람은 그 상황을 일종의 피드백이나 경고음으로 받아들여야 한다. 당신의 사고방식을 새롭게 가다듬을 절호의 기회이기 때문이다. 그렇지 않고 현재 상태를 그대로 유지하는 길을 택한다면 조만간 뭔가가 부서져 나갈지도 모른다.

5. 바이백 루프는 당신이 시간을 사용하는 방식을 꾸준히 '돌아보고' 어떤 무가치한 업무가 에너지를 소모하는지 판단하면서 시작된다. 그리고 그 일을 좋아할 뿐 아니라 더 잘 해낼 수 있는 사람의 손에 업무를 '옮기는' 작업으로 이어진다. 그렇게

얻은 여분의 시간을 더 가치 높고, 삶을 빛내주고, 더 많은 돈을 벌게 하는 일로 '채워야' 한다. 이 과정을 반복하는 것이 바이백 루프다.

실전 매뉴얼

나는 종종 화상 회의 중에 참석자들에게 내 노트북 바탕화면을 공유한다. 그들은 내 바탕화면에 배경 이미지로 지정된 근육질 남성의 사진을 보며 한마디씩 한다. 그 사진은 회의 참석자들에게 웃음을 선사하기도 하지만, 내가 매일 운동을 하도록 동기를 부여한다. 바탕화면을 하루에 수백 번씩 들여다보며 개인적 목표를 시각화할 수 있고, 내가 설정한 미래의 비전이 현재의 나에게 의욕을 불어넣기 때문이다.

나는 이 장을 쓰면서 독자 여러분이 수많은 할 일 목록에서 헤매지 않는 삶, 본인이 싫어하는 업무에 시달리지 않는 삶을 상상하기를 바랐다. 조금이라도 시간을 바이백할 수 있다면 어떤 일을 하고 싶은지 생각해 보라. 그러기 위해 먼저 이런 질문을 던져야 한다.

'일터에서만 시간을 보내지 않아도 된다면 남는 시간을 무엇으로 채울 것인가?'

물론 현재로서는 그런 상황이 불가능하다고 생각할 수 있다. 이해는 한다. 하지만 가능 불가능 여부를 따지기 전에 일단 어떤 일로 그 시간을 채우고 싶은지만 생각해 보라. 그다음 그 내용을 종이에 옮겨 적어라. '한 주에 몇 시간 정도라도 여유가 생기면 아이들과 함께 시간을 보내고 싶다.' '한 주에 하루 정도 시간이 나면 요가 수업에 나가고 싶다.' 등 무엇이든 좋다. 펜을 들고 원하는 바를 적음으로써 눈에 보이는 것으로 만들어라.

조금 세련된 방식을 원한다면 하고 싶은 활동을 하는 모습을 '비전 보드'Vision Board에 담을 수도 있다. 비전 보드란, 자신의 미래 비전과 연관된 여러 이미지(예를 들어 당신이 아이들과 야구를 즐기는 사진, 요가 수업에서 땀을 흘리는 사진, 제트스키를 타고 바다를 누비는 사진 등)를 대형 액자, 하드보드지, 컴퓨터 바탕화면 등에 한데 모아 시각화한 자료를 뜻한다.

어떤 일에 종사하든 여분의 시간을 되샀을 때 삶이 어떤 모습으로 바뀔지 머릿속으로 떠올리고 구체적인 글과 이미지로 이를 형상화하라. 목표를 구체화시킬수록 목표에 조금 더 가까워진다.

2장 집중

오프라 윈프리Oprah Winfrey는 불우한 어린 시절을 보냈다. 할머니와 어머니의 집과 아버지와 같았던 버논Vernon이라는 사내의 집을 이리저리 옮겨 다니며 살아야 했고, 어린 소녀의 몸으로 학대를 당하기도 했다. 10대 때는 원치 않은 임신도 했다. 오갈 데 없는 흑인 소녀는 1960년대를 거치는 동안 수없이 많은 고난을 겪었다.

1977년, 오프라는 23살에 한 방송국의 뉴스 앵커가 됐다. 하지만 그다음 해에 자리에서 물러나야 했다. 누가 봐도 그녀의 피부색 문제였다.[1,2] 이후 그녀에게 어떤 일을 맡겨야 할지 잘 몰랐던 방송국은 그 누구도 주목하지 않던 어느 토크쇼 진행자 자리를 오프라에게 넘겼다.[3] 비록 뉴스 앵커 자리에서 밀려났지만, 새로 맡은 업무야말로 그녀에게 진정으로 필요한 일이었다.

오프라의 첫 번째 인터뷰에는 당시 미국 최고의 토크쇼 〈래리

킹 라이브Larry King Live〉처럼 거물급 인사가 출연하지 않았다. 대신 '아이스크림의 왕'으로 불리는 기업가 톰 카벨Tom Carvel과 어느 배우가 나와 이야기를 나눴다. 이런 인터뷰에서는 당연히 세간의 이목을 끌 만한 이야기가 쉽게 나오지 않는다. 하지만 오프라에게는 그 쇼가 삶의 중대한 전환점이 됐다.

오프라는 첫 번째 토크쇼를 진행한 뒤 그 일이 자신이 '꼭 해야 하는 일'임을 깨달았다.[4] 뉴스를 보도할 때는 인터뷰한 사람들의 개인적 삶을 뉴스로 팔아먹고 있다는 죄책감을 느꼈다. 하지만 토크쇼를 진행하면서는 다양한 사람들의 삶에 직접 뛰어들 수 있었다. 오프라는 "토크쇼를 진행하게 된 순간 비로소 나 자신이 된 듯한 느낌을 받았다."고 말했다.[5]

그때부터 오프라는 날개를 달고 날기 시작했다. 그녀가 진행하는 〈오프라 윈프리 쇼〉는 데이타임 에미상Daytime Emmy을 47차례나 수상했다.● 오프라는 '미디어의 여왕'으로 불렸고 세계 최초의 흑인 억만장자가 됐다.

오프라를 싫어하는 사람은 극히 드물다. 사람들은 세계 최고의 유명 인사 중 한 명인 그녀에게 개인적인 친근함을 느낀다. 이유는 간단하다. 그녀가 주위에서 흔히 마주치는 이웃처럼 느껴지기 때문

● 그 뒤에도 몇 번이고 더 많은 상을 받을 수 있었지만 오프라는 자신의 쇼가 후보에 오르는 것을 거절했다.

이다. 오프라는 살면서 많은 고난을 겪었다. 심지어 힘겨운 어린 시절을 거쳐 성인이 된 후에도 온갖 역경과 싸워야 했다. 하지만 자신에게 가장 많은 에너지를 안겨주는 일을 발견한 뒤에 그녀의 삶은 완전히 달라졌다. 오프라는 세계에서 가장 유명한 토크쇼 진행자가 됐고, 지구상에서 가장 부유한 여성이 됐다. 그녀는 수백만 명에게 감동을 선사했고, 자신의 제국을 건설했으며, 지금도 여전히 매 순간 삶을 사랑하며 살아가고 있다.

자신의 적성을 알고 있는가

오프라 윈프리는 첫 번째 토크쇼를 마친 뒤에 본인이 토크쇼 진행자로서 소질이 있음을 알게 됐다. 심리학자 게이 헨드릭스Gay Hendricks의 표현에 따르면 자신이 천재적인 능력을 발휘할 수 있는 영역, 즉 '지니어스 존'Genius Zone을 발견한 것이다. 헨드릭스는 저서 《위대한 도약The Big Leap》에서 근로자들이 일터에서 수행하는 과업을 몇 가지로 구분한다. 그는 모든 사람에겐 각자의 적성에 맞는 업무가 있으며 자신의 '지니어스 존'에 속하는 업무를 수행할 때 특별하고 선천적인 재능을 마음껏 발휘할 수 있으며, 그것이 바로 '마법의 정원으로 들어가는 문'임을 강조했다.[6]

헨드릭스가 말하는 '지니어스 존'은 누구보다 뛰어난 성과를 낼 수 있고, 커다란 에너지를 얻을 수 있으며, 시장이 큰 보상을 돌려주는 몇몇 활동을 의미한다. 즉, 지니어스 존에 시간과 에너지를 집중 투자할수록 더 많은 돈을 벌게 된다. 하지만 대부분의 사업가는 정반 대로 행동한다. 시간과 에너지를 고갈시키고 금전적 가치가 낮은 업무에 시간을 낭비한다.

내가 코치하는 고객 미겔Miguel은 부동산 관련 소프트웨어 회사를 운영한다. 그는 '돌아보기-옮기기-채우기'의 바이백 루프를 활용해 무가치하게 에너지를 소모하는 일이 무엇인지 파악했다. 미겔은 고객들에게 신속히 대답을 제공해 문제를 해결해 줘야 한다는 의무 감에 사로잡혀 있었고, 그만큼 고객 지원 업무에 많은 에너지를 쏟았다.

미겔도 다른 사업가들처럼 자신을 중심으로 회사를 운영했다. 그러다 보니 최고의 가치를 만드는 일보다 쓸데없는 일에 매달리게 됐다. 다행히 미겔은 문제점을 받아들이고 수정했다. 자신의 일을 위임하기 위해 고객에게 공감하는 능력이 뛰어난 사람을 고객 지원 담당자로 채용했다. 그 직원은 고객을 상대하는 일을 진심으로 좋아했다. 덕분에 고객들이 평가하는 서비스 평점이 지붕을 뚫을 정도로 치솟았다. 한 사람을 채용했을 뿐인데 고객들의 서비스 만족도가 전에 비할 바 없이 높아지고, 미겔은 실질적으로 더 많은 돈을 안겨줄 업무에만 집중할 수 있게 됐다.

모든 사람에게는 누구보다 뛰어나면서도 즐거움과 돈을 함께 안겨줄 업무가 존재한다. 세계적인 사진작가가 하루에 몇 시간을 고객에게 청구서를 발행하는 데 쓰고, 최고의 금융 분석가가 일주일에 몇 시간씩 출장 준비를 하는 건 비효율적이다. 그 일을 다른 사람에게 넘긴다면 더 많은 시간을 얻게 되고 그만큼 더 많은 돈을 벌게 되므로 더 행복해질 수 있다. 지니어스 존의 핵심 개념은 사람마다 그 영역이 모두 다르다는 것이다.

어린 시절 어떤 수업을 가장 싫어했는가? 나는 수학을 끔찍할 정도로 싫어했다. 수학 수업에는 내 영혼이 다른 데로 가 있었지만 미술 수업은 좋아했다. 미술 수업만 시작되면 시간이 순식간에 지나갔다. 스케치북 앞에서 보내는 매 순간이 나에게 창조적 영감과 에너지를 불어넣었다. 그래서인지 미술 수업에는 연필을 꺼내자마자 수업이 끝나는 것처럼 느껴졌다. 그 시간은 나에게 수업이 아닌 놀이였기 때문이다.

수학과 미술 중 어느 과목의 성적이 더 좋았을 것 같은가? 당연히 미술이다.

과학자들의 연구도 그 사실을 뒷받침한다. 컬럼비아 대학교와 하버드 대학교가 공동으로 수행한 연구에 따르면, 공부를 향한 열정과 인내심을 갖춘 학생의 성적이 더 좋았다. 연구진은 학생 수천 명의 과목별 흥미도와 학업 성취도를 조사해서 어떤 과목에서 우수한 성적을 내는지 분석했다. 결과는 간단했다. 해당 과목을 좋아할수록 성적도 높았다.[7]

물론 좋은 성적을 내기 위해선 높은 인내심도 필요하다. 하지만 열정이 따르지 않는 인내심은 고통으로 이어질 뿐이다.

열정은 시장의 가치가 존재하는 곳을 향해야 한다. 잡무를 제거하고 발전 가능성이 높은 곳에 더 많은 시간을 투자하면 사업은 성장한다. 우리는 우리의 발목을 잡는 잡다하고 사소한 업무의 수렁에서 벗어나는 법을 배워야 한다.

한 우물을 파라

동생 피에르는 20대에 주택 건축 사업을 시작했다. 피에르는 자칭 맥가이버 같은 '만능 기술자'였다. 건축 허가를 내고, 청구서를 지불하고, 오전 7시에 작업자들을 위해 도구를 준비한 뒤 오후 5시에 도구들을 정리하는 등 모든 일을 도맡아서 처리했기 때문이다. 회사를 설립한 지 6개월쯤 지났을 때, 피에르에게서 전화가 왔다.

"우리 집에 잠시 와줄 수 있어?"

"무슨 일인데?"

"그게… 일단 만나서 얘기하자."

나는 피에르의 집에 발을 들여놓음과 동시에 벌어진 입을 다물 수 없었다. 처음에는 동생을 알아보지도 못했다. 몸무게가 10킬로그램은 빠져 보였다. 게다가 집 안에는 가구가 단 하나도 없었다.

"강도라도 당한 거야?"

"아니, 그… 그런 게 아니야. 뭐가 문제인지 모, 모르겠지만 집이 팔리지 않아."

피에르는 집을 두 채나 건축하고 세 번째 집도 공사 중이었지만 매출이 전혀 없었다. 그러다 보니 심각한 경제적 위기에 빠졌다. 자신의 집을 저당 잡히고 세 개의 신용카드를 한도 끝까지 사용하고, 집에서 사용하던 가구를 모두 모델하우스에 전시하며 집이 팔리기를 기다렸다. 하지만 상황은 나아지지 않았다. 피에르의 침실에 놓인 물건이라곤 슬리핑백 하나와 바람 빠진 공기 주입식 매트리스뿐이었다. 그는 그곳에서 자신의 개와 함께 잠을 잤다. 매일 밤 매트리스에 바람을 불어넣고 잠자리에 들면 밤새 매트리스의 바람이 빠진 탓에 딱딱한 바닥에서 아침을 맞았다.

　내 동생은 사람들에게 물건을 파는 데 소질이 있었다. 어릴 적 우리 아버지는 여름 몇 달 동안 푸드 트럭에서 피시 앤 칩스를 팔았다. 여덟 살이었던 피에르는 뜨거운 여름날 손님들이 트럭 앞에 길게 줄을 늘어선 모습을 보고, 손님 중에 절반가량은 차가운 음료수만 주문한다는 사실을 알아냈다. 피에르는 음료수 손님들이 오래 기다리기 싫어 발걸음을 돌리는 장면을 유심히 지켜본 뒤에, 아버지의 트럭 옆에 따로 아이스박스를 가져다 두고 음료수를 팔았다. 피에르 혼자 하루에 300달러를 벌었다. 그런가 하면 피에르가 열두 살일 때에는 중고 자동차를 구매하고 깨끗이 세차하고 수리해서 되팔기도 했다. 그렇게 번 돈으로 다른 차를 사서 다시 판매했다. 열여섯 살이 되자 중고차를 고쳐 판매한 돈으로 자신의 새 차(체리 빛깔의 머스탱 GT 모델)를 장만할 정도로 사업 규모가 커졌다. 누가 뭐래도 그는 뛰어난 판매 사원이었다.

　피에르의 가장 큰 문제는 자신을 '만능 기술자'로 여기는 사고방식이었다. 그는 집을 짓기 위해 정신없이 망치를 휘두르다가 '판매'라는 타고난 재능을 무시했다. 나는 피에르를 그대로 두고 볼 수 없었다. 피에르는 당장 시간을 바이백해야만 하는 상황에 처해 있었기 때문이다.

우리는 오랫동안 이야기를 나눴다. 그 결과로 피에르는 본인에게 가장 소질 있는 판매 업무에 전념하기로 했다. 그 과정에서 본인의 타깃 고객을 분석했다. 그가 건축한 집은 튼튼하기는 했으나 주택을 구매하는 의사 결정자(대개 여성)의 취향을 사로잡을 수 있는 근사한 앞마당, 화려한 조경, 세련된 마감재, 다채로운 색상, 따뜻한 조명 같은 요소가 부족했다. 결국 피에르는 인테리어 업자를 고용해서 자신이 만든 집을 개조해 커다란 창문, 다양한 편리 기능을 갖춘 주방, 멋진 욕실이 포함된 공간으로 만들었다.

피에르는 어떻게 됐을까? 흡사 폐인 같았던 피에르는 파산을 목전에 둔 상태에서 재기에 성공했고, 창업 두 번째 해에는 16채의 주택을 판매했다. 피에르는 그 여정에서 남들에게 업무를 위임하는 법을 배웠고, 자신의 회사를 애틀랜틱 캐나다(캐나다 동부에 있는 여러 주를 가리키는 말-옮긴이) 지역에서 가장 큰 맞춤형 주택 건축 기업으로 키웠다.

숨겨진 천재성을 발견하고 살려라

파레토 법칙Pareto Principle에 따르면 전체 성과의 대부분(80퍼센트)이 몇 가지 소수 요인(20퍼센트)에서 비롯된다. 사업가들에게는 이보다 훨씬 극단적인 95:5라는 비율이 제시되기도 한다. 회사의 수익 95퍼센트가 당신이 수행하는 5퍼센트의 업무에 달렸다는 것이다.

그 말은 오늘 하루 이메일을 주고받고, 전화를 걸고, 직원들과 이야기하고, 회의에 참석하고, 콘텐츠를 개발하는 데 10시간을 사용했더라도 뚜렷한 사업적 성과를 생산한 시간은 '30분'밖에 안 된다는 뜻이다. 게다가 어떤 일을 좋아하지 않는데도 억지로 하는 상황 속에서는 좋은 결과를 기대하기가 어렵다. 선의로 자신을 희생해 싫어하는 일을 열심히 하는 거라고 착각할 수도 있지만, 사실은 회사에 그 시간만큼의 피해를 주는 것이다. 따라서 모두가 패배하는 게임일 수밖에 없다.

모든 업무는 두 가지 측면에서 바라봐야 한다. 하나는 에너지고 또 하나는 돈이다. 어떤 일은 에너지를 빼앗지만, 또 어떤 일은 긍정적 에너지를 채워주기도 한다. 어떤 일은 아무런 금전적 가치를 제공하지 않지만, 또 어떤 일은 상황에 따라 많은 돈을 가져다준다.

수행하는 업무 대부분이 돈과는 무관하면서 에너지를 소모시킨다면, 매우 혼란스러운 생활 방식을 유지하게 된다. 오프라 윈프리도 토크쇼를 진행하기 전까진 뉴스 앵커로 시간을 보냈다. 뉴스를 진행할 때는 사람들을 이용해 잇속을 채우는 것만 같은 죄책감을 느꼈다. 하지만 토크쇼를 진행하며 다른 사람을 인터뷰해 그들의 삶을 비추고 그들의 훌륭한 이야기를 온 세상과 함께 나누는 것이 자신의 선천적 재능임을 깨달았고 폭발적으로 재산을 늘렸다.

피에르 역시 판매라는 본업에 전념하기 전까지는 잘못된 길을 걸었다. 그는 정신없이 바빴지만, 정작 돈은 벌지 못했고 에너지만 소모됐다. 열심히 일할수록 좋아하는 일을 할 수 없게 됐다. 그 과정에서 판매에 대한 열정을 내려놓았고 빚더미에 놓여 파산 위기에 이르렀다.

스스로 어떤 여정을 걷고 있는지 돌아보라. 만일 지금 수행 중인 업무 대부분이 가치도 없으면서 삶을 조금씩 빨아들이고 있다면 큰 혼란과 좌절이 내면을 채우고 있을 것이다.

오늘날 오프라는 모든 사람이 꿈꾸는 삶을 살아간다. 그녀는 세계에서 가장 부유한 여성 중 하나가 됐고 진심으로 자신의 삶을 사랑한다. 오프라는 2018년에 패션 잡지 〈하퍼스 바자Haper's Bazaar〉와 진행한 인터뷰에서 자신의 하루 루틴을 상세하게 공개했다.[8]

07:00 자연으로 둘러싸인 캘리포니아 저택에서 눈을 뜬다.

08:00 양치를 하고 반려견과 아침 산책을 한다. 좋아하는 에스프레소를 내린다.

08:30 명상, 독서, 묵언 등 영적 수행을 한다.

09:00 1시간 동안 오전 운동을 한다.

10:30 거실에서 디자이너 브루넬로 쿠치넬리Brunello Cucinelli의 도움

을 받아 개인 쇼핑을 한다.

12:30 배우자 또는 친구와 함께 정원에서 점심을 먹으며 로제 와인을 즐긴다.

13:30 2시간 동안 사업 관련 업무를 진행한다. 주로 10만 달러가 넘는 비용을 승인하거나, 그녀가 발간하는 잡지 〈오 매거진O Magazine〉의 편집자 게일 킹Gayle King, 또는 다이어트 전문 업체 웨이트 워처스Weight Watchers의 CEO 민디 그로스먼Mindy Grossman과 대화를 나눈다.

15:30 오후 운동을 한 뒤 신선한 차를 마시고 좋은 책을 읽는다.

18:00 저녁 식사를 마치고 반려견과 오후 산책을 한다. 이따금 좋은 영화를 즐긴다.

21:30 편안하게 목욕하고 잠자리에 든다.

이 일과를 보고 중요한 사실 한 가지를 알아차렸기를 바란다. 오프라가 본격적으로 업무를 보는 시간은 하루 2시간 남짓이다. 나머지 시간은 건강을 지키고, 새로운 지식을 발견하고, 개인적 성장을 추구하는 데 투자한다. 그녀는 자신의 가장 큰 가치가 설득력과 통찰력을 바탕으로 청중에게 지적 자원을 제공하고, 열린 마음으로 지식을 발견하는 데 있다는 사실을 잘 안다(그러면서도 온종일 즐거운 시간을 보낸다). 오프라가 그 가치를 발전시키는 데 시간과 에너지를 집중한 결과, 다수의 미디어 기업을 설립하고 30억 달러 이상의 자산을 축적했다. 그녀는 이 순간에도 많은 돈을 벌어들이며 사람들의 삶을 비추는 일에 열중하고 있다.

직종과 직업을 막론하고 성공한 사람들은 최소한의 시간만 일에 쓰고 나머지 시간은 자기 계발과 행복을 누릴 수 있는 일에 사용한다. 어떤 사람들은 이렇게 생각할지도 모른다. '그들은 운이 좋았을 뿐이야.' '그들은 혜택을 받은 거야.' 하지만 그들은 바이백 루프를 따라 각자의 삶을 쌓아 올리며 가장 중요한 일에 시간을 투자하고 보상을 수확했을 뿐이다. 단순한 운이나 혜택이 아니다.

워런 버핏, 오프라 윈프리, 앤디 워홀 등 엄청난 성취를 이룬 사람들은 삶에서 가장 중요한 곳에 시간과 에너지를 효과적으로 집중했다. 이를 통해 잠재적 가치를 찾고, 자유로운 시간을 확보하고, 삶에 활력을 불어넣었다. 그 결과 더 많은 돈을 벌었고, 그 돈으로 더 많은 시간을 바이백했다. 그렇게 얻은 여분의 시간을 자신의 삶을 발전시키고 더 많은 돈을 벌게 해줄 곳에 예치했다.

성공한 사람들은 돈이 많아서 좋아하는 일을 하는 것이 아니다. 그들은 좋아하는 일만 했기 때문에 돈이 많은 것이다. 그러나 많은 사업가가 이와 정반대의 길을 걷는다. 그들은 열심히 돈을 번 사람만이 즐겁고 행복한 삶을 누릴 자격이 있다고 믿는다. 그리고 어려운 일은 직접 처리하겠다는 GSD 사고방식에 사로잡혀 사소하고 무가치한 업무에 갖은 노력을 쏟아붓는다. 이러한 고정 관념을 깨뜨리지 못하는 사람은 절대 높은 자리에 오를 수 없다.

성공하고 싶다면 지금 당장 성공한 사람처럼 행동하라. 아직은 부자가 아닐 수도 있지만, 본인의 시간과 에너지를 빨아들이는 업무를 덜어내는 데 쓸 돈은 충분할 것이다. 그다음, 아래의 방식을 삶에 도입하면 된다.

- 평소 시간을 사용하는 방식을 돌이켜 보고, 자신의 시간과 에너지를 소모하는 업무 중 남들에게 맡길 일이 있는지 본다.
- 더 많은 돈을 벌게 해주는 사업 계획이나 활동에 시간을 재투자한다.
- 항상 비즈니스를 성장시킬 여분의 시간을 남겨둔다.

에너지와 시간, 돈을 안겨주는 일을 찾는 법

가장 중요한 일은 당신의 삶을 어떤 활동으로 채울지 선택하는 것이다. 이를 다음의 그래프를 통해 나타낼 수 있다. 나는 이 그래프에 'DRIP 매트릭스'라는 이름을 붙였다. 돈과 에너지의 측면에서 당신이 할 수 있는 활동을 위임Delegation, 대체Replacement, 투자Investment, 생산Production 네 가지 사분면으로 나누고 있기 때문이다.

나는 고객들에게 시간을 소비하는 방식을 시각화해서 보여줄 때 종종 DRIP 매트릭스를 사용한다. 가령 당신이 그래프 좌측 하단의 위임 사분면에 속한 업무를 처리하느라 온종일 시간을 보낸다면, 당신은 하루빨리 제거해야 할 쓸데없는 일에만 빠져 있는 것이다. 반대로 그래프 우측 상단에 놓인 생산 사분면에 속한 업무로 많은 시간을 보

DRIP 매트릭스

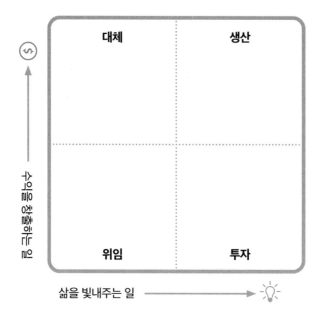

DRIP 매트릭스를 활용하면 특정한 과업이 돈과 에너지 측면에서 얼마나 가치 있는지 알 수 있다. 목표는 하루 중 대부분의 시간을 생산 사분면에 속한 업무를 수행하는 데 사용하고, 투자 사분면에 포함된 일을 하는 데도 일정 시간을 예치하는 것이다. 위임 사분면의 업무들은 하루빨리 제거해야 한다. 대체 사분면에 속한 업무를 없애려면 시간이 걸린다. 물론 5장의 '대체 사다리' 시스템을 이용하면 이곳에 속한 업무에서도 벗어날 수 있다.

내고 있다면, 삶에서 가장 중요하면서도 에너지를 안겨주고, 많은 돈을 벌게 해주며, 비즈니스를 성장시키는 일에 전념한다고 볼 수 있다.

각 사분면을 구체적으로 살펴보자.

돈도 안 되고 에너지를 빼앗는 일은 '위임'한다.

위임 사분면에 속한 업무는 돈도 안 되면서 당신의 에너지를 빨아들이는 잡다한 일을 말한다. 행정 업무, 청구서 발행, 출장 준비, 이메일 답변 같은 업무를 생각해 보라. 내가 아는 백만장자 중에서도 이런 일을 직접 하는 사람이 많다. 그 업무를 어떻게 일정에서 제거해야 할지 잘 모르기 때문이다. 그들은 자신만이 그 일을 할 수 있다고 믿으므로 업무의 감옥에 갇혀 산다. 자신의 시간을 되돌아보고 다른 사람의 손에 그 일을 넘기는 순간, 더 높은 가치를 창출할 수 있다는 사실을 인지하지 못한 채 일상적 업무에 눌려 허덕이는 것이다.

당신의 스케줄에 위임 사분면에 속한 업무가 포함되어 있다면, 무엇인지 찾아내 하루빨리 다른 사람의 손에 넘겨야 한다. 1년에 10만 달러라는 높은 연봉을 주고 마케팅 담당자를 채용한 뒤에 그 사람에게 온종일 사무실 유리창만 닦게 할 것인가?

가치가 낮고 에너지만 소모하는 업무에 시달리는 사람이 세워야 하는 목표는 단 하나, 그 일을 신속하게 제거하는 것이다.

언젠가 내가 운영하는 SaaS 아카데미의 마케팅팀이 한 가지 문젯거리를 들고 나를 찾아왔다. 기존 시스템에서 새로운 시스템으로 막대한 양의 데이터를 이전할 일이 생겼는데, 그 업무가 직원들의 시간을 상당히 빼앗을 듯하다고 했다. 그들은 비생산적인 일을 하느라 수십만 달러를 벌 수 있는 생산적인 일을 하지 못할 수도 있다는 생각에 진심으로 당혹스러워하고 있었다. 나는 곧바로 데이터 이전 서비스를 하는 사람들이 있는지 검색했고 어렵지 않게 전문가를 찾았다. 그들은 1,000달러도 안 되는 비용으로 기꺼이 일을 맡았다. 무엇보다 데이터 이전 서비스를 전문적으로 하고 있었기 때문에 업무에 소요되는 시간은 반으로 줄었고, 데이터 이전의 안정성은 두 배 높아졌다. 그들에겐 그 작업이 매일 하는 일이었기 때문이다.

돈은 되지만 에너지를 빼앗는 일은 '대체'한다.

대체 사분면에는 직원 채용, 영업, 마케팅, 조직 관리 같은 비교적 중요한 일이 포함된다. 수익 창출과 관련성이 높은 일이고 사업 초기에는 그 일을 처리하는 게 중요했으나 지금으로서는 딱히 삶을 발전시키는 일이 아닐 수도 있다. 이런 경우엔 어떻게 그 일을 처리할지 망설여진다.

우선순위를 따졌을 때 당신의 삶에서 하루빨리 제거해야 할 업무는 대부분 위임 사분면에 속한다. 반면 대체 사분면의 업무는 다른 사람에게 무작정 넘기기 전에 한 번 더 고민해 봐야 한다.

위임 사분면에 속한 업무는 주로 단순 업무이므로 적은 금액으로 위임할 수 있다. 하지만 대체 사분면에 속한 업무는 단순 업무가 아니기 때문에 다른 사람에게 맡길 땐 더 큰 비용이 들고, 일이 잘못되었을 경우 입게 될 피해도 크다.

어떤 사업가는 위임 사분면에 속한 업무를 제거하고도 대체 사분면에 갇혀서 생산 사분면에 도달하지 못한다. 그로 인해 자신이 지닌 최고의 잠재력을 발휘하지 못한다. 대체 사분면의 일을 남에게 넘기기에는 비용이 많이 들고, 어디서부터 어떻게 시작해야 할지도 잘 모르기 때문이다.

나는 그런 이유로 대체 사분면을 '함정의 사분면'이라고 부른다. 사업가들은 영업, 마케팅, 프로젝트 수행, 조직 관리 같은 업무에서 쉽게 헤어나지 못한다. 대체 사분면 속의 일은 분명 회사에 수익을 가져다준다. 그럼에도 불구하고 사업가는 정작 그 가운데에서 흥미를 잃고 즐거움, 성취감을 전혀 찾지 못할 수도 있다. 물론 돈도 안 되고 에너지만 빼앗는 무가치한 일에 시달리기보단 돈이라도 버는 게 낫다. 하지만 나는 당신이 더 높고 원대한 목표를 추구하기를 바란다. 오프라 윈프리나 워런 버핏을 목표로 삼으라는 것이다.

내 동료 래리Larry도 마찬가지였다. 그도 수많은 사업가처럼 모든 일을 자기가 처리해야 직성이 풀렸다.

래리는 건강식품을 판매하는 슈퍼마켓을 운영했다. 유기농 식품을 전문적으로 판매하는 홀 푸드 마켓Whole Foods Market과 비슷하지만 규모만 조금 작은 업체라고 생각하면 된다. 래리는 뛰어난 사업적 능력을 바탕으로 회사를 꾸준히 성장시켜 매장을 두 개나 가지게 됐다. 래리는 여기에 만족하지 않고 사업을 계속 확장했고, 결국 세 번째 매장까지 개업했다. 그의 사업은 순항이 예상됐다. 하지만 그때부터 문제가 불거졌다. 래리가 대체 사분면에 갇힌 삶을 살아가기 시작한 것이다. 내가 래리를 만났을 때 그는 사업 자체에 심각한 두려움을 느끼고 있었다.

"내가 하는 일이라곤 사람을 채용하고, 해고하고, 물건을 주문하는 것뿐이에요. 미친 사람처럼 일하는데도 하루하루 살아가는 게 너무 힘듭니다."

"비서나 매장 관리자는 없나요? 아니면 일을 도와줄 '2인자' 같은 사람이나요."

"없습니다. 내가 손을 안 대면 되는 일이 없어요."

이런 말은 그동안 수없이 들었다.

"래리, 이 업계에서 가장 존경하는 회사를 하나 생각해 봐요."

"물론 홀 푸드죠."

"홀 푸드의 CEO가 회사를 현재 규모로 키우기까지 누구의 도움도 없이 혼자 모든 일을 처리했을까요?"

래리는 바로 내 말의 요점을 이해했다. 물론 그는 일을 제대로 처리하는 것도 중요하다는 사실을 알았다. 래리의 특별하고 섬세한 손길이 사업의 성공 비결이었을지도 모른다. 하지만 그가 업무를 어떻게 매만졌는지에 관한 비법은 다른 사람에게도 가르칠 수 있다. 방법만 알려주면 누구의 손을 빌리든 상관없다.

돈은 안 되지만 삶을 빛내줄 '투자' 사분면

그래프의 우측 하단에 놓인 투자 사분면은 당신의 삶을 즐겁고 행복하게 해주지만, 현재로서는 큰 수익을 안겨주지 않는 일을 의미한다. 이 사분면에 포함된 모든 활동은 당신 자신, 당신의 인간관계, 당신의 사업을 위한 투자로 봐야 한다.

각자의 개성에 따라 다르겠지만, 사업가들에게 투자 사분면의 활동은 타인과의 협업을 끌어내고 아이디어를 샘솟게 하는 일일 수도 있다. 책을 쓰고, 세미나에서 강연하고, 팟캐스트에 출연해 인터뷰에 응하고, 관련 업계의 동료들을 만나 점심을 먹으며 대화를 나누는 것도 여기에 포함된다. 웨이크보드, 스키, 요가, 체스 같은 취미 생활이나 건강을 지키기 위한 활동도 투자 사분면에 해당하며, 가족, 친구, 종교 단체와 함께 시간을 보내는 일도 마찬가지다.

투자 사분면에 속한 활동은 다음과 같이 구분할 수 있다.

첫 번째, 신체 활동. 등산이나 스노보드를 포함한 다양한 운동을 통해 몸을 단련하는 활동이다. 신체 활동을 하는 동안 사람들과 교류하며 자신의 사업과 관련된 더 많은 정보를 파악할 수 있다.

두 번째, 지인들과 시간 보내기. 친구, 가족, 중요한 지인과 함께 시간을 보내거나 공동체에서 활동하는 일이다. 평생을 힘겹게 일하느라 삶에서 가장 소중한 순간을 놓쳤다고 후회해서야 되겠는가?

세 번째, 취미 생활. 자전거 타기, 요가, 비행기 모형 만들기, 그림 그리기 등의 활동이 있다. 이런 활동은 창의적 사고방식을 가다듬는 데 필요하다. 비행기 모형을 만들어서 돈을 벌지는 못하겠지만 사업에 필요한 창의력을 쌓을 수는 있다. 취미 생활을 할 때 얼마나 큰 즐거움을 느끼는지 생각해 보라. 내가 행복하면 주위 사람들도 그 행복을 느낄 수 있다. 취미는 삶의 필수 요소다.

네 번째, 산업 분야의 협업. 팟캐스트 인터뷰, 책 저술, TED 강연 연설 등이 여기에 속한 활동이다. 그 콘텐츠가 크게 성공하지 않는 한 이런 활동 대부분은 당장 높은 수입을 안겨주지 않는다. 하지만 비즈니스의 앞날을 기약하는 중요한 투자가 될 수 있다. 당신이 누군가의 팟캐스트에 출연해 인터뷰에 응하면 브랜드를 홍보하기 위한 마케팅 자료를 제작하는 셈이며, 잠재 고객과 파트너를 확보할 수 있다. 책을 저술하는 활동도 미래의 고객들을 유인할 기회로 이어질 수 있다. 또 당신이 TED 강연회에 출연하는 순간 브랜드의 품격이 높아진다.

다섯 번째, 개인 능력 및 직업 능력 개발. 특정 분야의 자격증을 취득하고, 연구하고, 책을 읽고, 교육 기관에서 공부하며 새로운 기술을 쌓을 수 있다. 또 사업에 조언을 제공하는 멘토를 두거나, 세미나에 참석하거나, 개인적 발전을 위한 워크숍에 참석할 수도 있다. 이런 활동은 모두 당신 자신을 위한 중요한 투자이며 언젠가는 보상으로 돌아온다.

나는 일에서든 일상에서든 사람들과 함께 야외 활동하는 것을 좋아한다. 야외 활동을 통해 신체를 단련하고(자신을 위한 투자), 다른 사람들의 삶에 관심을 쏟고(타인에 대한 투자), 잠재 고객들과 시간을 보낼 수(비즈니스를 위한 투자) 있기 때문이다.

또 나는 75 하드75 Hard라는 페이스북 모임에도 가입돼 있다. 이 모임은 100일 안에 팔 굽혀 펴기 100개를 한 번에 할 수 있게 독려하는 집중 운동 및 개인 계발 프로그램이다. 이외에도 나는 스노보딩 모임에서도 활동 중이며, 형편이 될 때마다 사업가들을 위한 식사 자리를 주최한다.

투자 사분면의 활동이 돈이 되지는 않는다. 그래도 '항상' 수행하겠다는 목표를 세워야 한다. 그 일들이 당신의 자양분이 될 것이다.

많은 돈을 벌게 하고 삶을 빛내줄 '생산' 사분면

직장에서 수행하는 업무 대부분이 생산 사분면에 속하는 사람은 많은 돈을 벌고, 넘치는 에너지를 경험하고, 진정한 자유 속에서 살아갈 수 있다. 당신은 늘 에너지로 가득한 상태로 업무에 임하고 그만큼 더 많은 자본을 벌어들인다. 시장이 당신에게 더 많은 돈을 안겨줄수록 그 돈으로 더 많은 시간과 에너지를 바이백할 수 있고, 더 긍정적이고 가능성 있는 활동에 시간과 에너지를 투자할 여유가 생긴다.

내 친구 크리스Chris는 피트니스 전문가다. 처음에는 체육관에서 고객들을 대면 지도하는 개인 트레이너로 사업을 시작했다. 그는 고객을 확보하기 위한 수단으로 소셜 미디어를 활용했다. 나중에는 일주일에 2일 정도를 소셜 미디어 활동을 하며 사업을 홍보하기에 이르렀다. 따라서 그의 앞에는 두 가지 중요한 선택지가 있었다. 일을 도울 사람을 채용할 것인가, 소셜 미디어 활동을 줄이고 사업의 성장을 늦출 것인가. 크리스는 직원을 뽑기로 했다. 중요한 사실은 그가 '소셜 미디어 활동'을 위임했다는 것이다. 왜 그랬을까? 그 일이 크리스의 시간을 빼앗았기 때문이다.

크리스는 자신에게 더 많은 돈과 에너지를 가져다주는 일에 시간을 예치하는 현명한 선택을 했다. 크리스를 즐겁게 하고 나아가 돈을 벌게 할 일은 고객들과 함께 운동하며 그들을 건강하게 만들고 몸을 단련시키는 활동이었다. 그는 자신을 대신해서 소셜 미디어 업무를 맡아줄 파트타임 직원을 고용했다.

크리스는 자신이 가장 좋아하는 일을 할 수 있게 됐고, 소셜 미디어도 직원에 의해 적극적으로 운영된 덕분에 고객들 사이에서 입소문이 퍼졌다. 크리스의 사업은 번창했다. 그는 고객들의 수요에 대응하기 위해 시간당 청구액을 올렸다. 하지만 그것만으로는 충분치 않았다. 개인 트레이너가 청구할 수 있는 최대한도로 가격을 올렸는데도 크리스의 일정은 숨 쉴 틈 없이 빡빡했다.

크리스가 자신의 트레이닝 프로그램을 온라인 기반으로 바꾼 이유는 그 때문이다. 그는 고객들을 대면 지도하는 물리적 공간을 모두 없애고 온라인 피트니스 프로그램을 개발했다. 그리고 고객들의 건강과 신체 단련을 위해 여전히 카메라 앞에서 땀을 흘렸다. 체육관에서 제한된 숫자의 고객만 상대하던 크리스의 사업은 연 매출 150만 달러의 비즈니스로 성장했다. 그는 자신의 시간을 생산 사분면에 꾸준히 예치함으로써 훌륭한 성과를 거뒀다.

스티븐 코비는 이렇게 말했다. "가장 중요한 일은 가장 중요한 일을 가장 중요한 일로서 계속 유지하는 것이다."[9]

80% 해내는 사람은 100% 훌륭하다

지금까지 한 이야기를 정리하면 간단하다. "당신이 가장 잘하는 일을 하라."는 것이다. 그렇다면 사람들은 어떤 과정을 거쳐 시간을 잘못 사용하는 상황에 빠질까?

사업가들은 비즈니스 규모가 커지면서 자신을 의도치 않게 궁지에 몰아넣는다. 설립 초기에는 본인이 좋아하는 일에 열중하면서 회사를 운영한다. 하지만 사람을 올바르게 채용하는 방법을 모르기 때문에 때때로 신중한 고려 없이 주먹구구식으로 직원을 뽑는다. '사진작가가 필요해.' '마케팅 전문가가 있어야 해.' '팟캐스트 제작을 담당할 직원을 뽑아야 할 것 같아.' 이런 막연한 느낌으로 사람을 채용한다. 하지만 그렇게 사람을 뽑다 보면 정작 본인이 가장 좋아하는 일은 남의 손에 넘기고 자신은 회사의 관리직 직원으로 전락할 수도 있다는 사실은 알아차리지 못한다.

물론 조직을 운영하려면 직원을 채용해야 한다. 하지만 올바른 사고방식을 바탕으로 사람을 뽑아야 한다. 기억하라. 앞서 이야기한 바이백 원칙은 당신이 어떻게 인력을 채용해야 하는지 정확하게 알려준다.

'회사를 성장시키기 위해서가 아니라 당신의 시간을 되사기 위해 직원을 채용하라.'

사업가들은 자신이 시간을 어떻게 사용하는지를 객관적으로 돌아보지 않는다. 그저 '어떤 일을 하려면 그 일을 도와줄 사람이 필요해.'라는 생각으로 직원을 뽑는다. 문제는 할 일도 많은데 관리할 직원까지 늘었다는 것이다. 성장은 당신의 일정(시간)에서부터 시작된다.

당신이 쿠키 굽는 일을 좋아하는 제빵사라고 가정해 보자. 처음에는 취미 삼아 빵을 만들었다. 하지만 친구들이 입을 모아 빵집을 차려야 한다고 권하자 그들의 권유를 받아들여 가게를 열었다. 손님이 조금씩 늘어나면서 사업도 성장했다. 당신은 빵 굽기를 좋아하는 대학생 두 명을 파트타임 직원으로 채용해서 제빵 일을 맡기고 격주로 급여를 지급한다. 비즈니스는 계속 번창한다. 직원들이 빵을 굽는 동안 당신은 재료를 주문하고, 공급 업체에서 물건을 받아오고, 가게에서 만든 빵 사진을 소셜 미디어에 올린다. 사업은 꾸준히 성장한다. 결국 당신은 빵을 전혀 굽지 않게 된다. 직원들의 월급을 계산하고, 재료를 주문하고, 고객을 관리하는 일이 당신의 주 업무가 된다. 그래서인지 주말마다 당신은 월요일에 출근할 생각으로 두통을 앓는다. 왜냐하면 당신이 가게에서 가장 좋아하는 일을 제외한 모든 일을 혼자 떠맡았기 때문이다.

회사가 성장하려면 반드시 직원을 채용해야 한다. 여기서 주의할 점은 그 직원이 당신의 시간을 절약해 주는 사람이어야 한다는 것이다. 그렇지 않으면 조만간 위임 사분면에 갇혀 옴짝달싹 못 하는 상황에 놓인다.

이때 사람들이 반박하는 두 가지 논리가 있다.

1. 누구도 그 일을 나만큼 해내지 못한다.
2. 직원을 채용할 돈이 없다.

이 논리는 당장 깨부숴야 한다.

'누구도 그 일을 나만큼 해내지 못한다.'부터 이야기해 보자. 물론 충분히 그렇게 생각할 수 있다. 자신이 마케팅, 영업, 프로그래밍, 웹사이트 설계, 주문, 인재 관리, 물건 쌓기, 바닥 청소, 행정 업무 등의 모든 일에서 가장 뛰어나다고 생각할 수도 있다. '나보다 그 일을 잘할 수 있는 사람은 없다.'는 생각의 주인은 당신이기 때문이다.

솔직히 말해서 직원들은 사장만큼 회사를 신경 쓰지 않는다. 어쨌든 그들의 회사가 아니고, 그들의 돈도 아니고, 그들의 고객도 아니기 때문이다. 그러니 당신이 사장이라면 당신만큼 일을 잘할 사람은 정말 없을지도 모른다. 하지만 그렇다고 모든 일을 혼자 다 짊어질 수도 없다. 따라서 직원들에게 100퍼센트 완벽한 업무 처리를 기대해선 안 된다. 80퍼센트의 완성도를 목표로 해야 한다. 기대치를 낮추는 것이다.

다른 누군가가 당신의 마음에 80퍼센트 정도 들게 일을 해낸다면 이미 100퍼센트 훌륭한 것이다. 당신이 주말에 회사에 나와 밀린 일을 처리하지 않는 것만으로도 100퍼센트 훌륭하다. 당신이 자녀의 운동 경기나 친구의 생일 파티에 참석할 수 있게 해준 것만으로도 100퍼센트 훌륭하다. 당신이 한 주의 절반을 쏟아 싫어하는 일을 100번 정도 되풀이하지 않는 것만으로도 100퍼센트 훌륭하다.

당신의 일정이 에너지를 소모하는 업무로 가득한 가운데 다른 누군가가 그 일을 80퍼센트의 완성도로 해낼 수 있다면(그리고 비용이 합리적이면), 그 일을 기꺼이 다른 사람에게 넘겨야 한다.

이것이 바로 생산 사분면으로 복귀하는 방법이다. 나아가 채용의 본질을 정확히 이해하는 사업가는 직원들에게 '그들의' 생산 사분면에 속하는 일을 맡길 수도 있다. 그 말은 모든 직원이 각자가 좋아하면서도 돈을 잘 벌 수 있는 일을 수행하게 된다는 뜻이다. 그럼 당신은 직원들이 80퍼센트를 넘어 120퍼센트로 일을 해내는 모습을 보고 놀랄 것이다.

당신이 싫어하는 일을 다른 사람의 손에 맡기고 좋아하는 일에 집중하게 되면 회사의 매출은 즉시 오른다. 그로 인해 싫어하는 일을 더 많이 덜어낼 수 있다. 시간이 흐를수록 당신의 삶은 점점 생산적으로 변한다. 이는 영원히 계속되는 비즈니스 게임이다. 이런 주기를 계속 이어가다가 어느 날 주위를 돌아보면, 그토록 원했던 삶이 실현됐을 뿐만 아니라 당신의 제국이 건설됐다는 사실을 알게 될 것이다.

컨설턴트 겸 저술가 사이먼 시넥Simon Sinek은 자신의 히트작《인피니트 게임The Infinite Game》에서 삶과 비즈니스를 향한 끝없는 탐구의 힘을 이야기한다. "무한의 게임, 즉 인피니트 게임에는 결승선이 없다. 우리의 목표는 가능한 순간까지 게임을 이어가는 것이다."[10]

어떤 사업가들은 열심히 일하면 언젠가 이 광란의 상태를 멈출 수 있다고 믿는다. 하지만 현명한 사업가들은 영원히 계속될 게임에서 어떻게 자신의 수고를 줄일지, 어떻게 승리할지를 생각한다.

나는 28세 되던 해에 스페릭을 매각하면서 수백만 달러를 손에 쥐었다. 그 덕에 사업에서 손을 떼고 곧바로 일을 그만둘 수도 있었다. 하지만 은퇴하고 싶지 않았다. 나는 지금도 내가 하는 일이 좋고 회사를 설립해서 하나씩 성공을 쌓아 올리는 과정이 즐겁다. 앞으로도 나 자신만의 인피니트 게임을 계속하기를 원한다. 내가 더 많은 돈을 벌수록 더 많은 사람을 고용해서 내가 원하지 않는 일을 그들에게 맡길 수 있다. 그런 과정을 반복할수록 더 많은 돈을 벌고 더 훌륭하게 삶을 개선하게 된다.

지금까지 첫 번째 논리를 깨부수는 법을 이야기했다. 이제 두 번째 논리를 깨부숴 보자. '직원을 채용할 돈이 없다.'

사람을 채용할 돈은 충분하다

사람들이 입버릇처럼 하는 말 중 하나가 '뭔가를 하려 해도 돈이 없다.'는 것이다. 나는 그 말에 동의하지 않는다. 모든 사람에게는 형편에 따라 어떤 일이든 할 수 있는 돈이 있다.

사람들은 자기가 보내는 1시간의 가치를 잘 모른다. 간단한 공식을 하나 알려주겠다.

당신의 1시간 가치=연봉÷2,000시간

2,000시간은 연평균 근로 시간이다. 연봉에는 회사에서 벌어들이는 모든 종류의 수입이 포함된다. 당신이 현재 운영 중인 회사에서 제공되는 모든 종류의 금전적 혜택, 즉 급여, 재량껏 쓸 수 있는 경비, 모든 비용을 지출한 뒤에 남는 회사의 순이익 등이 있다.

연봉이 100만 달러라면, 1시간에는 500달러를 버는 셈이다. 연봉이 10만 달러인 사람은 1시간에 50달러를 번다. 당신이 1년에 2만 4,000달러를 번다면 시간당 수입은 12달러●다. 무가치한 업무에 낭비하는 시간을 바이백해 더 가치 높은 일에 투자하지 않는 사람은 원하는 삶을 살 수 없다. 시간을 직질히 교환하는 방법을 배우는 것이 비즈니스 게임의 핵심이다.

당신이 현재 회사에서 벌어들이는 시간당 가치를 알았다면, 다른 사람을 고용할 능력이 얼마나 되는지도 알아야 한다. 이때 필요한 것이 '바이백 요율'Buyback Rate이다.

바이백 요율 계산법

시간당 수입의 25퍼센트 이하로 남들에게 맡길 수 있는 일은 직접 손대지 말아야 한다. 왜 25퍼센트일까? 당신이 바이백 요율에 따라 누군가를 채용해 시간을 확보하고 재투자했을 때, 그 비용보다 최소한 4배가 넘는 투자 수익률(ROI)을 올릴 수 있기 때문이다.

예를 하나 들어보자. 티나Tina는 작은 회사의 소유주다. 그녀의 연간 수입은 약 20만 달러로, 1시간에 100달러를 번다. 그 금액의 25퍼센트에 해당하는 25달러가 바로 티나의 바이백 요율이다.

수학에 능한 독자라면 바이백 요율을 산출하기 위해 굳이 시간

● 월 2,000달러×12개월=2만 4,000달러 → 2만 4,000달러÷2,000시간=12달러

당 수입을 계산할 필요가 없다는 사실을 알아차렸을 것이다. 연봉을 8,000시간으로 나누면 바로 바이백 요율을 구할 수 있다.

연봉÷8,000시간=바이백 요율

요컨대 시간당 25달러를 들여 남에게 맡길 수 있는 업무를 티나가 직접하고 있다면 그건 회사에 손해를 입히는 것이다. 티나가 그렇게 확보한 시간으로 다른 일을 한다면 적어도 시간당 100달러 이상의 가치를 발생시킬 수 있기 때문이다.

어떤 사람들은 회사에서 받은 돈을 모두 써버려서 남은 돈이 없다고 이의를 제기할지도 모른다. 물론 그런 문제가 있을 수 있다. 하지만 최신형 자동차를 대여하는 대신 중고차를 사고, 절약한 돈으로 비서를 고용하면 어떨까? 그렇게 되사들인 시간을 이용하면 나중에 최고급 자동차를 구매할 능력을 얻을 수 있지 않을까?

바이백 요율 공식

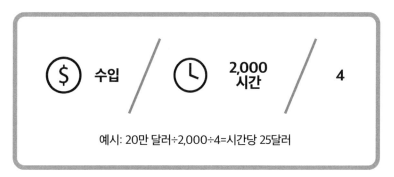

예시: 20만 달러÷2,000÷4=시간당 25달러

바이백 요율은 누구에게나 예외 없이 적용된다. 당신이 회사에서 연간 5만 달러를 받는다면 바이백 요율은 시간당 6.25달러다. 비록 6.25달러가 당장 감당할 수 있는 금액의 전부라 해도, 그 돈으로 누군가를 고용할 수 있다. 때에 따라서는 누군가에게 공짜로 일을 맡길 수도 있다.

1장에서 소개한 내 친구 키스와 마틴의 사례를 기억하는가? 그들은 고객을 응대하는 영업 업무를 무일푼으로 다른 사람들에게 넘겼다. 대신에 잠재 고객 확보나 성공 수수료를 제공하는 조건을 걸었다.

인턴도 저렴한 비용으로 확보할 수 있는 훌륭한 인재다. 나는 사업 초기에 회사에서 가까운 대학교의 학생들을 뽑아 일을 맡겼다. 덕분에 학생들은 업무 경험을 쌓았고 나는 시간을 바이백하는 데 도움을 받았다.

지구 반대편에서 활동하는 웹 개발자, 관리 업무 보조자, 소셜 미디어 전문가 등에게 시간당 6달러 미만으로 일을 맡길 수도 있다. 온라인을 검색해 보면 알겠지만, 각 방면에서 능력이 뛰어난 인재를 검토하고, 평가하고, 채용할 수 있는 사이트가 한둘이 아니다.

각자에게 맞는 방법을 찾아 시간을 바이백함으로써 더 많은 돈을 벌게 되면 바이백 요율이 높아진다. 그렇다면 다른 사람에게 더 많은 일을 맡김으로써 더 많은 시간을 바이백할 수 있다.

사소한 일로 고통받을 시간은 없다

더 많은 돈을 벌게 하고, 더 나은 삶을 살게 할 방법이 눈앞에 있다. 그런데 왜 '모든' 시간을 그 일에 쏟지 않는가? 오직 자신만이 그 일을 할 수 있다는 착각, 사람을 채용할 형편이 되지 않는다는 선입견, 특정한 일을 하지 않았을 때 느껴지는 죄책감 때문이다. 이런 사람들은 회사가 성장해 직원을 채용하더라도 정작 자신의 시간을 바이백해 줄 사람은 뽑지 않는다. 그렇게 점점 시간이 흐르다 보면 하기 싫은데 돈도 안 벌리는 업무로 하루를 채우게 된다.

하지만 바이백 요율을 활용해 사소한 업무를 다른 사람의 손에 넘기는 과정이 무조건 순조롭지는 않다. 시간에 관한 올바른 사고방식을 지닌 사람들 앞에도 몇 명의 '시간 암살자'가 나타나 성공을 망쳐놓기 때문이다.

다섯 가지 바이백 요점 —————

1. 연구 결과에 따르면 자기가 좋아하는 일을 하는 사람이 더 훌륭한 성과를 낸다고 한다. 그리고 더 훌륭한 성과는 더 높은 수입으로 이어진다.

2. 당신의 모든 업무는 돈과 에너지라는 두 가지 관점에서 생각할 수 있다. 한 푼의 돈도 벌어주지 못하는 일부터 많은 돈을 안겨주는 일까지, 혹은 에너지를 고갈시키는 일부터 에너지를 충전해 주는 일까지 두 가지 기준에 따라 구분하는 것이다.

3. 많은 사업가가 직원을 채용해서 본인이 가장 좋아하는 일을 넘겨버린다. 그런 현상은 대개 본인이 의도치 않은 상태에서 우발적으로 생겨난다. 사업가들은 회사가 성장함에 따라 시간을 바이백하기 위해서가 아니라 특정한 업무를 진행시키기 위해 직원을 채용한다. 그 결과, 자신을 관리직 직원의 위치로 끌어내린다.

4. 누군가 당신의 일을 80퍼센트의 완성도로 대신할 수 있다면 이미 100퍼센트 훌륭한 것이다.

5. DRIP 매트릭스는 네 가지 사분면으로 이뤄진다. 위임(낮은 수입, 낮은 에너지), 대체(높은 수입, 낮은 에너지), 투자(낮은 수입, 높은 에너지), 생산(높은 수입, 높은 에너지)이다.

이 장의 과제는 간단하다. 당신의 바이백 요율을 계산하라. 바이백 요율 계산의 첫 단계는 당신이 회사를 통해 벌어들이는 총수입이 얼마인지 따져보는 것이다. 거기엔 회사가 당신에게 제공하는 모든 혜택(수익, 급여, 차량, 가족 여행 등)이 포함된다. 이를 합산해서 2,000으로 나눈다. 그것이 당신의 시간당 수입이다. 이제 그 금액을 4로 나눈다.

그 결과로 나온 숫자가 당신의 바이백 요율이다. 당신의 1년 수입이 4만 달러라면 이를 2,000으로 나눈 뒤에 그 결과를 다시 4로 나눈 5달러가 당신의 시간당 바이백 요율이다. 다시 말해 당신이 누군가에게 일을 맡기고자 할 때 감당할 수 있는 시급이 바로 이 금액이다. 지금부터라도 당신의 바이백 요율보다 가치가 낮은 업무(특히 당신이 하고 싶지 않은 업무)는 절대 손대지 말아야 한다.

3장 차단

계획된 일정이 있었는데 절대 거절할 수 없는 엄청난 기회가 하늘에서 뚝 떨어진 경험이 있는가? 나는 있다. 2014년의 어느 평범한 목요일 아침, 친구 다니엘Daniel이 보낸 한 통의 메일에 의해 내 모든 일정이 순식간에 바뀌었다.

"리처드 브랜슨Richard Branson이 여러 사업가와 함께하는 스위스 베르비에Verbier로의 스키 여행에 당신을 초대합니다."

리처드 브랜슨은 버진 레코드Virgin Records와 버진 애틀랜틱Virgin Atlantic을 포함한 398개 기업의 설립자로 내가 오랫동안 존경한 우상이었다. 사람들은 한 사람이 그렇게 많은 회사를 설립하는 건 말도 안 되는 능력이라고 입을 모았다. 나는 오랜 시간을 투자해 브랜슨의 책을 읽고, 그가 언론과 진행한 인터뷰를 보고, 그가 사업적으로 내린 의사 결정을 따라 했다. 즉, 이 스키 여행은 내 마음속 영웅을 직접 만날 수 있는 엄청난 기회였다.

스키 여행은 3주 뒤로 예정돼 있었다. 그것이 평범한 스키 여행이었다면 나는 그 초대를 거절했을 것이다. 그토록 급박하게 일정을 바꾸고 자리를 비우는 일은 일어나지 않았을 것이다. 하지만 나는 기꺼이 초대를 받아들였다. 어쩌면 일생에 한 번뿐인, 삶에서 내가 그토록 존경하는 영웅을 만날 기회였기 때문이다.

스위스로 떠나기 위해 짐을 꾸리는 도중, 예전에 라이오넬Lionel이라는 사업가 친구와 떠났던 스키 여행이 떠올랐다. 당시 그가 운영하던 임업 회사는 연 매출액 200만 달러에 직원 수 16명의 작은 기업이었다. 그 정도 규모의 회사라면 라이오넬이 잘 정비된 기계를 다루듯 손쉽게 운영할 수 있을 듯했으나 정작 그 친구는 회사에 의해 '운영 당하고' 있었다.

여행 내내 라이오넬은 운전을 하면서도 손에서 휴대폰을 놓지 못했다. 계속해서 업무를 지시하고 급한 불을 끄기 바빴다. 스키장에서 리프트를 타고 올라가면서도 머릿속으로는 무엇을 처리해야 하는지 업무 리스트를 만들고 있었다. 그는 여행을 즐기는 척조차 하지 못했다. 직원도 몇 명 안 되고 매출도 200만 달러에 불과한 라이오넬의 회사는 그의 삶을 송두리째 빨아들이고 있었다.

사업가의 스트레스가 회사의 규모, 매출, 직원 수 등과 관련이 있다면 브랜슨은 라이오넬보다 수백 배 더 큰 스트레스를 받아야 한다.[1] 하지만 내가 브랜슨의 스위스 별장에 도착했을 때 마주친 진실은 전혀 딴판이었다. 브랜슨은 매일 아침 우리와 슬로프를 질주했고,

리프트에서 웃으며 이야기를 나눴으며, 온종일 즐거운 농담을 던졌다. 그는 느긋하면서도 활발했고 현재에 충실했다. 솔직히 말해 자신이 초대한 어느 사업가보다 스트레스를 덜 받는 듯했다. 우리와 함께 그 모임에 참석한 직원 한 사람(브랜슨의 비서)과 잠시 얘기하는 시간을 제외하면 어떤 업무도 그의 여행을 방해하지 않았다.

라이오넬은 매출액 200만 달러에 직원이 16명에 불과한 회사를 운영하면서도 지옥과 같은 스트레스에 시달렸다. 브랜슨은 400여 개의 회사를 운영하며 7만 명의 직원을 관리하고 수십억 달러의 매출을 올리면서도 삶을 진정으로 즐기는 모습을 보였다.

내 질문은 이렇다. 당신이라면 라이오넬과 브랜슨 두 사람 중 누구와 함께 스키 여행을 갈 것인가?

혼란에 중독된 사람들의 위기

내가 만난 사업가 중 열에 아홉은 본인이 순탄치 않은 어린 시절을 보냈다고 말했다. 과학자들의 연구도 그 사실을 이론적으로 뒷받침한다. 호주 퀸즐랜드 대학교의 연구진은 어려운 유년 시절을 보낸 아이들이 나중에 회사를 창업하는 데 더 열정을 보인다는 조사 결과를 발표했다.[2,3] 또 고객 개발론Customer Development을 창시하고 '문제 가정 이론'Dysfunctional Family Theory을 발표한 실리콘밸리의 사업가이자 스탠퍼드 대학교의 교수 스티브 블랭크Steve Blank도 "훌륭한 사업가들에게는 열정과 끈기, 그리고 혼란 속에서 차분함을 유지하는 능력 같은 특성이 있다."라고 주장했다.[4,5]

나는 SaaS 아카데미에서 일하는 모든 직원에게 성격 테스트를 받게 한다. 그 결과를 참조해서 새로이 채용할 인재를 결정한다. 만일 능력이 우수한 직원들이 서로 비슷한 성향을 보인다면 다음번 채용 건이 생겼을 때는 그런 성향을 지닌 사람을 찾는다. 게다가 나 역시 성격 테스트를 받는다. 테스트 결과에서 나타난 내 성격의 가장 큰 특징 중 하나는 '스트레스를 다스리는 능력'이다. 나는 그 능력 덕분에 수많은 위기와 변수를 극복했다. 예를 들어, 고객이 비용을 지급하지 않았을 때, 큰 거래를 실패했을 때, 코로나19 등의 예상치 못한 상황에서 비즈니스의 방향성을 갑자기 바꿔야 했을 때마다 나는 그 난관을 용케 버텨낼 수 있었다.

당신의 삶에서도 분명 이와 비슷한 상황이 연출될 것이다. 스트레스와 혼란스러움을 잘 다스리는 사업가는 핵심 직원이 갑작스럽게 퇴사하거나, 조직 내부적으로 발생한 일 때문에 회사가 손해를 보는 일이 벌어져도, 비슷한 문제에 부딪힌 경쟁사들이 어려움에 시달리는 동안에도 충분히 안정적으로 회사를 성장시킬 수 있다.

특히 이런 사람들은 철저한 계획을 세워두지 않은 상황에서 돌연 문제가 발생했을 때 놀라운 능력을 발휘한다. 어느 날 갑자기 법이 바뀌어 직원과 고객들에게 예상치 못한 변동 사항이 생길지라도 물러서지 않는다. 오히려 위기를 기회로 삼아 경쟁자들을 제치고 앞서 나간다. 왜 그럴까? 그것이 그들의 잠재된 능력이기 때문이다. 혼란스러운 어린 시절을 겪은 사업가는 돌발 상황에 이미 훈련이 돼 있다.

사업가가 순탄치 않은 어린 시절을 보냈다는 말은 누구도 겪어 보지 못한 어려운 상황을 임기응변으로 헤쳐 나가는 연습을 했다는 뜻일 수도 있다. 부모님이 방과 후에 데리러 오지 않았거나, 야구 연습장에 글러브를 가져다주지 않았거나, 아이에게 점심을 주는 일을 깜빡했을 때도 어떻게든 혼자 집을 찾아가고, 글러브를 구하고, 점심을 해결한다.

만일 당신이 순탄치 않은 환경에서 성장한 사람이라면 일찍부터 세상 물정을 익히고 난관을 타개하는 협상력을 키웠을 것이다. 그 상황이 당신에게 공평했든 불공평했든, 그 경험을 통해 당신은 사업가 정신의 핵심이라고 할 수 있는 문제 해결 능력과 조직 운영 기술을 터득했다. 덕분에 남들이 풀 수 없다고 여기는 문제가 닥쳐도 어떻게든 해결책을 찾는다.

앞서 언급한 스티브 블랭크는 스타트업을 경영하는 사업가를 전쟁터에 뛰어든 해병대원에 비유했다.

"스타트업이라는 환경은 본질적으로 혼란스럽다. 당신은 사업가로서 늘 창의적이고 독립적인 사고를 할 수 있도록 만반의 준비를 해야 한다. 전쟁터의 상황처럼 모든 것이 너무도 빨리 변하기 때문에 세심하게 구상한 최초의 사업 계획이 쓸모없어지는 일이 종종 발생한다. 당신이 혼란과 불확실성을 제대로 관리하지 못한다면, 그리고 주위의 누군가가 무엇을 어떻게 해야 한다고 알려주기만 기다린다면, 당신의 주머니는 조만간 텅 빌 것이고 회사도 망할 것이다."[6]

사업은 본질적으로 혼란스럽다. 그 혼란을 극복하는 데 유년기의 어려움이 도움을 주는 건 어찌 보면 당연하다.[7] 그래서 어린 시절의 고난이 삶에 긍정적인 요소로 작용할 수도 있는 것이다.

어린 시절에 닥친 역경이 빚어낼 수 있는 몇 가지 긍정적인 결과물을 아래의 표에 정리해 봤다.

혼란스러운 어린 시절	사업적 능력
하교 후 돌아온 집이 지저분했던 적이 많았다.	어지럽고 체계적이지 못한 상황에서도 비교적 일을 잘 처리한다.
일반적이지 않은 문제를 해결해야 했던 경험이 있다. ex. 상처 입은 동생을 달래주기 등	불만이 있는 직원들을 능숙하게 설득할 수 있다.
매일같이 끼니를 해결하기가 어려웠다.	불안정한 상황에 차분하게 대처한다.
삶의 기본적인 욕구마저 어른들에게 의존할 수 없었다.	과도한 책임도 충분히 관리한다.
비정상적인 아동 스트레스에 시달렸다.	큰돈이 걸린 복잡한 문제를 잘 처리한다.

다만 한 가지 단점도 있다. 미래에 대한 불확실성과 스트레스에 적응된 사업가들은 종종 혼란에 중독된다. 그들은 혼란스러운 상태를 정상처럼 느끼고 평화로움을 낯설어한다. 불충분한 정보를 바

탕으로 의사 결정을 내리거나 갑작스럽게 계획을 변경해야 하는 상황에 지나치게 익숙해진 나머지, 문제가 없을 때도 다른 문제를 찾아 나선다. 쉽게 말해, 서둘러 꺼야 할 불이 없으면 심리적 불안에 휩싸여 잘못된 결정을 내린다.

내 친구 한 명은 수백만 달러가 걸린 거래를 눈앞에 두고 이 위기에 봉착했다. 모든 일이 순조롭게만 풀리다 보니 겁이 나기 시작한 것이다. 그는 온갖 핑계를 대며 거래를 차일피일 미루고 도장을 찍지 않을 이유를 만들었다. 하지만 정작 자신이 그렇게 행동하고 있음을 몰랐다.

혼란스러운 상태를 정상처럼 느낄 만큼 혼란에 중독된 사람들은 본인의 의지와 상관없이 세상 모든 곳에서 혼란을 찾는다. 때론 문제를 발견하려고 애쓰다가 스스로 문제를 만들기도 한다. 그들은 그런 기묘한 방식을 통해 자신의 믿음이 옳다는 확신을 얻는다. 이와 비슷하게, 모든 사람이 자기만 보고 있다고 착각하는 사람은 그런 생각으로 인해 안절부절못하는 모습을 보이고, 그 모습이 주의를 끌어 모든 사람이 그 사람을 쳐다보게 되는 경우가 있다.

나 또한 이런 중독을 경험했던 적이 있다. 한 번은 사업 파트너 매트Matt와 함께 다른 기업과의 거래를 한 건 추진하고 있었다. 당시 나는 이 업무를 담당하는 우리 회사 직원들의 일처리가 너무 느리다고 생각해 좌절감에 빠졌다. 결국 매트에게 내가 개입해 직접 일을 처리해야 할 것 같다고 말했다.

"매트, 아무래도 내가 일을 넘겨받아 진행해야겠어요. 그래야

거래가 잘 마무리될 것 같아요."

"댄, 잠깐만요. 이 일을 담당하는 직원들 모두의 업무 능력이 엉망이라고 생각해요?"

"그건 아니죠."

"그럼 직원들이 자기 일을 하도록 잠시 길을 비켜줍시다."

매트의 조언이 아니었다면 나는 그 거래에 섣불리 뛰어들어 내가 신뢰하는 직원들을 길 밖으로 밀어냈을지도 모른다. 내가 직접 일을 처리했다면 그 업무는 특정 영웅만이 처리할 수 있는 문젯거리로 굳어졌을 것이고, 그 영웅은 다름 아닌 '나'일 테며, 나만큼 그 일을 잘해낼 사람은 없다는 헛된 믿음만 굳어졌을 게 분명하다. '혼란 중독'의 전형적인 증세다.

근본적인 문제는 우리 회사의 직원이 아닌 나에게 있었다. 내 조급한 마음가짐과 혼란을 추구하는 성격이 원인이었다. 만일 내가 직접 거래에 뛰어들었다면, 나는 문제를 성공적으로 풀어낸 해결사가 됐을지 모른다. 하지만 이후에 비슷한 문제가 생길 때마다 우리 직원들은 해결할 방법을 배울 기회를 빼앗겼을 것이다. 게다가 나 자신에 대한 독선적인 믿음만 더 강해졌을지도 모른다.

나는 고객들에게도 매트처럼 현명한 조언을 제공하기 위해 노력한다. 최근에는 새로 코치하게 된 회사들에게 큰 변화를 시도할 일이 생기면 사전에 내게 알려달라고 요청했다. 애초에 존재하지 않은 문제를 긁어 부스럼 만드는 사람들을 여러 차례 봤기 때문이다. 그 모두가 눈앞에 혼란을 창조하고자 하는 심리적 충동의 결과물이었다.

어떤 사람들은 멀쩡한 웹사이트를 갑자기 뜯어고치자고 제안하거나, 중요한 직원을 돌연 해고한다. 회사가 출시한 제품이 비로소 수익을 내기 시작했는데도 느닷없이 사업 방향을 바꾸는 경우도 있다. 나는 이런 돌발적인 행동을 '수류탄 던지기'라고 부른다. '큰 변화를 시도하기 전에 알려달라.'는 요청은 쉽게 말해 고객이 손에서 수류탄을 놓기 전에 먼저 연락하라는 뜻이다.

내가 이 책을 쓰는 동안 테일러Taylor라는 고객이 메시지를 보냈다. 테일러는 바이백 원칙에 따라 자신의 시간과 조직을 재정비했고

그동안 회사는 순조롭게 돌아갔다. 그러다 테일러는 예정에 없던 휴가를 6주간 떠나기로 결심했다. 다행히 그는 출발 전에 내게 메시지를 보내야 한다는 사실을 떠올렸다.

테일러는 휴가에서 오는 평화(그리고 수익)를 누리면서도 예고 없이 떠나고 싶어 했다. 하지만 그로 인해 야기된 혼란을 피할 순 없었다. 테일러가 자리를 비우자마자 온갖 문제가 벌어졌고, 테일러는 휴가 도중 돌아와 급한 불을 꺼야 했다.

테일러는 바이백 원칙에 따라 안정적으로 자신의 시간과 조직을 재정비했으나, 6주라는 휴가를 통해 혼란을 만들었다. 테일러는 왜 그렇게 생각하고, 또 행동했을까? 아마 그는 자신이 회사에 없으면 모든 일에 차질이 생길 거라는 사실을 어렴풋이 알고 있었을 것이다. 사라진 듯 보였던 혼란 중독의 재발이었다.

성공을 해치는 다섯 명의 시간 암살자

어떤 사업가들은 무의식적으로 불확실하거나 혼란스러운 상태를 추구한다. 그것이 바로 혼란 중독 상태다. 혼란 중독은 다섯 가지 형태 중 하나로 표출된다. 나는 여기에 '사업가의 성공을 죽이는 다섯 명의 시간 암살자'라는 이름을 붙였다.

첫 번째, 방해자Staller는 중요한 의사 결정을 차일피일 미루다 자신의 성공을 스스로 방해한다.

두 번째, 속도광Speed Demon은 사람을 채용할 때 빠르고, 쉽고, 값싼 선택지를 고르는 등 매사 성급한 의사 결정을 내린다.

세 번째, 감독자Supervisor는 직원들을 적절히 훈련하지 않고 시시콜콜 관리만 함으로써 그들이 더 성장하고 배울 수 있는 권한을 위임하는 데 실패한다.

네 번째, 절약가Saver는 은행 계좌에 충분한 돈이 있는데도 이를 활용해서 성장의 기회를 추구하지 않는다. 돈을 사업에 투자하지는 않고 계좌에 넣어두고 이자가 불어나기만 기다린다.

다섯 번째, 자가 치료사Self-Medicator는 성공을 거뒀을 때 과식이나 알코올, 기타 해로운 방법으로 보상을 얻는다. 당연히 자신의 역량이나 비즈니스에는 악영향이 간다. 실패나 고통에서 벗어나고 싶을 때도 똑같은 방법을 사용한다.

이제 이 시간 암살자들을 하나씩 살펴보자.

1. 방해자

기회의 문이 열렸을 때 방해자는 꾸물대며 결정을 유예한다.

"당신의 목표 고객으로 가득한 청중을 대상으로 웨비나Webinar(인터넷으로 진행하는 세미나-옮긴이)를 개최하면 어떨까요?"

"저는 당신 앞에 1만 명의 관객을 불러 모을 수 있는 유통업자입니다. 함께 일하실래요?"

"다음번에 개최할 TED 행사에서 강연하면 어떠실까요?"

잠재 고객에게 회사를 알리고, 새로운 고객을 소개받고, 더 많은 청중을 만날 기회를 얻는 등 당신의 비즈니스를 성장시킬 다양한 시나리오를 상상해 보라. 하지만 '방해자'에 사로잡힌 사람은 좋은 기회를 선뜻 잡지도, 딱 잘라 거부하지도 않는다. 대신 자신도 모르는 사이에 의사 결정의 과정을 다른 사람의 손에 맡긴다.

한 번은 우리 회사 직원들이 15,000명 이상의 타깃 고객 명단을 보유한 파트너를 찾고 있었다. 그러다가 사히드Saheed라는 사람이 그에 부합한 회사를 운영하고 있음을 알게 됐다. 직원들이 그의 이름을 말하자마자 나는 "오! 내가 아는 사람이야."라고 소리쳤다. 사히드는 내가 코칭 서비스를 제공하던 고객이었다.

내가 우리 회사 고객들에게 사히드를 소개하면(그리고 사히드도 자기 고객들에게 나를 소개한다면), 간단한 인사말만으로도 지금의 세 배가 넘는 잠재 고객을 확보할 수 있었다. 분명 두 파트너가 동시에 혜택을 얻을 수 있는 쉽고도 빠른 길이었다. 하지만 안타깝게도 그건

댄 마텔   9월 1일, 오전 9:40
받는 사람: 사히드
제목: 클라우드 소프트웨어 협회 관련 문의드립니다.

혹시 클라우드 소프트웨어 협회 회원들의 이메일 명단이 있을까요?

회원들은 클라우드 소프트웨어 기업의 설립자들인가요, 아니면 다른 기업의 임원들도 있나요?

…

나만의 생각이었다.

9월 1일, 나는 사히드에게 짧은 이메일을 보냈다.

이메일을 보내고 2주가 지난 뒤에도 사히드는 답장이 없었다. 몇 번 더 관련 내용에 대한 답신을 요청하는 이메일을 보냈지만 감 감무소식이었다. 그는 내가 고객들과 함께 진행하는 전화 코칭 시간 에는 꼬박꼬박 참석하면서도 정작 이메일에는 회신하지 않았다. 사 히드는 9월 21일이 돼서야 답장을 보냈다. 하지만 나는 그와 협력 관 계를 맺을 수 없었다. 나를 신뢰하는 고객에게 이메일 답변 하나에도 3주가 걸리는 사람을 소개할 수 없었기 때문이다. 사히드는 훌륭한 사업가였지만 시간 암살자 중 하나인 '방해자'에 사로잡혀 있었다.

아마 사히드 내면의 목소리가 너에겐 그 일을 감당할 능력이 없 다는 의심을 불어넣었을 것이다.

'너는 실패할 거야. 댄에게 실망을 안겨줄 거야. 너는 이런 성장 의 기회를 얻을 자격이 없어. 이 일로 인해 회사가 성장하면 네 삶은 엉망이 되겠지.'

2. 속도광

두 번째 시간 암살자는 속도광이다. 속도광의 함정에 빠진 사람 들은 무조건 빠른 의사 결정을 내려야만 성공할 수 있다는 확신으로 종종 이렇게 행동한다.

• 첫 번째로 접촉한 후보자를 성급히 채용한다.

- 첫 번째로 찾아낸 기술 플랫폼(요건에 맞지 않아도)을 무턱대고 도입한다.
- 돈을 빌려주겠다는 첫 번째 금융 기관을(다른 은행이나 조건을 고려하지 않고) 선택한다.

속도광의 악령은 당신이 더 나은 선택지에 대한 신중한 고려 없이 성급하게 행동하고 결정하는 것을 흐뭇하게 지켜본다. 그 결과 다음과 같은 일이 벌어진다.

- 채용한 직원이 회사를 그만두거나, 실적을 내지 못하거나, 해고당한다.
- 도입한 플랫폼이 생각처럼 작동하지 않는다.
- 선택한 금융 기관이 골칫거리가 된다.

찰스Charles는 내가 자금을 투자한 한 회사를 운영하고 있다. 그 회사에서 일하는 최고 마케팅 책임자(CMO)는 찰스의 처남이었다. 하지만 나는 그 CMO가 내린 몇몇 의사 결정이 영 마음에 들지 않았다. 그래서 찰스에게 물었다. "찰스, 당신의 처남이 세계 최고의 마케팅 전문가라고 생각해요?" 찰스는 내 질문에 답하지 않고 웃기만 했다. 찰스는 처남이 일을 잘 못한다는 사실을 이미 알고 있었다. 그는 어렵사리 처남을 해고하고 곧장 자신의 친구 다윈Darwin을 CMO 자리에 앉혔다. 채용 면접도, 구인 활동도 없었다. "다윈이 이 자리에 꼭 맞는 사람입니다." 그는 자신 있게 말했다.

다윈은 두 달 후에 갑자기 회사를 떠났다. 나는 찰스에게 전화를 걸어 다윈이 회사를 그만둔 이유를 물었다. 알고 보니 찰스와 다윈은 다른 회사에서 재직하던 당시, 함께 일한 동료 사이였다. 다윈은 그때 했던 행동을 이번에도 똑같이 했다. 일이 힘들어지자 곧장 사표를 던진 것이다.

찰스는 전형적으로 속도광이라는 시간 암살자에 사로잡혀 있었다. 그는 실수를 저지른 뒤에도 반성하지 않고 기존의 방식을 고집해 똑같은 잘못을 반복했다. 미국의 철학자 존 듀이John Dewey는 "우리는 경험을 통해 배우는 것이 아니라, 경험을 반성하는 과정을 통해 배운다."고 말했다.[8] 어느 날 문득 걸음을 멈춰 서서 어떤 일이 '왜' 일어났는지 차분히 돌아보지 않는 사람은 잘못을 고칠 수 없다.

- 채용한 직원들이 모두 조직을 떠난다면 훈련 방식에 문제가 있을지도 모른다.
- 여러 고객이 같은 불만을 가지고 있다면 제품 및 서비스에 문제가 있을 수 있다.
- 주기적으로 같은 문제가 발생한다면 아마도 전략이 잘못됐을 것이다.

혼란스러운 삶에 중독된 사람들은 '모든 직원이 업무에 미숙한 상황'을 정상적이라고 생각한다. 그들은 입으로 불평을 늘어놓으면서도 마음속 깊은 곳에서는 혼란 상황을 '정상'으로 받아들인다. 뭔가가 틀어지거나 일이 꼬이면 그들은 문제의 근본 원인을 생각하지 않고 겉으로 드러난 증상에만 그때그때 대처하게 된다. 어린 시절 혼란스러운 환경에서 성장한 사람들은 나이가 들어서도 혼란을 기본 값으로 여기기 쉽다. 그것이 문제다.

3. 감독자

기껏 직원을 채용하고도 직원들이 할 일을 대신하는 사람은 '감독자'라는 시간 암살자에게 사로잡힌 것이다. 감독자는 속도광과 정반대의 개념으로, 직원들을 시시콜콜 관리하거나 그들이 할 일을 대신 떠맡는 사람을 뜻한다.

나는 산악자전거를 즐겨 탄다. 내 고향에서 믿고 맡길 수 있는 산악자전거 수리 업체는 대럴Daryl이라는 사람이 운영하는 자전거점이 유일하다. 내가 가게에 들어설 때마다 대럴은 함께 일하는 직원들을 제치고 달려 나와 따뜻한 인사를 건넨다. "반가워, 대니 보이!" 그러면서 내 자전거를 가게 뒤편으로 가지고 가 이것저것 두드리며 손을 본다. 그리고 잠시 뒤에 깨끗하게 수리된 자전거를 내 손에 쥐여 준다.

대럴의 직원들은 그 모습을 멀뚱멀뚱 바라보고만 있다. 상사가 아무런 설명을 해주지 않으니 내 자전거에 어떤 문제가 생겼고, 어떻게 고쳤는지 알 도리가 없다. 직원들에게 주어진 배움의 기회를 빼앗는 것이다.

대럴은 본인이 팀워크를 중시하는 사람이라고 생각할지도 모른다. 하지만 결과적으로 직원들에게서 배움의 기회를 빼앗음으로써 가게 전체가 영원히 대럴의 손에만 의존해야 하는 상황을 초래했다. 미래를 위해 직원들을 훈련하기보다는 눈앞의 일을 처리하기 바빴던 것이다. 이렇게 사업을 운영하면 대럴이 잠깐 자리를 비우기만 해도 사업이 제대로 굴러가지 않고 직원들은 당황한다. 나는 이 가게에서 새 자전거를 여러 대 주문했지만, 물건이 아예 배달되지 않거나 너무 늦게 도착하는 바람에 다른 자전거점을 알아보기도 했다. 한마디로 대럴은 사업을 성장시키기보다 일상적인 업무를 처리하기 바빠 수익을 놓치고 있었다.

당신이 감독자의 유혹에 빠져 있다면 스트레스와 과도한 업무에 시달리는 현 상황이 당신이 영원히 머물 종착역임을 명심하라. 그곳에서 빠져나오는 길은 당신이 모든 분야에서 세계 최고의 능력자가 아니라는 사실을 인정하는 것뿐이다. 당신이 뛰어난 능력을 발휘할 수 있는 분야는 몇 가지에 불과하다. 그 일을 제외한 다른 업무는 누군가가 배우고 익힌다면 적어도 당신만큼은 할 수 있다.

4. 절약가

네 번째 시간 암살자 '절약가'는 돈을 아낄 줄만 알고 투자하는 법을 모르는 사업가들을 노린다. 그들은 어떻게든 돈을 안 쓰고 모아야 성공할 수 있다는 그릇된 인식에 빠져 있다.

2019년 여름, 친구 카일Kyle에게서 전화가 왔다. 그는 창업가, 투자자, 아이디어 컨설턴트 등을 위해 수백만 달러 규모의 회원제 프로그램을 운영하는 사업가다. 한 달에 한 번 개최되는 행사에 정규 회원으로 참여하는 데만 연간 4만 달러의 비용이 든다. 카일이 좌절에 빠진 목소리로 전화를 걸었을 무렵엔 그가 관리하는 회원 수가 50명에 달했다.

카일은 자신의 회원들을 위해 매달 개최하는 세계 최고 수준의 행사를 늘 바닥부터 다시 기획했다. 행사 자체는 환상적이었지만 치밀한 사전 아이디어나 계획은 없었다. 모든 행사는 세간의 관심을 가장 많이 받는 주제로 진행해야 했고, 카일은 그때마다 좋은 아이디어를 새롭게 짜내야 했다. 반복되는 작업 속에서 그의 에너지는 완전히 소진됐고 프로그램 운영을 중단하고 회사를 접을 극단적인 생각까지 했다. 카일에게는 매번 자신의 상상력에만 의존하지 않아도 행사를 이어갈 수 있는 지속 가능한 방법이 필요했다.

카일에게 프로그램을 기획하는 커리큘럼을 물었다. 놀랍게도 그는 커리큘럼을 사용하지 않았다. 게다가 핵심 콘셉트나 기획 원칙 등 프로그램을 운영하는 데 활용하는 도구도 없었다. 나는 카일에게 내 친구 사이먼 보웬Simon Bowen과 이야기를 나눠보기를 권했다. 사이먼은 교육 기관의 리더들이 각자의 전문성에 따라 체계적인 커리큘럼을 개발할 수 있도록 도움을 주는 세계 최고의 전문가였다.

나는 카일에게 사이먼을 소개해 주겠다고 제안했다. 동시에 커리큘럼 개발 비용은 1만 달러 미만일 거라고 덧붙였다. 하지만 카일은 이렇게 말했다.

"그 사람이 쓴 20달러쯤 되는 책은 없어?"

1만 달러는 카일이 운영하는 프로그램의 회원 한 명이 지불하는 연회비의 4분의 1에도 못 미치는 금액이었다. 카일은 그 돈을 지출하는 대신 허리띠를 졸라매기로 했다. 돈 몇 푼을 아끼기 위해 한참 성장 중인 수백만 달러 규모의 사업을 위기에 빠뜨리고 자신의 몸과 마음도 지칠 대로 지친 상태로 몰아넣었다. 딱히 사업 자금이 모자라거나, 매출이 줄어들고 있는 상황이 아니었음에도 불구하고 그가 발견한 해결책은 그 상황에서 절대 필요치 않은 '절약'이었다.

5. 자가 치료사

2005년, 25살이었던 나는 '자가 치료사'에 의해 시간을 암살당했다. 당시 나는 세 번째 회사인 스페릭이라는 기술 스타트업을 운영하기 바빴다. 그때 예일 대학교에서 전화가 걸려왔다. 내게는 꽤 아이러니한 일이었다. 나는 단 한 번도 대학교에 다녀본 적이 없었다. 그렇게 유명한 교육 기관에 발을 들이게 될 거라고는 상상조차 한 적 없었다. 그런 예일 대학교가 자신들의 소프트웨어 프로그램을 손봐달라고 내게 요청한 것이다.

나는 코네티컷주 뉴헤이븐으로 날아간 뒤에 자동차를 렌트하고 아버지에게 전화를 걸어 기쁨을 나눴다.

나는 낮에는 학교의 서버 구성 작업을 완료하고 저녁부터는 축하 준비를 했다. 주위 사람들에게 초밥(내 고향 뉴브런즈윅주 몽튼은 내륙이라 이 음식을 찾아보기 어렵다)을 먹을 수 있는 식당이 있느냐고 묻자 모두 한 곳을 추천했다. 나는 배가 터질 만큼 초밥을 먹고 과음을 하며 마음껏 그날 밤을 즐겼다. 하지만 축하의 밤을 너무 길게 보낸 게 문제였다.

다음 날 아침, 호텔에서 눈을 떴을 때도 술이 덜 깬 상태였다. 나는 학교에 몸이 아프다고 핑계를 댔다. '식중독'이라는 병명이 내가 생각할 수 있는 유일한 핑계였다. 무언가를 성취했다는 고양감을 느낀 지 채 24시간도 지나지 않았건만, 나는 곧장 영웅에서 실패자로 전락했다.

'자가 치료사'는 승리를 자축하거나 무언가로부터 벗어나려고 할 때 나타나 시간을 암살한다. 승리를 거뒀든 패배를 거뒀든 성공의 기회를 빼앗는다. 큰 계약을 따내도 마시고, 큰 계약을 놓쳐도 마시고, 과로해도 마시고, 지루해도 마신다. 어떤 경우에도 손에서 술잔을 놓지 못하게 되는 것이다. 그런 이유에서 '자가 치료사'는 모두에게 언제나 충동적이고 불길한 손을 내민다.

시간을 해치는 유혹에서 벗어나라

다섯 명의 시간 암살자는 혼란 중독에 빠진 사람을 노린다. 각 유형에 따라 나타나는 증상에도 차이가 있다.

방해자는 중요한 의사 결정을 못 하게 한다.

속도광은 같은 실수를 거듭하게 한다.

감독자는 조금 더 값진 곳에 시간을 투자하지 못하게 하고, 쓸데없는 일에 시간을 낭비하게 한다.

절약가는 다소 알아차리기 어렵다. 돈을 절약해야 한다고 부추기면서 교묘하게 시간을 낭비한다. 10시간을 절약해 주는 사람에게 고작 100달러를 지불하는 것도 망설인다.

자가 치료사는 가장 포착하기 힘들다. 보상과 회복의 가면을 쓰고 슬그머니 다가오기 때문이다. 축하 또는 위로의 밤을 보낸 뒤 실컷 늦잠을 자게 해서, 생산성을 발휘할 시간을 앗아간다.

돈을 얼마나 벌든 누구나 시간 암살자에 사로잡힐 수 있다. 특히 시간 암살자는 당신이 더 풍부한 생산성과 더 많은 가용 시간을 찾아 나설 때를 노린다. 통계적으로 사업가들은 일반인보다 혼란 중독에 빠질 확률이 훨씬 높다. 다섯 명의 시간 암살자들은 그럴듯한 모습으로 자신을 정당화하며 다가온다. 시간 암살자에게 사로잡히면 '그럴 만해서' 직원을 해고하고, '분위기 쇄신을 위해' 멀쩡한 프로젝트를 뜯어고친다. 또는 '힘든 한 주였으니' 폭식과 폭음을 일삼는다.

따라서 절망에 뛰어들고 싶은 충동을 느꼈다면 시간 암살자 중 하나가 나타났다고 볼 수 있다. 이 순간을 객관적으로 인식해 있는 그대로 현상을 받아들이기를 바란다. 어렵게 벌어들인 시간과 돈이 순식간에 사라지지 않기를 바란다면 말이다.

문제를 극복하는 정공법

2018년, 나는 성공한 회사를 운영하는 톰Tom을 처음 만났다. 그는 꽤 많은 돈을 벌었지만 '자가 치료사'에 의해 시간을 빼앗기고 있었다.

톰은 고등학생 때부터 폭식과 폭음을 일삼았다. 목요일 저녁이나 금요일 저녁을 시작으로 일요일 밤까지 술을 마셨다. 월요일 아침에 출근할 때까지도 술이 덜 깬 경우가 허다했다. 주중에는 술을 마시지 않고 맑은 정신으로 보냈지만, 주말이 되면 같은 상황이 반복됐다.

톰이 문제를 인식하게 된 건 10살 된 딸 때문이었다. 한번은 아이가 톰이 술을 마시는 모습을 흉내 내며 주스를 마셨다. 아이는 자신의 아빠가 술에 취하면 얼마나 웃기는지 이야기하며, 자신도 아빠처럼 재미있는 사람이 되고 싶다고 말했다. 정신이 번쩍 들었다.

변화를 진지하게 고민하게 된 건 그룹 코칭 모임에 참여하면서부터였다. 톰은 자신이 알코올 문제를 겪고 있다는 사실을 동료들에게 털어놓았다. 놀랍게도 모임에는 비슷한 문제를 안고 있는 사람이 제법 많았다.

"다들 처지가 비슷했어요. 저마다 해결해야 할 문젯거리가 있었죠. 어떤 사람은 저처럼 술꾼이기도 했고요."

톰은 그 모임에서 자신의 약점을 솔직히 공개한 뒤에 75 하드에 가입했다. 75 하드는 매우 도전적이면서도 목표 달성이 쉽지 않은 건강 관리 및 운동 프로그램이다. 그는 예전에도 이 프로그램에 도전했다가 한 번 포기한 적이 있었다. 하지만 재도전 끝에 톰은 75 하드를 끝까지 완료했다. 그 뒤로 톰의 삶은 완전히 변했다.

오늘날 톰은 당신이 상상할 수 있는 가장 엄격한 생활 습관을 유지하고 있다. 매일 오전 5시에 침대에서 일어나고, 한때 104킬로그램까지 나갔던 몸무게도 22킬로그램이나 줄였다. 그가 운영하는 회사의 직원 수는 900명 가깝게 늘어났고 매출 1,500만 달러를 눈앞에 두고 있다. 하지만 톰이 달성한 최고의 업적은 이렇게 말할 수 있게 됐다는 것이다.

"이젠 파티에 참석해도 술을 마시고 싶다는 생각이 전혀 안 들어요. 단순히 자유로워졌다고 말하면 너무 절제된 표현일까요?"

톰은 '자가 치료사'라는 시간 암살자로부터 벗어나기 위해 수많은 우여곡절을 겪었다. 그 난관을 넘고 목표를 달성하고자 인내한 덕에 그는 자유로워질 수 있었다. 자신을 있는 그대로 응시하고 문제와 정면으로 맞선 덕이다.

톰의 사례는 명확한 교훈을 준다. 당신을 괴롭히는 문제가 있다면 있는 그대로 바라보라. 시간 암살자에 시달리지 않더라도 사람들은 모두 크고 작은 문제를 안고 있다. 그 문제를 극복하는 방법은 문제를 찾아 정면으로 맞서는 것뿐이다. 자신이 어떤 혼란에 중독되어 있는지를 찾고 해결하는 순간, 인간관계와 건강, 비즈니스 모두 순조로워진다.

다섯 가지 바이백 요점 ─────────

1. 과학자들은 비즈니스 코치들이 오랫동안 관찰한 현상을 과학적으로 확인시킨다. 사업가들 대부분이 혼란에 중독되어 있다는 것이다.
2. 혼란스러운 상황에도 잘 대처하는 능력을 지닌 사람은 사업적으로 장점이 많다. 한편으로 그 능력은 당신을 부추겨 무의식적으로 혼란을 찾아 나서게 할 수 있다.
3. 혼란 중독은 방해자, 속도광, 감독자, 절약가, 자가 치료사 등 다섯 명의 시간 암살자 형태로 표출된다.
4. 혼란 중독의 근본적인 원인을 깨닫지 못한 사람은 하나의 시간 암살자에서 다른 시간 암살자로 이리저리 옮겨 다니게 된다.
5. 자기가 원하는 사람이 되려면 어떤 적과도 정면으로 맞서야 한다.

실전 매뉴얼 ─────────

인도에서는 신화 속의 유명한 명궁인 아르주나Arjuna 이야기가 전해진다. 아르주나는 활 솜씨가 뛰어나 스승이 친애하는 제자였다. 어느 날 스승이 커다란 나무 위에 새의 형상을 한 목각 인형을 올려두고 제자들을 불러 모았다. 스승이 "눈앞에 무엇이 보이느냐?"고 묻자, 제자들은 나무, 이파리, 스승님 등 각자 눈에 띄는 것을 이야기했다. 새 목각 인형을 말한 건 아르주나 한 명이었다.

어째서 아르주나만 그 새를 볼 수 있었을까? 제자들 중 나무 위에 앉은 새를 화살로 맞출 수 있는 사람이 아르주나뿐이었기 때문이다. 아르주나는 목표를 정확히 인식할 수 있었고 주의를 산만하게 만드는 모든 문제 속에서 '새'를 정확히 선별해 냈다.

누구나 시간 암살자와 조우할 수 있다. 그 순간에 필요한 것은 다름 아닌 집중력이다. 아르주나처럼 집중력만 잘 발휘해도 시간이라는 자유를 빼앗기지 않는다. 어떻게 하면 집중력을 발휘할 수 있는지는 아래의 방법을 참고하길 바란다.

1. 종이 한 장을 꺼내 당신이 최근 내린 10가지 주요 의사 결정, 즉 당신의 삶을 변화시킨 결정들을 적어보라.

2. 그 목록을 검토한 뒤에 자신에게 이렇게 질문하라. '이 모든 결정이 꼭 필요했나? 아니면 단지 수류탄 던지기에 불과했나?'

3. 불필요하게 내린 의사 결정에 어떤 패턴이 있는지 살펴보라. 지나치게 성급한 결정이었나? 직원들을 시시콜콜 관리하기 위한 결정이었나? 구두쇠처럼 돈을 아끼기 위한 결정이었나?

4. 특정한 패턴을 발견했다면 그것이 다섯 명의 시간 암살자 중

어디에 해당하는지 적어보라.

5. 보너스: 이 작업을 재미있게 해보고 싶은 사람은 그 암살자의 모습을 상상해 그려보라. 그림을 프린트해 지갑에 넣어두거나 휴대폰 배경화면으로 설정하는 등 항시 보고 인지하기를 바란다.

내가 어떤 시간 암살자에게 주로 위협받는지 파악하면 대처할 수 있다. 의사 결정을 내릴 때 그 시간 암살자가 다시금 등장했는지 안 했는지에 주의를 기울일 수 있기 때문이다. 그렇게 된다면 아르주나처럼 잡다한 무엇에도 시선을 빼앗기지 않고, 삶에 필요한 것과 제거해야 하는 것을 알게 된다.

2부

시간의
주인이 되기 위한
시간 거래법

4장 거래

우리는 리처드 브랜슨처럼 성공한 사람들을 두고 '운이 좋다.' '부유한 집안에서 태어났다.' '특혜를 받았다.'고 표현하는 경향이 있다. 그 말도 어느 정도 일리 있을지 모른다. 하지만 성공에 대한 진실을 드러내진 못한다.

오프라 윈프리가 성공할 수 있었던 이유가 단순히 운이 좋았고, 돈이 많았고, 특혜를 받았기 때문은 아니다. 오프라 윈프리의 성공 요인은 자신의 삶을 빛내주는 일을 찾아, 거기에 자신의 시간과 에너지를 쏟았기 때문이다.

수많은 사업가가 브랜슨이나 오프라 같은 사람들의 삶의 방식을 보고도 여전히 무가치한 업무에 파묻혀 살아간다. 그러면서 이렇게 생각한다. '언젠가는 나도 그들처럼 자유를 얻을 거야.' 하지만 한 가지 의문이 든다. 왜 꼭 그 '언젠가'라는 미래를 기다리고만 있어야 할까? 당장 생산 사분면에 시간을 예치하기만 하면 바로 보상을 누릴 수 있는데 말이다. 그렇게만 하면 더 많은 시간과 에너지를 얻고, 그것을 이용해 더 많은 시간을 되사들일 수 있으니, 다시 생산 사분면에 시간을 예치할 수 있다.

앞서 잠깐 언급한 내 친구 사이먼은 교육 기관의 리더들이 각자의 전문성에 따라 체계적인 커리큘럼을 개발할 수 있도록 돕는다. 그 속에는 바이백 원칙도 포함되어 있다. 어느 날, 사이먼이 가르치는 리더 중 한 명인 안드레Andre가 사이먼에게 전화를 걸었다. 안드레는 제조 회사를 운영 중이었는데 몇 가지 애로 사항에 직면해 있었다.

"매일 똑같이 반복되는 업무가 지긋지긋하네요. 운영 관리자라도 뽑아야 할까요?"

"좋죠, 안드레. 하지만 직원을 채용하기 전에 당신이 하루를 어떻게 보내는지부터 얘기해 보세요. 매주 시간을 제일 많이 쓰면서도 딱히 좋아하지 않는 업무, 그러니까 당신에게 그저 '일'로만 느껴지는 업무가 뭔가요?"

안드레는 업무 시간의 80퍼센트를 CADComputer Aided Design라고 불리는 디자인 프로그램을 활용한 설계 작업으로 보내고 있었다. CAD 작업을 좋아하지 않으면서(물론 좋아하는 사람도 많다), 그 일에 업무 시간의 80퍼센트를 쏟아부으면 당연히 지칠 수밖에 없다. 그것이 바로 위임 사분면에 갇혀 사는 사람의 전형적인 모습이다.

사이먼은 다른 해결책을 제시했다.

"안드레, 운영 관리자는 채용할 필요가 없어요. 대신 'CAD 디자이너'를 뽑으면 어때요? 인건비도 낮고, 당신의 시간을 80퍼센트나 절약해 줄 텐데요."

사이먼은 안드레에게 적임자만 제대로 채용한다면 그 직원이 CAD 작업을 훨씬 잘 해낼 거라고 말했다. CAD 디자이너로 지원을 했다면 그 일을 정말 좋아하는 사람일 게 분명했기 때문이다. 그런 식으로 사이먼은 안드레가 진정한 사업가가 되도록 도왔다. 사이먼의 도움이 없었다면 안드레는 자기가 본인 회사의 일개 직원에 불과했다는 사실을 몰랐을 것이다.

삶을 주도하는 세 단계의 시간 거래

모든 사업은 결국 시간과 돈을 거래하는 것이다. 시간과 돈을 거래하는 유형은 다음과 같은 세 가지 단계로 구분할 수 있다. 다만 낮은 단계의 거래를 하고 있는 사람일수록 자신이 어떤 형태의 거래를 하는지 파악하지 못한다.

1단계-직원
2단계-사업가
3단계-제국 건설자

1단계-직원: 시간으로 돈을 산다.

회사를 소유하고 있어도 시간을 팔아 돈을 번다면 한 명의 직원에 불과하다. 어쩌다 보니 본인이 세운 회사에서 다른 직원들처럼 일하고 있을 뿐이다. 대부분의 사업가가 시간을 지불하고 소득을 구매하는 수준의 거래에서 벗어나지 못한다. 어렵고 골치 아픈 일은 본인이 해야 한다는 GSD 사고방식에 사로잡혀 있기 때문이다.

금수저를 물고 태어나지 않았다면 취직을 하거나 사업을 시작할 때 시간을 제공해 돈을 버는 수밖에 없다. 사업을 막 시작한 사람도 마찬가지다. 처음에는 소프트웨어 개발자, 작가, 청소부 등의 직업을 통해 시간을 판 만큼 돈을 번다. 시간 거래의 1단계인 직원 수준에 머무른다.

누구나 1단계를 거친다. 스타트업을 창업해 봤다면 더 잘 알 것이다. 하지만 회사를 본격적으로 성장시키고 싶다면 시간을 돈으로 맞바꾸는 일은 그만두는 편이 좋다. 언제까지고 시간과 돈을 교환할 수는 없다. 시간은 절대 충분하지 않다. 따라서 거래의 수준을 한 단계라도 높여야 한다.

2단계-사업가: 돈으로 시간을 산다.

결국 우리는 돈을 주고 더 많은 시간을 얻어야 한다. 이 거래에 성공하게 되면 이를 지렛대 삼아 새로운 차원의 생산성을 확보할 수 있다.

더 많은 시간을 일에 쏟아야 더 많은 돈을 벌 수 있다는 고정 관넘에서 벗어난 사람은 자기가 벌어들인 돈으로 더 많은 시간을 되산다. 그로써 원하는 삶을 살고, 꿈꿨던 사업을 시작하고, 누구도 생각지 못한 거대한 제국을 건설한다.

앞서 설명했듯이 돈으로 시간을 사는 선순환 구조는 단순히 사람을 채용한다고 해서 만들어지진 않는다. 채용의 방향성이 잘못되면 직원을 뽑을수록 일만 더 늘어난다. 사람을 채용하고, 소프트웨어를 도입하고, 거래를 진행할 때마다 자문해야 한다. '이 투자로 나에게 더 많은 시간이 주어질 수 있을까?'

이름만 번지르르한 표면적인 사업가가 아닌 진정한 사업가가 되고 싶은가? 시간을 들여 돈을 벌겠다는 생각부터 없애라. 진정한 사업가가 되고 싶다면, 기존에 벌어들인 돈을 '위임'과 '대체'에 분배해 더 많은 시간을 확보해야 한다.

시간을 만듦으로써 삶을 주도해야 한다. 그동안 번 돈으로 더 많은 시간을 되사, 회사를 안정화하고 원하는 삶을 살아간다는 진취적인 사고방식을 품어야 한다. 그것이 바이백 원칙의 핵심이다. 이 사고방식을 회사의 기본 운영 방침으로 삼으려면 사업가의 시간이 회사의 엔진이자 마지막 보루라는 사실을 깨달아야 한다. 당신이 가장 좋아하고 회사에 가장 많은 경제적 가치를 안겨주는 일에 집중하라. 최대치의 가치를 창출할 수 있는 업무의 시간당 가치가 500달러라고 가정해 보자. 그렇다면 시간당 가치가 10달러에 불과한 일에 시간을 낭비하면 안 된다.

나는 앞서 바이백 요율이라는 개념에 관해 이야기했다. 이 바이백 요율과 관련해 이제부터는 나의 고객들에게만 알려주는 비밀을 여러분과 공유하고자 한다. 사이먼이 안드레를 깨우친 것과 똑같은 맥락의 이야기다.

1억 달러짜리 기업은 10달러짜리 업무 위에 세워지지 않는다.

3단계-제국 건설자: 돈으로 더 많은 돈을 산다.

브랜슨이나 오프라, 버핏 같은 인물들은 자신의 시간을 완벽하게 사들였다. 이제 그들은 일개 사업가가 아니라 딴 세상 사람들이 됐다. 그들은 자신만의 제국을 건설했다. 본인의 서사시도 스스로 써 나간다. 그들에게 시간은 더 이상 거래의 대상이 아니다. 그들은 시간에서 해방됐다. 자유를 얻었다.

오프라는 업무보다 운동에 더 많은 시간을 쏟는다. 버핏은 재무제표보다 책을 더 많이 읽는다. 그런데도 매일 엄청난 돈을 벌어들인다. 중요한 사실은 1단계와 2단계 거래를 경험하지 못한 사람은 3단계 거래자가 될 수 없다는 것이다.

3단계에 도달한 사람의 인생은 진심으로 흥미진진해진다. 좋아하는 스포츠를 하며 땀을 흘리고, 아이의 축구 경기나 공연을 보러 가고, 반려견을 산책시키고, 정원에 앉아 향기로운 커피를 마시고, 맛있는 점심을 먹을 시간이 넘쳐난다. 당신이 손쓸 필요 없이 다른 사람이 당신의 회사(아마 한두 개가 아닐 것이다)를 대신 운영 및 관리하고 있을 것이다. 그 시간에 새로운 투자를 어디에 할지 생각하며 또 다른 기회를 잡는다. 머리는 맑아지고 건강한 에너지가 넘쳐흐

거래의 3단계

른다. 그렇게 되면 좋은 회사를 위대한 기업으로 키우고, 적은 노력으로 큰 결과를 얻고, 투자를 통해 더 높은 수익을 내는 데 집중할 수 있다.

비용은 최소로, 성과는 최대로

어떻게 해야 당신의 거래 단계를 올릴 수 있을까? 어떻게 해야 자유를 맛볼 수 있을까?

● 레버리지(Leverage): 지렛대를 이용해 적은 힘으로 무거운 물건을 들어올리는 것처럼 돈, 시간 등 타인의 자산을 빌려와 투자나 사업의 수익률을 끌어올리는 것을 가리킨다.-옮긴이

첫 번째로 해야 할 일은 다른 사람에게 가장 손쉽게 넘길 수 있는 일을 찾는 것이다. 꼭 내가 하지 않아도 되는 작업에 너무 많은 시간을 사용하고 있진 않은가? 하루 중 당신이 가장 많은 시간을 보내는 업무가 무엇인지를 고민해 보라.

나는 다음 몇 장에서 가장 무가치한 업무를 찾아내는 방법에 관해 이야기한다. 하지만 시간을 되사기 위해서는 자신이 얼마나 많은 돈을 지출하는지부터 알아야 한다. 내가 2장에서 바이백 요율을 언급하면서 사치스러운 지출을 끊고 필요한 데에 적절한 금액을 지불하라고 말한 이유다. 지불 계획만 정비해도 위임 사분면에 쏟는 시간을 바이백하는 작업에 곧바로 돌입할 수 있다.

대체 사분면에 속한 어렵고 중요한 업무들에 관해서는 나중에 다시 이야기할 것이다. 현재로서는 쉽고 빠르게 성과를 얻을 수 있는 작업, 최소한의 비용으로 시간을 절약할 수 있는 대상에 우선 집중하기로 한다. 그러기 위해서라도 본인이 어떤 업무에 시간을 소비하는지 알아내야 한다.

먼저 당신의 일정을 살펴봐라. 일정 점검이 효과적인 이유는 거기엔 주관적인 판단이나 해석이 개입되지 않기 때문이다. 간단히 표현하자면 이렇다.

당신의 일정표는 거짓말을 하지 않는다.

하루를 망가뜨리는 무가치한 업무

어느 날, 내가 운영하는 SaaS 아카데미에서 가장 유능한 직원인 미란다Miranda와 주간 면담을 하게 됐다. 그녀는 최근 팀장으로 승진한 후 과도한 업무에 짓눌리고 있었다. 우리 회사에서 한 분야의 전문가로 시작한 미란다는 현재는 가장 많은 직원을 관리하는 책임자 자리까지 올랐다.

"직원들의 성과를 검토하고, 요구 사항을 처리하고, 일대일 면담을 하고, 보고서까지 쓰고 있어요. 아주 머리가 어질어질할 지경이에요."

그러면서도 자신이 "팀원들을 실망시키는" 기분이 든다고 말했다. 나는 글썽이는 미란다에게 휴지를 건네주며 고객들을 코치할 때 하는 말과 똑같은 말을 들려줬다.

"미란다, 시간을 어떻게 사용하는지 돌아봐요. 시간과 에너지를 가장 많이 소모하는 업무가 무엇인지 파악하고, 그 일을 다른 사람의 손으로 옮깁시다. 이렇게 시간을 확보한다면 그 시간을 가장 중요한 업무로 채울 수 있을 거예요."

나는 미란다에게 2주에 걸쳐 15분 간격으로 자신이 하는 일을 종이에 적어보기를 제안했다.

"시간 사용 현황을 조사한 뒤 다시 만나 이야기해 보죠."

하지만 2주도 채 걸리지 않았다. 나흘 뒤, 미란다에게서 이런 메시지가 왔다.

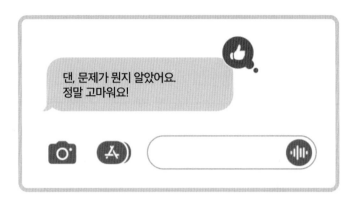

미란다는 단 나흘 만에 자신의 시간과 에너지를 소모하는 무가
치한 업무를 파악했다. 솔직히 그 후 미란다가 어떻게 일을 처리했는
지는 나도 모른다. 아마도 직원 중 누군가에게 위임하지 않았을까 생
각할 뿐이다.

　나는 이 방법이 미란다에게 도움이 될 것임을 알았다. 수많은
사업가에게 15분 간격으로 2주간 자신의 업무를 기록하는 '시간 돌
아보기' 방법을 사용해 봤고 큰 효과를 얻었기 때문이다. 이 방법은
고객의 사업 규모(1인 창업자부터 수백만 달러를 보유한 사업가까지)와는
무관하게 모두에게 적용할 수 있는 코칭 기법이다.

　수백만 달러의 자산을 보유한 사업가들이 자신의 시간 가치가
얼마고, 어떤 일로 하루를 보내야 하는지 고민하는 모습은 언제나 흥
미롭다. 또한 수십억 달러 가치의 회사를 운영하면서도 시간 가치를
혼동하는 경우도 적잖이 보인다. 그들은 사소한 일에 주당 20시간을

쏟기도 한다. 본인의 시간 가치에 10퍼센트 미만의 비용만 들여도 다른 사람에게 맡길 수 있는 일인데 말이다. 문제는 그런 사업가가 많다는 것이다. 두세 명의 직원에게 조금 더 많은 급여를 지불하기만 하면 되는데, 무슨 이유에서인지 절대 그런 선택을 하지 않는다.

하지만 숨은 그림을 찾듯 자신의 상황을 타개할 조각을 발견했다면 언제까지 외면할 수는 없다. 장담하건대 자신의 시간을 낭비하는 업무를 파악한 사람은 그 시간을 바이백하고 싶어진다.

어떤 사람들은 미란다처럼 14일이 채 되기도 전에 문제를 발견하고 교정한다. 그들은 자신의 시간을 좀먹는 무가치한 업무(멍하게 유튜브를 들여다보는 일처럼)를 찾아내고 이를 종이 위에 기록한 다음 자신이 무엇을 고쳐야 하는지 명확하게 판단한다. 더 중요한 사실은 이 방법을 통해 본인의 시간 소비 패턴을 발견할 수 있고, 하루를 기준으로 에너지가 어떻게 흐르고 변하는지도 알아낼 수 있다는 것이다.

시간 vs. 에너지

사람들은 저마다 다른 방식으로 일한다. 아침에는 두꺼운 재무 보고서를 30분 만에 읽어내면서 오후에는 같은 보고서를 읽는 데 몇 시간이 걸리는 사람도 있다. 어떤 사람은 점심시간 직후에 에너지가 높아져서 그 시간에 집중해 일함으로써 높은 생산성을 발휘한다. 반대로 점심시간 직후에는 에너지가 뚝 떨어지는 사람도 있다. 저마다의 시간대가 다르다. 시간을 어떻게 쓰는지 조사하면 에너지가 언제 오르고 떨어지는지를 관찰할 수 있다. 이런 에너지 흐름을 중심으로 업무 일정을 계획할 수도 있다. 아침에 집중이 잘된다면 그 시간에 창의력을 요하거나 어려운 업무를 처리하는 식이다.

하루를 기준으로 시간을 어떻게 보내는지 조사하는 방법론에 대해 나는 '시간 및 에너지 검사'라는 이름을 붙였다. 시간을 어떻게 사용하는지를 알면 에너지가 어떻게 사용되는지도 알 수 있다.

내 친구 다나Dana는 데릭스 그룹Derricks Group의 CEO로 오랫동안 근무했다. 그는 시간당 2,500달러 정도의 수입을 올리면서도 삶에 바이백 원칙을 적용하라는 내 조언을 등한시했다. 비서를 채용하고 이메일을 직접 들여다보는 일에서 손을 떼라고 여러 차례 권했으나 소용없었다. "당신의 말은 논리적으로 타당합니다. 확실히 내가 이메일을 포기하지 못하는 것은 논리적이지 않죠." 말만 이렇게 했다.

그랬던 다나가 어떤 계기로 이메일 업무를 다른 사람에게 넘기게 됐을까? 그는 자신이 수행하는 모든 업무를 에너지의 관점에서 생각하기 시작했다. '다른 일보다 이 업무(이메일)에 더 많은 스트레스를 받는가?' 다나는 시간과 돈을 절약해야 한다는 관점에서는 바이백 원칙을 삶에 적용하지 못했다. 하지만 자신의 에너지가 낭비되고 있다는 사실 앞에서는 바이백 원칙의 중요성을 깨달았다.

다나는 그 즉시 비서를 채용했다. 이메일 업무를 비서에게 맡기면서 스마트폰에서 이메일 앱을 삭제했다. 이메일을 확인할 수단을 없앰으로써 자신의 행동에 제재를 가했다.

업무의 시간 가치 판단하기

일정은 거짓말을 하지 않는다. '시간 및 에너지 검사'를 통해 시간이 어디에 쓰이는지 알게 됐다면 아래의 순서로 작업을 진행해 보라.

1단계, 바이백 요율을 결정한다. 이 작업은 이미 완료했으리라 믿는다. '연봉÷2,000시간÷4'가 당신이 가진 1시간의 가치이자 당신의 바이백 요율임을 기억하라.

2단계, 하루에 수행하는 업무를 15분 간격으로 2주간 검사한다. 종이나 온라인 서식을 활용해서 수행한 업무를 간단히 기록한다. 예를 들면 다음과 같다.

08:00~08:30 고객들에게 이메일 발송

08:30~09:30 팟캐스트 인터뷰

09:30~11:00 이사진과 회의

11:00~11:15 켈시 일대일 면담

11:15~11:30 잭 일대일 면담

2주면 보통의 사업가가 자신의 시간 사용 현황을 파악하기에 충분한 기간이다. 일회성 출장 같은 일정이 갑자기 잡혀도 큰 지장 없이 검사를 진행할 수 있을 것이다.

3단계, 업무마다 금전적 가치를 매긴다. 시간 사용 현황을 기록 했다면 수행한 업무마다 1~4개의 화폐 기호를 붙인다. 구글이 레스 토랑의 가격대를 표시하기 위해 달러 기호를 붙이는 작업과 비슷하 다(비싼 식당일수록 달러 기호가 많다). 업무에 몇 개의 달러를 붙일지는 스스로 결정하라. 기준을 자유롭게 세워도 좋다. 예를 들어, 시간당 가치가 10달러인 업무에는 달러 기호 한 개를 붙이고, 500달러가 넘 는 업무에는 네 개를 붙일 수 있다.

4단계, 특정 업무를 빨간색이나 초록색 형광펜으로 표시한다. 달러 기호를 붙였다면 이제 초록색과 빨간색 형광펜을 준비한다. 좋 아하는 일(에너지를 안겨주는 업무)에는 초록색 형광펜을 칠하고, 미루 고 싶거나 불안감을 주는 일(에너지를 소모하는 업무)에는 빨간색을 칠 하라.

시간 및 에너지 검사를 제대로 마쳤다면 한눈에 차이가 보인 다.● 2장에서 이야기한 DRIP 매트릭스처럼 수행하는 일을 시각화해 보면 보다 객관적으로 당신의 상황을 파악할 수 있다.

● 에너지를 크게 소모시키진 않지만 삶을 빛내주지도 않는 어중간한 일도 있다. 그런 항목은 일단 남겨두라. '시간 및 에너지 검사'의 목표는 에너지의 흐름을 파악하는 데 있다.

시간 및 에너지 검사

업무	가치
회사까지 운전하기	$
커피 내리기	$
이메일 확인하기	$
팀 회의(매일 진행하는 스탠드업 회의)	$$
고객 대상 프레젠테이션	$$$
우체국에서 용무 처리	$
이메일 확인하기	$
고객 방문 및 상담	$$$$
회계사와 회의	$$$
분기별 예산 검토	$$$$
직원 코칭	$$$
이메일 확인하기	$

녹색　　　　적색

시간 및 에너지 검사에 담긴 모든 업무에는 다음 두 가지의 기준이 포함돼야 한다. (1) 해당 업무가 에너지를 주는지, 또는 빼앗아 가는지 같은 에너지의 흐름. (2) 해당 업무가 돈이 되는지 같은 경제적 가치. 나는 초록색과 빨간색을 사용해서 긍정적인 에너지와 부정적인 에너지의 흐름을 표시한다. 그리고 한 개부터 네 개의 달러 기호를 사용해서 해당 업무의 경제적 가치를 드러낸다.

싫어하는 일부터 멈춰라

싫어하는 일을 덜어내기 위해 다음의 방법을 사용할 수 있다.

불필요한 업무를 제거하라. 사람들은 자신이 같은 일을 반복하거나 불필요한 일을 한다는 사실을 깨닫지 못한다. 당신이 수행하는 업무를 빠짐없이 종이 위에 적으면 중복 업무를 찾을 수 있다.

기존 조직을 활용하라. 누구라도 하긴 해야 하는 업무라면 다른 사람에게 위임하라. 사업가들은 조직 구성원 중 누군가가 당연히 해야 하거나 쉽게 할 수 있는 일을 혼자 떠안곤 한다. 회사에 적당한 직원이 있다면 그들을 활용하라. 그들에게 시간 외 수당을 지급하고 일을 맡기는 것도 방법이다.

창의적인 해결책을 찾아라. 업무를 맡길 만한 사람이 없을 수도 있다. 이럴 땐 아웃소싱을 알아볼 수도 있다. 효과를 쉽게 볼 수 있는 업무부터 시작해야 한다. 경우에 따라서는 누군가에게 그 일을 무료로 맡길 수도 있다.

어떤 일을 위임해야 하는지 파악하면 큰 깨달음을 얻을 수 있다. 진정한 사업가로서 돈으로 시간을 살 방법을 알게 됐기 때문이다. 누군가는 싫어하는 일을 돈으로 해결하려 한다고 비난할 수도 있다. 하지만 돈 조금 아끼자고 다른 사람의 손을 빌리지 않는 것이 오히려 이기적인 행동이라고 생각한다.

시간당 100달러를 버는 사람이 새로운 고객에게 온보딩 Onboarding(고객들에게 자사의 제품 및 서비스를 소개하고 사용법을 알려주는 업무-옮긴이)하느라 주당 20시간씩 통화한다고 가정해 보자. 이 경우에는 시간당 100달러 미만의 직원을 고용해서 그 일을 맡기고 조금 더 가치 있는 업무에 그 시간을 투자할 수 있다. 만일 이러한 시간 거래를 '포기'한다면 누군가에겐 에너지와 돈을 안겨줄 일자리를 빼앗는 셈이다. 온보딩 통화를 다른 사람에게 맡기고 그 시간에 더 가치 높은 일을 한다면 더 많은 돈을 벌 수 있다. 궁극적으로는 더 많은 인력을 채용할 수 있게 된다.

누군가가 이렇게 말한 적이 있다. "복잡하고 어려운 과업을 관리 가능한 소규모의 업무로 나누어 하나씩 공략하는 것이 새로운 출발을 위한 열쇠다."

당신이 첫 번째로 할 일은 삶을 네 가지 사분면으로 나누는 것이다. 그곳에서 가장 쉽게 남에게 위임할 수 있는 업무, 즉 당신에게 가장 큰 손해(시간 및 돈의 관점에서)를 끼치고 있는 업무를 공략하라. '시간 및 에너지 검사'를 실시하면 당신의 시간을 훔쳐 가는 업무가 무엇인지 즉시 알게 된다. 창의성을 발휘해서 그 업무들을 제거할 방법을 생각하라. 당신에게 바이백 요율이 있다는 사실을 잊지 말라. 이제 그 요율을 활용할 시간이다.

당신의 에너지를 송두리째 빨아들이는 무가치한 업무를 일정에서 제거하는 작업은 '시간 거래자'로서의 레벨을 업그레이드하고 진정한 사업가로 거듭나기 위한 첫걸음이다.

다섯 가지 바이백 요점

1. 1단계-직원: 시간을 주고 돈을 산다.
2. 2단계-사업가: 돈을 주고 시간을 산다.
3. 3단계-제국 건설자: 돈을 주고 더 많은 돈을 산다.
4. 1억 달러짜리 기업은 10달러짜리 업무 위에서 세워지지 않는다.
5. 당신이 할 수 있는 거래는 이 세 가지뿐이다. 대부분의 사람은(심지어 회사를 소유한 사람들도) 시간을 지불하고 돈을 구매하는 '직원' 단계에 머물러 있다. 시간을 바이백하는 작업은 돈을 투자해서 시간을 되사들이는 것부터 시작된다.

실전 매뉴얼

시간 거래의 수준을 올리고 싶다면 위임 사분면에 속한 업무를 신속하게 제거해야 한다. 그것이 가장 빨리 시간 거래의 수준을 올리는 방법이다. 이를 위해 '시간 및 에너지 검사'를 실시하기를 바란다. 주기적으로 검사를 시행한다면 그만큼 시간 거래의 수준이 높아질 것이다.

5장 대체

당신의 회사가 당신에게만 의존한다면 당신은 회사를 소유한 것이
아니라, 일자리를 소유했을 뿐이다. 더구나 그 일자리는 세계 최악의
일자리다. 미친 사람처럼 일해야 하니까!

— 마이클 E. 거버Michael E. Gerber[1]

나는 앞서 1장에서 앤디 워홀에 대해 간략히 언급했다. 마릴린 먼
로의 얼굴이나 캠벨 수프 깡통처럼 독특한 대중적 페르소나를 형상
화한 그의 작품은 누구에게나 친숙해졌다. 피상적으로나마 많은 사
람이 앤디 워홀에 대해 어느 정도는 알고 있다. 〈더 뉴요커The New
Yorker〉는 앤디 워홀을 이렇게 평가하기도 했다. "앤디 워홀만큼 삶이
잘 기록된 예술가는 세계 역사상 전무후무할 것이다."[2]

8,500점에 달하는 미술품과 500여 편의 영화에 워홀의 이름이

붙어 있다. 2014년, 전 세계의 미술품 거래액 중 15퍼센트를 워홀의 작품이 차지했다.[3] 인류가 전 세계에서 사고판 미술품 거래액 중 6분의 1이 오직 하나의 이름 아래에서 치러졌다는 것이다.

물론 '하나의 이름'이기는 하지만 '한 사람'은 아니다.

워홀의 진정한 예술가적 능력은 비즈니스에 있다. 그는 자신의 아이디어를 재생산할 방법을 꾸준히 찾아냈다. '팩토리'라는 기발한 이름의 작업실을 만들어서 워홀이라는 브랜드를 추종하는 예술가 무리를 끌어들였다. 이곳에서 그는 예술품을 판매하는 사업가에서 제국을 다스리는 제왕으로 화려하게 변신했다. 그는 실크 스크린에 잉크를 투과시켜 사진을 전사Putting Photographs(옮기어 베낌)하는 독특한 인쇄 기법을 사용해서 공장에서 생산된 느낌을 작품에 불어넣었다. 워홀은 '조립 라인 효과'Assembly Line Effect를 발휘하는 예술품을 창조하고 싶어 했다.[4]

워홀을 따르는 열정적인 추종자들과 수많은 작업 보조자에게 잘 짜인 제작 프로세스가 더해지자 그는 자신만의 조립 라인을 탄생시켰다. 단순히 작품에서 그런 느낌이 풍겼다는 뜻이 아니라, 실제로 작품을 제작하는 방식이 공장의 조립 라인과 흡사해졌다. 워홀이 작품을 제작할 때는 많은 사람이 참여해 함께 작업했다. 구겐하임 미술관은 워홀에 대해 다음과 같은 글을 썼다.

"그가 1962년부터 사용하기 시작한 실크 스크린 양식은 워홀과 그의 스튜디오 보조자들이 공장의 조립 라인을 연상케 하는 방식으로 수많은 회화와 조각 작품을 제작할 수 있게 했다. 워홀은 이

런 기계적인 생산 수단을 통해 예술 작품에 있어 가장 중요한 진본성
Authenticity의 개념과 예술가의 수작업이 발휘하는 가치에 관한 기존
의 관점을 완전히 뒤집어버렸다."

워홀은 스튜디오 보조자들을 활용했을 뿐 아니라 다른 예술 작
품들에서도 아이디어를 빌렸다. 그는 공공 영역에 속한(즉 저작권 문
제에서 자유로운) 수많은 사진을 실크 스크린 작품으로 재생산해서 판
매했다. 또 워홀은 다른 사람을 고용해서 자신에 대한 글을 쓰게 했
다. 녹음테이프에 하고 싶은 말을 음성으로 기록한 다음 젊은 작가들
에게 돈을 주고 자신의 책을 쓰도록 한 것이다.

워홀은 자신의 역할을 다른 사람으로 대체하는 방법을 찾아냈
다. 그의 '팩토리'에서 생산된 미술품은 진정으로 '앤디 워홀'의 작품
이라고 부를 수 있다. 그렇다고 혼자서만 작품을 제작했다는 뜻은 아
니다.

워홀의 삶을 자세히 공부한 사람은 그가 개별 작품을 직접 제작
할 때 들이는 노력 그 이상을 팩토리의 생산 프로세스에 쏟아부었다
는 사실을 잘 알고 있다. 덕분에 워홀은 고도로 상업화되고 재생산이
가능한 맞춤형 작품 수천 점을 창조할 수 있었다. 그는 다음과 같은
유명한 말을 남겼다.

"내가 이런 방식으로 그림을 그리는 이유는 나 자신이 하나의
기계가 되고 싶기 때문입니다."[5]

체계적인 생산이 불가능하다고 치부되던 예술품 창작에 워홀
은 반복 프로세스를 도입했다. 거듭 강조하지만 모든 일을 그 혼자

해낸 것은 아니다. 상업화의 개념에 푹 빠졌던 워홀은 결국 예술 자체를 상업화하는 길을 택했다(다른 예술가들이 그를 비판하는 이유다).

그가 남긴 가장 찬란한 유산은 자신의 손으로 직접 제작한 몇 점의 작품이 아니라, 8,500점의 뛰어난 미술품을 전 세계에 퍼져나가게 한 기계 제작 능력이었다.[6,7]

앤디 워홀이 단순히 예술을 비즈니스로 바꾼 것은 아니다. 그의 예술이 곧 비즈니스였다.[8,9,10]

앤디 워홀은 대체 사분면에 갇힌 적이 없었다. 그는 자신이 가장 잘하는 일, 즉 예술을 상업화하는 일에 오롯이 집중했다. 재생산할 만한 독창적인 아이디어가 없을 때는 공공 영역에서 아이디어를 얻었고, 더 많은 미술품을 생산해야 할 때는 보조자들을 활용했다. 원하는 만큼 작품을 재생산할 프로세스가 없으면 프로세스를 만들었다.

워홀은 생산 사분면에 집중하는 삶을 살았다. 그곳에서 필요한 모든 일은 직접 했다. 그는 자신이 가장 잘하는 일에 시간과 에너지를 집중시키는 프로세스, 방법론, 인력을 잘 알고 있었다. 그래서 기계를 제작한 것이다. 아마 일론 머스크Elon Musk라면 워홀을 두고 이렇게 말하지 않았을까 싶다. "그는 기계를 만들어내는 기계를 만드는 법을 알았다."

미술 분야에서 활동하는 사람들이 앤디 워홀을 향해 불편한 심기를 드러내는 일은 충분히 이해할 수 있다. 그가 모든 작품을 직접 제작하지 않았기 때문이다. 하지만 비즈니스의 세계에서는 디자이너 에디 바우어Eddie Bauer가 재킷을 혼자 바느질하고 타미 힐피거Tommy Hilfiger가 자기 이름이 붙은 옷을 손수 재봉한다고 생각하는 사람은 없다. 미술의 영역에서는 워홀의 작품 제작 방식을 두고 논란이 벌어질 수 있지만, 비즈니스의 세계에서는 아무런 문제가 없다. 당신이 사업가라면 더욱이 이런 논란은 신경 쓰지 말고 이점만 취해야 한다.

자신의 일을 다른 사람에게 일임하는 작업은 그리 복잡하지 않다. 단지 그곳에 도달하기 위한 경로만 알려주면 된다.

누군가에게 반드시 맡겨야 하는 일

앞 장에서는 위임 사분면에서 하루빨리 빠져나오는 법을 이야기했다. 이제 대체 사분면에서 벗어나는 방법을 논의하고자 한다.

위임 사분면에 속한 업무는 기존 직원들을 활용하거나 회사 밖에서 인력을 찾으면 쉽게 맡길 수 있다. 위임 사분면의 업무를 일정에서 제거하는 데는 그렇게 깊은 생각이나 세심한 프로세스가 필요하지 않다. 하지만 대체 사분면은 다르다. 대체 사분면에 속한 업무는 대체로 가치가 높고 중요하기 때문에 누구에게 맡길지 결정하기가 녹록하지 않다.

어떤 업무를 해내려면 이를 수행할 사람을 채용해야 한다는 사실은 누구나 안다. 그 개념을 이해하지 못하는 리더는 없다. 장난감을 정리하라는 말을 들은 세 살 난 어린아이도 자신에게 무엇이 필요한지 알고 있다. "엄마 아빠, 좀 도와줄 수 있어? 내가 최고의 친구가 되어줄게." 아이는 이렇게 말하며 누군가를 채용하려고 시도한 것이다.

하지만 이렇게 친숙한 채용도 사업을 하면 어려워지기 시작한다. 평범한 사업가뿐 아니라 억만장자들도 어떤 업무를 남에게 맡기고, 누구를 채용하고, 모든 일을 어떻게 관리해야 하는지 파악하는데 어려움을 겪는다. '채용'이라는 개념 자체는 이해하기 쉽다. 문제는 '채용 프로세스'다.

내가 '대체 사다리'Replacement Ladder라는 개념을 개발한 이유도 그 때문이다. 대체 사다리는 어느 단계의 어떤 업무를 누구에게 이전해야 하는지 일목요연하게 보여주는 방법론이다. 오랜 시간을 통해 검증된 시스템이며, 사업의 규모와 분야에 상관없이 어느 조직에서나 효과를 발휘하는 경영 기법이다.

이 사다리의 각 단계를 순서대로 나열하면 다음과 같다.

1단계: 관리 업무
2단계: 납품
3단계: 마케팅
4단계: 영업
5단계: 리더십

중요한 점은 이것이 '조직도'가 아니라 아래서부터 위로 사다리를 오르듯 하나씩 순서대로 따라야 할 경로라는 점이다. 어떤 업무를 다른 사람의 손에 맡겨 내 시간을 계속 바이백할 수 있을지 보여주는 지침이라고 생각하면 된다.

'모든 책임을 이전하라.'라고 조언하면 코웃음을 칠지도 모른다. 그렇게 간단한 작업이었다면 이미 했을 거라고 생각할 테니 말이다. 어떤 업무는 매우 중요한데다가 남의 손에 맡기는 데도 꽤 많은 돈이 든다. 하지만 걱정할 필요는 없다. 이 경로를 따르면 앤디 워홀처럼 본인이 좋아하는 일에 시간을 집중할 수 있으며 사다리를 차례대로 밟고 올라갈 수 있다.

필요한 인력을 알아보는 눈

대체 사다리의 각 단계에는 다음 세 가지 요소가 포함된다. 채용해야 할 '핵심 인력', 스트레스 또는 자유에 관한 '느낌', 새롭게 채용할 핵심 인력에 맡길 '책임'. 이 요소들을 모두 아울러서 하나의 표에 반영한다.

핵심 인력을 채용하는 것은 분명히 중요하다. 하지만 직함보다는 역할을 먼저 생각해야 한다. 예를 들어 대체 사다리의 4단계에 해당하는 사람에게는 영업 사원, 영업 부서장, 최고 영업 책임자, 영업의 황제 등 어떤 직함이든 부여할 수 있다. 타이틀은 아무런 문제가

대체 사다리

핵심 인력	느낌	책임
리더십	몰입	전략 및 성과
영업	자유	고객 방문 및 후속 업무
마케팅	마찰	캠페인 및 트래픽
납품	정체	고객 온보딩 및 서비스 제공
관리 업무	좌절	이메일 및 일정 관리

대체 사다리의 각 단계에 따라 직원을 채용하면 '대체 사분면'에서 쉽고 안정적으로 벗어날 수 있다. 이 표는 다른 사람에게 업무를 체계적으로 이전하는 절차를 알려준다. 사업가는 각 단계에서 자신이 현재 어떤 감정을 느끼는지, 그리고 어떤 핵심 인력을 채용 또는 승진시켜야 하는지를 파악해서 그 단계에 해당하는 업무적 책임을 그 사람에게 이전할 수 있다. 사업가는 그 작업을 마친 뒤에 비로소 다음 단계로 오른다.

되지 않는다. 오직 그 직원이 고객 방문과 후속 업무를 책임져야 한다는 사실만이 중요하다.

당신의 회사에는 이미 여러 직원이 근무 중이며, 그들 중 몇 명은 위의 대체 사다리에서 열거한 업무를 담당하고 있을 수도 있다.

즉 이미 비서, 영업팀 팀장, 마케팅 담당자 같은 인력을 보유하고 있을지 모른다. 나는 이렇게 묻고 싶다. 그들은 해당 업무를 '책임'지고 있는가?

당신이 수백만 달러의 매출액을 올리고 영업 직원이 50명쯤 되는 회사의 소유주라고 해도, 어느 한 사람이 자신의 업무를 완벽하게 책임지지 않는다면 당신이 그 결과를 책임져야 한다. 그런 상황에서는 대체 사다리를 딛고 다음 단계로 올라설 수 없다. 낮은 단계의 업무적 책임에서 벗어나지 못하는 사람은 그곳에 영원히 갇힐 수밖에 없다.

대체 사다리의 높은 단계로 올라설수록 '느낌' 항목이 '좌절'에서 '몰입'까지 변화한다. 사다리의 첫 번째 단계에서는 좌절감을 느끼다가 비서에게 일정과 이메일을 관리하는 일을 맡기면 훨씬 기분이 나아지기 시작한다.

회사에 이미 여러 명의 직원이 근무하고 있다면 자신의 느낌이 어떤 상태인지 지켜보는 일이 더욱 중요하다. 나는 어느 정도 규모를 갖춘 회사와 함께 일할 때 사업가가 품고 있는 '느낌'을 포착해서 그 회사가 대체 사다리의 어느 단계에 있는지 판단할 때가 있다(만일 사업가에게서 정체되고 벽에 부딪힌 느낌을 받는다면, 그의 회사가 두 번째 '납품' 단계를 밟고 있다는 유력한 신호일 수 있다).

내가 어떤 회사를 인수하든 나는 대체 사다리의 모든 단계를 처음부터 순서대로 밟아 올라간다. 조직의 크기나 매출 규모와는 아무런 상관이 없다.

나는 최근에 아웃랜디쉬 오토메이션Outlandish Automation이라는 소프트웨어 회사를 샀다. 회사에는 이미 12명의 직원이 근무 중이 었지만 설립자 겸 CEO인 사람은 비서를 두고 있지 않았다. 나는 비서를 한 명 채용해서 그가 대체 사다리의 두 번째 단계로 오를 수 있도록 도왔다. 우리는 이 단계에서 오직 '납품' 업무에 집중했다. 만일 CEO가 이 단계에 필요한 인력을 이미 충족한 상태였다면 다음 단계에 초점을 맞췄을 것이다.

회사를 막 설립했다면 조직의 성장에 따라 이 사다리를 하나씩 밟아 올라가기를 권한다. 이미 수십 명의 직원이 일하고 있는 회사일지라도 1단계가 잘 이뤄져 있는지 체크해서 사다리를 하나씩 딛고 올라서야 한다. 자신이 이 사다리의 어디쯤에 와있는지 모르겠다면 스스로에게 물어보라. '나는 지금 어떤 느낌을 받고 있는가?' 이 질문에 대한 대답이 현재 위치를 판단하는 데 좋은 지표가 된다.

마지막으로 사다리의 순서를 기억하라. 순서대로 단계를 밟으면 에펠탑도 정복할 수 있지만 순서를 그르치면 어디에도 도달하지 못할 것이다.

반복하지만 바이백 원칙의 목적은 조직에 한 사람을 더 보태는 것이 아니라, 당신에게 더 많은 시간을 선사하는 데 있다. '회사를 성장시키기 위해서가 아니라 당신의 시간을 되사기 위해 직원을 채용하라.'

이제는 대체 사다리를 각 단계별로 살펴보자.

1단계: 관리 업무

핵심 채용 인력: 비서(또는 오피스 관리자)
느낌: 좌절
책임: 이메일 및 일정 관리

유능한 비서를 두지 않은 사업가는 비효율적인 관리 업무에 엄청난 시간과 에너지를 낭비한다. 하루 일정이 이메일 수신함에 따라 좌우되는 것이다. 사람들에게 수많은 이메일과 메시지를 받고, 그 이메일들을 다른 부서 직원들에게 전송하고, 청구서를 승인하고, 시간을 내 달라는 요구에 일일이 대응해야 하기 때문이다. 이메일과 일정 관리를 책임지는 비서를 채용하는 순간 좌절감이 눈 녹듯 사라지는 경험을 하게 된다.

2단계: 납품

핵심 채용 인력: 납품 담당 부서장
느낌: 정체
책임: 고객 온보딩 및 서비스 제공

어떤 사람들은 이 단계를 '고객 성공'Customer Success 업무라고 부른다.

용어야 어떻든 기본적인 개념은 똑같다. 약속한 제품이나 서비스를 고객에게 전달하는 것이다. 당신이 SaaS(서비스형 소프트웨어) 기업을 운영 중이라면 회사가 운영하는 플랫폼이 납품의 대상이다. 당신이 비즈니스 코치라면 사업가들을 코치하는 일이 곧 납품이다. 키피숍을 운영하는 사장에게는 손님에게 모카를 대접하는 일이 납품 행위다. 마크 저커버그Mark Zuckerberg가 여전히 페이스북의 프로그램을 짜고 있는 모습을 상상할 수 있나?

사업가들은 회사의 핵심 제품이나 서비스를 제작하고 관리하는 일을 다른 사람에게 넘기기 어려워한다. 본인이 그 일을 누구보다 잘하는 데다 매우 좋아하기 때문이다. 일론 머스크는 엔지니어링 업무를 좋아했고, 스티브 잡스Steve Jobs는 제품 디자인 작업에 푹 빠져 있었다. 월트 디즈니Walt Disney는 미키마우스의 목소리를 연기하는 것을 즐겼다. 식당 주인은 대개 요리를 좋아하고 건설 회사 사장 중에서도 직접 도면을 그리면서 기쁨을 얻는 사람이 있다. 사실 앤디 워홀도 직접 작품을 제작하기를 좋아했다.

다른 사람에게 일을 맡기기를 꺼리는 사람에게 '10-80-10 원칙'을 제안한다. 당신이 전체 업무 분량의 10퍼센트에 달하는 최초의 작업을 직접 담당하고, 중간의 80퍼센트는 다른 사람이 책임지게 한 다음, 다시 마지막 10퍼센트의 작업을 당신이 맡아 프로젝트에 마법의 손길을 불어넣는 것이다.

나는 세계적인 사진작가 앤 게디스Anne Geddes, 주택 디자이너 조안나 게인즈Joanna Gaines, 유명 작곡가 존 윌리엄스John Williams 같은 사

10-80-10 원칙

10-80-10 원칙은 당신이 프로젝트의 최종 결과에 개입하기를 원하지만 모든 일을 혼자 해낼 필요가 없을 때 쉽게 적용할 수 있다. 케이크를 전체적으로 디자인하는 일과 이를 꼼꼼하게 장식하는 작업을 생각해 보라. 다른 사람들이 전체 업무를 거의 완료한 뒤에 당신의 특별한 손길을 더하면 멋진 작품을 완성할 수 있다.

람들이 '모든' 작업을 직접 한다고 생각하지 않는다. 대신 뛰어난 창의력을 바탕으로 프로젝트의 전체 방향을 설정하고, 믿을 만한 사람들에게 나머지 프로젝트를 맡겨 결실을 거둘 것이다.

3단계: 마케팅

핵심 채용 인력: 마케팅 부서장

느낌: 마찰

책임: 캠페인 및 트래픽(Traffic)(회사 웹사이트에 고객이 접속한 통계 데이
터-옮긴이)

아래의 상황은 당신에게 친숙한가?

당신은 매년 1분기에 다양한 마케팅 활동을 펼친다. 신규 고객 추천 프로그램을 발표하고, 새로운 파트너와 협력 관계를 맺고, 최신 콘텐츠를 게시하고, 기존 고객들에게 신제품을 소개하고, 광고를 내보내고, 각종 행사를 후원한다. 이를 통해 당신이 운영하는 레스토랑, 법률 회사, 플랫폼에 더 많은 사람을 끌어들인다. 덕분에 새로운 고객이 늘어나고, 신규 계약이 맺어지고, 영업 기회가 생긴다. 하지만 그 뒤에는 이런 마케팅 성과를 매출로 연결하는 데 정신이 팔려 마케팅 활동을 등한시한다.

3분기나 4분기가 되면 신규 영업 기회에 대한 납품이 거의 끝난다. 하지만 새로 유입되는 비즈니스는 더 이상 없다. 그래서 내년 1분기에는 다시 마케팅을 강화해야겠다고 계획을 세운다. 이런 주기가 매년 반복된다. 1분기는 마케팅에 주력하고, 2~3분기는 그렇게 해서 발생한 영업 기회를 매출로 연결하는 일에 집중하고, 4분기에 매출이 주춤하면 그다음 해를 위해 다시 부랴부랴 마케팅 계획을 세우는 것이다.

이때마다 사업가들은 회사의 성장 가능성을 어느 정도 확인할 수 있고 때로는 성공을 조금 맛보기도 한다. 하지만 비행기가 이륙했다고 엔진 출력을 줄여서야 되겠는가? 그럼 비행기는 얼마 뜨지도 못하고 추락한다. 나는 이런 상황을 마찰Friction이라고 부른다. 이런 식으로는 회사의 성장(적어도 폭발적인 성장)이 불가능하다.

마케팅 업무를 당신의 손에서 내려놓아라. 다음 달, 다음 분기,

다음 해에도 계속해서 마케팅 업무를 진행하여 새로운 비즈니스를 창출할 수 있는 누군가가 그 업무를 책임지게 하라.

4단계: 영업

> 핵심 채용 인력: 영업 대표
> 느낌: 자유
> 책임: 고객 방문 및 후속 업무

대체 사다리의 네 번째 단계에 도달한 회사에는 이미 관리 업무를 책임지는 직원과 고객 온보딩 및 회사의 제품 및 서비스를 제공하는 일을 하는(고객 서비스 또는 납품 부서장) 직원이 있다. 그리고 믿을 만한 인재가 훌륭한 마케팅 전략을 바탕으로 회사의 지속적인 성장을 이끈다(마케팅 부서장). 이제 영업이라는 책임을 당신의 어깨에서 덜어낼 시간이다.

내가 영업 업무를 사다리 꼭대기의 바로 전 단계에 올려놓은 이유는 회사에서 가장 유능한 영업 직원이 바로 사업가 자신인 경우가 많기 때문이다. 게다가 대체 사다리의 1~3단계 업무를 책임질 직원들을 채용하는 데도 많은 돈을 지출해야 한다. 따라서 영업 업무를 남의 손에 맡겨야 하는 순간은 1~3단계 업무를 대체시켜 확보한 시간으로 회사를 더 크게 성장시켜야 할 때다.

장담하건대 사업가는 영업 업무를 내려놓기 싫어한다. 본인만큼 유능한 영업 직원이 없어서다. 열정 가득한 사업가는 누구보다 뛰어난 실적을 낸다. 따라서 처음 채용한 영업 직원을 머지않아 해고한다. 기대치가 높아도 너무 높기 때문이다.

누군가가 당신의 일을 80퍼센트 수준으로 해낼 수 있다면, 이미 100퍼센트 훌륭한 것이다. 따라서 어떤 직원이 당신의 80퍼센트에 해당하는 영업 실적을 낼 수 있고, 당신은 한 단계 높은 차원의 업무를 수행하기 위해 시간과 에너지를 비축할 수 있다면 이미 소기의 성과를 거둔 것이다.

게다가 사업가가 과거에는 최고의 영업 직원이었다고 해도, 언제까지나 항상 최고의 성과를 거둘 수 있는 것은 아니다.

나는 예전 회사에서 매출 신장을 위해 일주일에 20~25회 정도 고객을 방문했던 적이 있다. 영업 활동에서 오는 지나친 업무 부담으로 좌절감에 빠져(그러기까지는 꽤 오랜 시간이 걸렸다) 결국 마이클 Michael이라는 영업 직원을 채용했다. 당시 나는 마이클의 영업 능력이 내 수준에 훨씬 미치지 못하리라고 생각해 처음부터 기대치를 낮췄다. 나는 마이클이 나보다 두 배 정도 많은 시간을 들여 절반 정도의 고객을 방문할 것이며, 계약 달성률도 3분의 1에 불과할 거라고 예상했다.

현실에서는 정반대의 일이 벌어졌다. 마이클은 나보다 '더 짧은' 시간에 '더 많은' 고객을 방문했고, '더 높은' 매출을 올렸다.

물론 마이클처럼 능력이 출중한 영업 직원은 그리 많지 않다.

하지만 상관없다. 사람들에게 완벽함을 기대해서는 안 된다. 과감히 영업 직원을 채용해서 고객 방문과 후속 업무에 관한 책임을 당신의 어깨에서 덜어내라.

5단계: 리더십

핵심 채용 인력: 모든 직급의 리더
느낌: 몰입-새로운 생산성의 시대
협업: 전략 및 리더십

이 단계에서는 '책임'이 '협업'이라는 단어로 바뀌었다는 사실을 주목하라. 대체 사다리의 마지막 단계인 리더십 단계에 도달하면 모든 것이 달라진다.

대체 사다리의 다섯 번째 단계에 오르는 순간, 어떤 사업가도 예상치 못한 높은 수준의 자유를 맛볼 수 있다. 나는 그 상태를 '몰입'이라고 부른다. 당신은 이곳에서 3단계 시간 거래자인 제국 건설자가 된다.

이 단계에서 '핵심 채용 인력'은 모든 직급의 리더를 말한다. 이들과 당신이 모여 리더십 팀을 구성한다. 당신의 회사에 얼마나 많은 리더가 필요한지는 회사의 성격이나 산업 분야에 따라 다르다. 때에 따라서는 이전 단계에서 채용한 핵심 인력이 리더십 팀의 일원이 되기도 한다. 물론 이 팀의 요건에 잘 들어맞지 않는 사람도 있다. 어쨌든 이 단계가 되면 그동안 마케팅, 납품, 영업, 제품 개발 등의 업무를 책임진 조직의 핵심 리더들이 당신이 없어도 회사를 운영할 수 있어진다.

'협업'이 재미있어지는 대목이다. 이제 당신의 주 업무는 리더십 팀과 더불어 전략을 구상하고 그들과 주기적으로 만나 함께 아이디어를 짜는 일로 바뀐다. 그들은 당신이 세운 회사를 대신 운영하고, 인력을 고용하거나 해고하고, 문제를 해결한다. 당신은 마치 구경꾼처럼 그들에게서 많은 정보를 얻으면서도 업무에는 직접 손대지 않는다.

대체 사다리의 5단계에 도달하면 능력이 출중한 사람들이 회사를 대신 운영한다. 당신이 일상적인 업무에 개입하지 않아도 회사는 계속 돈을 번다. 거의 모든 부분에서 본인의 역할을 다른 사람으로 대체한 덕분에 생산 사분면에 에너지를 집중할 수 있다. 물론 리더십 팀과 관련된 일에는 여전히 개입해야 하지만, 나는 그 업무가 사업가의 생산 사분면에 속해 있다고 생각한다. 사업가들은 전략을 구상하고, 조직을 이끌기 위한 아이디어를 짜내고, 창의성을 발휘하는 일을 진심으로 즐긴다.

당신이 몇 주간 자리를 비워도 회사가 계속 '성장'한다면 기분이 어떨까?

일상적 업무의 부담에서 두뇌가 자유로워졌을 때 얼마나 좋은 아이디어가 샘솟을까?

능력이 출중한 임원들은 그 모든 아이디어를 얼마나 효과적으로 실현할 수 있을까?

앞서 말한 대로 이 단계에 도달하면 모든 것이 재미있다.

간단한 습관으로 큰 차이를 만들라

회사가 체계적이지 못하면 고객도 잃고 돈도 잃는다. 예를 들어 동네에서 가족끼리 운영하는 식당이 대형 체인점보다 음식의 품질이 더 높은 경우가 많다. 하지만 서비스가 일관적이지 않으면 손님들은 그 식당을 선호하지 않게 된다. 동네 식당에서는 음식, 커피, 종이컵은 물론이고 때론 단골손님들이 좋아하는 디저트도 바닥이 나곤 한다. 그런 일이 생길 때마다 고객들은 실망한다. 문제가 무엇일까? 동네 식당을 운영하는 주인은 주방장, 마케팅 담당자, 회계사, 심지어 종이컵 숫자를 세는 직원의 역할까지 혼자 해낼 수밖에 없기 때문이다.

식당 주인이 '주문받기' 같은 잡다한 업무를 다른 직원에게 넘기는 순간, 손님들은 식당에서 자신이 좋아하는 디저트가 절대 떨어지지 않는다는 사실을 깨닫고 입에 침이 마르게 식당을 칭찬하기 시작한다. 이와 비슷하게 소프트웨어 회사를 운영하는 사업가나 다른 분야의 사업가도 신속한 응답, 상황에 따른 유연한 업무 진행, 시간 약속 지키기처럼 겉으로 별것 아닌 듯이 보이는 사소한 부분을 개선함으로써 곧바로 매출이 오르는 효과를 거둘 수 있다.

이때 사업가는 대체 사다리의 다음 단계로 오른다.

대체 사다리의 가장 큰 장점이 바로 그것이다. 대체 사다리는 각 단계를 성공적으로 완료할 때마다 매출이 상승하면서 다음 단계에 필요한 핵심 직원을 채용할 능력을 갖추도록 설계됐다. 이 단계만 차례대로 잘 오르면 결국 대체 사다리의 맨 꼭대기에서 온전한 생산 사분면의 삶을 즐길 수 있다.

가장 대체하기 어려운 업무를 넘기는 법

사업가만큼 그 회사의 주력 업무에 탁월한 사람은 없다. 오랫동안 그 일을 계속했으니 누구보다 열정적으로 문제를 해결하려 들 것이다.

내 경우에는 소프트웨어 사업을 하다 보니 프로그래밍 언어에 능숙한 전문가가 됐다. 한 번은 우리 회사의 제품 개발팀이 수행 중인 프로젝트를 두고, CEO 관점에서 여러 가지 피드백을 전달한 적이 있다. 나는 프로그램 언어나 우리 팀이 겪고 있는 기술적 문제에 대해 많은 것을 알고 있었다. 따라서 새로운 도구를 이용해서 어떤 식으로 프로그래밍 작업을 진행했으면 좋겠다고 자세한 피드백을 줬다. 얼마 뒤에 평소 말수가 적은 제품 개발팀의 부서장 라울Raul이 찾아왔다. 그는 내게 업무에서 한 걸음 물러나 달라고 정중하게 부탁했다.

나는 이미 그들에게 '무엇을' 개발할지에 관한 목표를 제시했다. 그걸로 내 업무는 끝이다. 그런데 나는 그 목표를 '어떻게' 달성해야 하는지 시시콜콜하게 지시하는 실수를 저질렀다. 그 방법을 찾아내는 것은 '그들의' 책임인데도 말이다.

나는 사업가들이 이런 잘못을 저지르는 모습을 평생 지켜봤다. 자신이 잘하는 일을 남에게 맡기기는 쉽지 않다. 나 역시 프로그래밍에 익숙하다는 이유로 그들의 업무에 개입했다. 하지만 그 업무가 내 생산 사분면에 속해 있나? 그렇지 않다. 나는 뒤로 한 걸음 물러서서 우리 팀이 그 일을 알아서 해내도록 믿고 맡겨야 했다. 그러지 못했던 탓에 결국 나 자신의 바이백 원칙조차 지키지 못하는 사람이 됐다.

특정 업무를 책임지고 수행하는 데 필요한 왕관을 누군가의 머리에 씌워줬다면 왕좌를 넘겨주고 미련 없이 물러나야 한다. 그래야만 진정한 자유를 경험할 수 있다. 이제 그 일은 당신의 책임이 아니다. 되돌아와 다시 일에 손대는 순간 스트레스만 받고 자유를 잃어버릴 뿐이다.

사분면은 바뀐다.

중요한 사실은 오늘 좋았던 일도 내일은 좋지 않을 수 있다는 것이다.

처음 회사를 설립했을 때는 일요일마다 우편물을 정리하는 일이 즐거웠다. 수많은 스팸 메일과 광고 전단 속에서 고객이 내게 보낸 수표를 발견하는 순간이 너무도 행복했다. 열여덟의 댄은 수표를 발견하자마자 진짜 사업가가 된 기분으로 은행까지 한달음에 달려가 돈을 입금하곤 했다.

그 뒤 몇 년이 흐르자 일요일에 우편물을 정리하는 일이 3시간씩 걸릴 정도로 양이 늘었다. 그사이에 내 바이백 요율도 100배가 뛰었다. 그 말은 우편물 정리 작업이 내게 수천 달러의 손해를 입힌다는 뜻이었다. 더구나 그 무렵엔 우편물 정리가 지긋지긋하게 느껴졌다. 친구나 가족과 시간을 보내지 못하고 주말 오후에 사무실에 혼자 앉아 우편물을 뒤적이는 일이 즐겁지 않았다. 그래서 나는 리사Lisa라는 훌륭한 인재를 찾아내어 2006년부터 그 업무를 맡겼다. 리사는 엄청난 능력을 발휘했다.

또 다른 예를 살펴보자. 내 고객 루크Luke는 마케팅 부서에서 제대로 된 영업 기회가 나오지 않아 늘 마음이 불편했다. 루크는 마케팅 부서의 영업 기회 발굴 실적이 저조할 때마다 업무에 직접 개입해서 해결책을 제시했다. 하지만 라울이 내게 그랬듯이, 어떤 직원이 루크에게 업무에 관여하지 말아달라고 부탁했다.

루크가 불편함을 느낀 이유는 본인의 마케팅 능력이 뛰어났기 때문이었다. 마치 내가 어느 순간부터 프로그래밍 업무를 중지한 것과 비슷한 상황이었다. 한때는 그 일이 내 삶의 의미가 될 정도로 즐거웠다. 게다가 그때는 프로그래밍 업무를 누군가에게 맡길 수 있을 만큼 내 바이백 요율이 높지도 않았다. 루크 역시 한때는 마케팅 업무가 자신의 생산 사분면에 속한 일이었을지도 모른다. 하지만 사업가와 사업은 발전하기 마련이다. 그동안 루크와 나의 가치관은 변했고 쓸 수 있는 돈의 규모도 달라졌다.

시간의 수렁에서 벗어나기

'시간 및 에너지 검사'를 활용하면 시간과 에너지를 낭비하는 업무를 제거할 수 있다. 에너지 소모만 높고 가치가 낮은 업무(대부분 위임 사분면의 업무)를 일정에서 삭제하는 순간 '진정한' 업무가 시작된다.

대체 사분면에 갇혀서도 안 된다. 대체 사분면에 속한 업무는 어느 정도는 돈을 벌게 하지만 삶을 빛내주지는 못한다. 의미도 있고 중요도도 있으나 시간을 가장 쓸모 있게 활용할 수 있는 일은 아니다. 대체 사다리의 각 단계를 순서대로 딛고 올라가면 대체 사분면에서 벗어나 생산 사분면으로 진입한다. 모든 단계를 밟을 때마다 바이백 루프를 기억하라.

시간, 에너지, 돈을 어디에 사용하는지 '돌아보라'. 지금 하는 일이 즐거운가? 많은 돈을 벌게 해주는가? 자신의 감정이 어떤지 확인하라. 현재 당신의 사업이 어떤 느낌을 주는가? 자유? 몰입? 좌절? 그 느낌은 대체 사다리의 어느 단계에 도달했는지 보여주는 유용한 지표다.

현재 속한 대체 사다리의 업무를 각 단계에 해당하는 핵심 인력의 손으로 '옮겨라'. 이미 그 업무를 진행 중인 '명목상' 담당자가 있다고 하더라도, 그 사람이 일을 완전히 책임지지 않는 한 당신은 사다리의 다음 단계로 오를 수 없다.

가장 많은 돈을 벌 수 있고 삶을 환하게 빛내주는 업무로 새롭게 얻어낸 시간을 '채워라'. 그 일이 무엇인지 잘 기억나지 않는다면, '시간 및 에너지 검사'에서 초록색 형광펜이 칠해지고 여러 개의 달러 기호가 붙은 업무를 선택하라.

여기까지 잘 따라왔다면 다음과 같은 의문을 가질 수도 있다. '대체 사다리의 각 단계에서 직원들과 효과적으로 협업한 사례를 자세히 알고 싶어.' '핵심 인력을 잘 채용하는 방법은 무엇일까?' '내가 만든 프로세스가 워홀처럼 잘 지켜질 거라고 어떻게 확신할 수 있을까?'

이런 의문점을 품고 있다면 매우 반가운 일이다. 뒤에 이어지는 장에서 바로 그 내용을 다룰 예정이기 때문이다.

다섯 가지 바이백 요점 ─────────

1. 자신을 위임 사분면으로 몰아넣는 사소한 업무를 일정에서 제거한 뒤에도 많은 사업가가 여전히 대체 사분면에 갇혀 살아간다. 이곳에 속한 업무는 어느 정도 가치가 있으면서도 사업가의 에너지를 소모한다.

2. 대체 사분면에서 빠져나오기 위해서는 대체 사다리의 각 단계를 체계적으로 밟아가며 경제적 형편에 따라 해당 업무를 순서대로 일정에서 덜어내야 한다.

3. 다른 사람에게 넘기기가 가장 어려운 일은 당신이 가장 잘하지만 생산 사분면에 속하지 않는 일이다. 당신은 기술이 뛰어나고 전문성과 경험도 풍부하다. 하지만 그 업무를 어깨에서 내려놓지 않으면 다음 단계로 오를 수 없다.

4. 대체 사다리를 오를 때는 비서를 채용하는 일부터 시작해 순서대로 단계를 밟아야 한다. 이미 여러 명의 직원을 보유한 회사의 소유주라면 현재의 '느낌'을 살펴보는 일이 유용하다. 그 느낌에 해당하는 사다리의 단계에 집중하라.

5. 대체 사다리는 관리 업무, 납품, 마케팅, 영업, 리더십 다섯 단계로 이루어지며 각 단계에 따라 '대체 업무', '느낌', '책임', '핵심 채용 인력' 등의 요소가 달라진다.

이 장의 과제는 자신이 대체 사다리의 어느 단계에 있는지 판단하는 것이다. 현재 어떤 감정을 느끼고 있는지, 어떤 업무를 대체시켜야 하고, 어떤 직원을 채용해야 하며, 오르고자 하는 다음 단계가 어디 인지 진지하게 고려해 보라.

- 당신 자신에게 이렇게 질문하라. '이 사업은 내게 어떤 느낌을 안겨주는가?'
- 그리고 다음을 생각하라. '나는 대체 사다리의 어느 단계에 있으며, 어떤 업무가 나를 대체 사분면에 가둬놓는가?'
- 마지막으로 그 업무를 다른 사람의 손에 어떻게 넘길지 결정하라. '누군가를 외부에서 채용해야 할까? 아니면 기존 직원들에게 맡겨야 할까?'

6장 복제

뉴욕 타임스퀘어 한복판에 사무실을 내고 누구든 오갈 수 있는 개방형 구조로 인테리어를 바꾸었다고 생각해 보자. 모든 사람이 수시로 대표실을 찾아와 할 일에 할 일을 더해준다.

"오늘 아침 회의를 좀 해야겠습니다."

"청구서를 지급해야 합니다."

"캠페인 승인을 부탁합니다."

"당신의 얼굴 사진 한 장만 보내주실 수 있나요?"

"7월에 열리는 세미나에 오실 건가요?"

"재무 보고서는 어떻게 작성할까요?"

사업가들 대부분이 이런 식으로 하루하루를 살아간다. 매일 아침 사무실로 걸어 들어오는 순간 깊은 한숨을 쉬고 이메일을 클릭한다. 그 순간부터 수많은 할 일과 요청 사항 속으로 속절없이 빠져든다. 그들은 자신의 시간을 스스로 관리하지 못한다. 그저 이메일 수신함에 의존해 자신의 스케줄을 채워나가기 급급하다.

직원들 간의 원활한 소통을 위해 문을 열어뒀을지언정 세상 모든 사람과 '오픈 도어 정책'(조직 구성원이 아무 때나 상사를 찾아가 자유롭게 면담할 수 있는 정책-옮긴이)을 실시하는 사업가는 없다. 하지만 이메일 프로그램은 매일같이 그런 식으로 일거리를 쏟아붓는다. 모든 사람이 당신의 주의력을 빼앗고, 집중을 방해하고, 에너지를 소모한다. 이메일 수신함은 누구든 마음대로 썼다 지웠다 할 수 있는 당신의 업무 목록인 셈이다.

우리 모두에게 비서가 필요하다

3장에서 리처드 브랜슨의 초청으로 스키 여행을 떠났던 이야기를 했다. 그곳에서 나는 브랜슨의 비서인 한나Hannah와 짧게 대화를 나눴다. 스키 여행의 중반으로 접어들었을 때쯤이었다.

"리처드 브랜슨과는 어떤 식으로 일하나요?"

한나는 자기가 브랜슨을 위해 하는 일(거의 모든 업무), 그 일을 수행하는 방법(브랜슨이 수립한 시스템에 따라), 브랜슨이 한나의 업무 결과를 확인하는 방식(매일 아침 조식을 먹는 자리에서) 등을 자세히 알려줬다.

브랜슨에게 무턱대고 시간이나 관심을 요구하는 사람들은 한

나의 정중한 '방어'에 가로막힌다. 덕분에 브랜슨은 "잠깐 시간 있으신가요?" 같은 식으로 갑자기 회의를 요청하거나 "잠시면 됩니다!"라며 수시로 업무를 방해하는 사람들에게 시달리지 않는다. 이는 브랜슨이 세운 규칙이었다. 한나는 그 규칙에 따라 그의 삶을 관리한다.

한나의 직책은 사람 혹은 때에 따라 매번 다르게 불린다. 행정직 비서, 개인 비서, 오피스 관리자, 비서실장 등 다양하게 불리지만 기본적인 의미는 똑같다. 나는 '관리직 비서'Administrative Assistant라는 명칭을 선호한다. 이 인력을 효과적으로 활용하면 회사에서 가장 높은 가치를 가진 자산인 사업가의 시간을 보호할 수 있다.

소중한 시간을 돌려받고 싶다면 반드시 비서를 채용해야 한다. 이미 비서를 두고 있는 사람도 있겠지만 걱정할 것 없다. 이 장은 꽤 짧으니까. 이미 비서가 있다고 해도 이 장을 계속 읽기를 권한다. 대부분의 사업가는 비서를 올바르게 활용하는 방법을 잘 모른다.

만약 아직 비서가 없고 비서를 채용하라는 내 권유에 선뜻 동의하기 어렵다 해도 이해한다. 내 고객들도 비서를 채용하라는 권고를 받으면 온갖 핑계를 대며 그 제안을 거부한다.

- 비서에게 맡길 만한 일이 별로 없다.
- 비서까지 채용할 형편이 안 된다.
- 왜 내가 직접 업무를 처리하면 안 되나?
- 나는 비즈니스에 통제력을 잃고 싶지 않다.

- 내게는 비서들과 협업할 만한 시스템이 없다.
- 비서를 채용하면 남들이 게으르다고 흉본다.
- 비서를 채용할 정도로 바쁘지 않다.
- 개인 이메일 수신함을 어떻게 모르는 사람에게 맡길 수 있나?
- 비서가 내 개인적 삶에 일일이 개입하게 될까 두렵다.
- 사람을 가르치는 게 더 큰(그리고 더 많은 시간을 소비하는) 일이다.

진실을 말하자면 이렇다. 회사의 폭발적 성장을 원하고 바이백 원칙을 삶에 적용하고 싶은 사업가에게 비서 채용은 협상이나 절충의 대상이 아니다. 사업가로서 첫 번째로 채용해야 하는 사람이 비서기 때문이다. 잡무를 처리하고, 이메일에 답하고, 일정을 관리하고, 정원사를 부르고, 청구서를 지급하는 데 시간을 낭비한다면 회사, 가족, 미래의 삶을 그만큼 도둑맞는 것이다. 비서를 채용했을 때 누릴 수 있는 장점을 몇 가지 소개한다.

첫 번째, 비서는 다양한 직무를 담당한다. 내가 비서를 채용하라고 권할 때마다 사업가들은 이렇게 생각한다. '비서에게 맡길 만한 일이 별로 없어.'

우리가 4장에서 살펴본 '시간 및 에너지 검사'로 돌아가서, 빨간색으로 표시한 업무 중에 달러 기호가 한두 개뿐인 업무를 들여다보라. 시간과 노력을 많이 잡아먹는 업무를 여전히 일정에서 제거하지 못했다면 스스로에게 질문해야 한다. '이 목록에서 비서에게 넘길 만한 업무는 무엇인가?' 사업가들은 한 명의 직원에게 오직 한 가지의 업무만 맡겨야 한다고 착각하는 경향이 있다.

"영업을 담당할 직원이 필요해."

"마케팅을 할 사람이 있어야겠어."

"관리 업무를 맡아줄 오피스 관리자를 채용해야 할 것 같아."

사업가는 회사에서 여러 직함을 가지고 다양한 직무를 담당한다. 그렇다면 다른 사람도 그렇게 일할 수 있다. 사람을 채용하는 목적은 사업가의 시간 절약이다. 한 사람에게 여러 일을 맡기는 것을 이상하게 생각할 필요는 없다. 시간을 가장 많이 빼앗는 업무는 대체로 다음과 같다.

- 이메일 답하기
- 일정 잡기
- 자료 조사하기
- 데이터 정리하기
- 보고서 갱신하기
- 재무 관련 업무 처리하기
- 동료에게 선물 보내기
- 출장 준비하기
- 필요한 물품 구매하기
- 각종 관리 업무 처리하기
- 웹사이트 갱신 및 관리하기
- 소셜 미디어에 콘텐츠 게시하기

이런 업무를 본인이 직접 처리하고 있다면 자신을 비서로 두고 있는 것이다. 다른 사람에게 업무를 맡겨도 무관할 정도로 바이백 요율이 높은데도 말이다.

두 번째, 비서는 부담 없이 낭신의 일을 처리해 준다. 비서를 통해 특정 업무가 주는 심리적 부담감에서 해방될 수 있다. 큰 액수의 청구서가 날아오면 압박감 탓에 선뜻 돈을 지불하기 망설여진다. 또 어려운 대화가 예상되는 회의를 직접 진행하기 껄끄러울 수도 있다. 하지만 비서는 그런 감정적 부담을 느끼지 않는다. 이 상황을 청소에 비유할 수 있다. 원래 내 집보다 남의 집 치우기가 더 쉬운 법이다. 집안 여기저기를 굴러다니는 잡동사니들에 대한 애착이 없기 때문이다. 어떤 업무에 감정적 부담을 느끼고 있는지 파악하는 가장 간단한 방법은 스스로에게 묻는 것이다. 나는 어떤 일을 미루고 있는가? 사업을 운영하는 당사자에게는 부담이 되지만 비서에게는 부담이 되지 않는 일이 꽤 많다. 비서는 그저 실행에 옮길 뿐이다.

세 번째, 비서는 규칙을 잘 지킨다. 비서는 업무에 대한 감정적 부담이 없을 뿐만 아니라 사업가보다 훨씬 규칙을 잘 지킨다. 사업가는 본인이 세운 규칙에 항상 '예외'를 만들기 때문이다.

매출 1만 달러 미만의 프로젝트는 계약하지 않는다는 규칙을 세웠다고 가정해 보자. 계산기를 두드려보니 1만 달러 미만의 프로젝트를 맡으면 오히려 손해를 본다는 결론이 나와서였다. 바람직한 규칙이다. 하지만 문제는 그 규칙이 제대로 지켜져야 바람직하다는 것이다.

어느 날, 매출 6,000달러짜리 프로젝트 요청이 들어온다. 사업가는 그 제안을 받아들이고 싶은 유혹을 느낀다. 그래서 갖은 핑계를 대며 프로젝트를 진행할 방법을 찾는다. 끝내 프로젝트를 수락한 뒤에 스스로 옳은 선택을 했다고 믿는다. 하지만 시간이 흐르면서 조금씩 후회하기 시작한다.

하지만 비서에게는 '예외'라는 문제가 없다. 그들은 규칙에 어긋나는 요청이 들어왔을 때 이렇게 대답할 뿐이다. "죄송합니다. 저희에게는 적합하지 않은 프로젝트네요. 다음과 같은 대안이 있긴 합니다."

비서를 채용하면 업무를 향한 감정적 부담을 덜어낼 수 있을 뿐 아니라 규칙을 어기고 싶은 유혹과 씨름할 필요도 없다. 비서는 한 번에 모든 것을 해결해 준다.

네 번째, 비서는 업무 공백을 최소화한다. 비서는 사업가의 시간을 지켜줌으로써 궤도를 벗어나지 않고 중요한 일에 집중하도록 돕는다. 이메일에 대신 답하고, 사업가의 프로필 사진을 원하는 사람에게 보내주고, 프로젝트가 지장을 받지 않도록 조치한다.

이렇게 생각해 보라. 당신이 2주간 여행을 떠나도 회사가 문제없이 돌아간다면 어떨까? 프로젝트는 당신이 마치 그곳에 있는 것처럼 순조롭게 진행되고, 이메일은 필요한 사람에게 정확하게 전달된다. 당신이 사무실에 앉아 직접 이메일 수신함을 들여다보지 않아도 업무에 어떤 병목현상도 초래되지 않는다. 유능한 비서를 채용한 사람은 그런 놀라운 현실을 경험할 수 있다!

비서가 알려준 자유로 가는 지름길

비서가 있는데도 아직 이메일의 수렁에서 헤어나지 못하고 있다면 내 동생 피에르의 이야기를 참고하는 편이 좋다.

앞서 언급했지만 피에르는 주택 건축 비즈니스를 시작해서 파산 직전까지 갔었다. 피에르는 자신의 삶을 빛내주고 많은 돈을 벌게 해주는 생산 사분면에 집중한 뒤에야 본인이 즐거워하고 또 재능 있는 '판매'라는 업무로 복귀할 수 있었다. 그로부터 10년이 지난 2017년이 되자 그의 사업은 크게 번창했다. 문제는 그 과정에서 새로 생겨난 수많은 업무에 밤낮 없이 시달리게 됐다는 것이다.

나는 피에르에게 비서를 채용하라고 권했다. 하지만 사람을 어떻게 채용해서 어떤 식으로 활용하라고 '프레임워크'를 알려주지는 않았다. 피에르는 비서를 채용했지만 몇 달 뒤에 내가 근황을 물었을 때 이렇게 대답했다. "크게 달라진 게 뭔지 모르겠어."

나는 귀를 의심했다. 내 비서는 게임의 규칙을 완전히 바꿔서 일주일에 며칠이라는 소중한 시간을 내게 선물했다. 그때서야 피에르에게 비서와 협업하는 방법을 일러주지 않았다는 생각이 들었다.

"피에르, 비서가 네 이메일과 일정을 '모두' 관리해?"

"아니."

바로 그게 문제였다. 비서는 어떤 경우에도 최소한 두 가지의 핵심 기능을 수행해야 한다. 하나는 당신의 일정을 체계적으로 관리하는 것이고, 또 하나는 당신의 이메일 수신함을 독립적으로 책임지는 것이다. 비서가 담당해야 할 두 가지 책임을 피에르에게 알려주자 그의 상황은 완전히 바뀌었다.

비서를 채용했는데도 전과 달라진 걸 모르겠다면, 일단 그들에게 당신의 일정과 이메일을 관리하게 하라. 그것이 효과적인 협업으로 향하는 지름길이다.

첫 번째 책임: 일정 관리

비서는 다양한 업무를 맡을 수 있다. 그중에서도 첫 번째로 수행해야 하는 가장 중요한 일은 사업가의 일정과 이메일을 책임지고 관리하는 것이다.

사업가가 본인의 일정과 이메일에 가장 먼저 손대면 안 된다. 사업가가 할 일은 일정을 어떻게 관리해야 하는지에 관한 규칙과 시스템을 만드는 것이다. 비서는 그 규칙에 따라 업무를 담당해야 한다. 얼마나 간단한 일인가.

8장에서 '완벽한 한 주'를 설계해서 하루의 모든 순간을 의미 있게 보내는 법을 상세히 설명하겠지만, 지금은 비서를 위해 일정 관리의 기본 지침을 수립하는 방법을 먼저 이야기하겠다. 그래야만 비서가 사업가에게 언제, 어떤 일에, 얼마나 시간적 여유가 생기는지 효과적으로 파악할 수 있다. 일단 아래와 같은 질문을 생각해 보라.

- 언제 근무하고, 언제 집에서 휴식을 취하는가?
- 각종 회의(팟캐스트 인터뷰, 고객 방문, 신규 고객 온보딩, 직원 일대일 면

담 등)에 참석할 수 있는 시간은 언제인가?

- 집중적으로 업무에 몰두하는 시간대는 언제인가?

누군가가 내게 팟캐스트 인터뷰를 요청하면 나는 비서를 연결해 준다. 중요한 회의가 생겨도 대단히 긴급하지 않다면 그런 일정이 잡혔다는 사실조차 모른다. 내 비서는 나와 상의할 필요 없이 언제 회의를 잡아야 하는지 스스로 판단한다. 가령 그녀는 화요일에서 목요일 오후 1시에서 4시 사이에 내게 시간이 난다는 사실을 이미 알고 있다. 비서는 내 일정을 나보다 더 잘 파악한다. 그래서 나는 예상치 못한 약속을 갑자기 일정에 끼워 넣어야 한다면 먼저 비서에게 묻는다. 그녀는 내 일정을 확인한 뒤에 어느 날 어느 시간대가 가장 적당한지 알려준다. 그것이 협업의 핵심이다.

나는 일정을 관리하지 않는다. 그 일은 비서의 몫이다.

두 번째 책임: 이메일 수신함 관리

비서가 두 번째로 관리해야 하는 일은 사업가의 이메일 수신함 관리다. 대부분 사업가의 하루 일정은 그들의 이메일 수신함을 통해 결정된다. 가장 긴급하게 처리해야 할 일이 무엇인지도 다음번 클릭할 이메일에 달려 있다. 이런 사업가들은 어떤 일이 중요하고, 어떤 일이 시급하고, 다음에 해야 할 일이 무엇인지 알려주는 업무 관리 도구로 이메일 수신함을 사용한다.

그러나 이메일 수신함은 당신의 상사가 아니다. 일정 관리를 비서에게 넘겼듯이 이메일 수신함도 미련 없이 넘겨야 한다. 당신을 위해 한 가지 규칙을 세워라. 비서가 확인하지 않은 이메일에 당신이 먼저 손대는 일은 절대 없어야 한다.

누군가가 당신의 이메일 수신함을 대신 확인해서 단순하고 반복적이며 잡다한 요청 사항을 모두 처리해 주는 상황을 상상할 수 있나? 수많은 영수증, 회의 요청, 수시로 날아오는 짧은 질문 같은 이메일에 비서가 알아서 척척 답한다면 어떤 기분이 들까? 나는 여러분이 무슨 생각을 하고 있는지 잘 안다.

'그 모든 것에 대한 통제력을 한꺼번에 내려놓을 수는 없어.'

그 마음은 충분히 이해한다. 이메일을 직접 통제함으로써 필요한 내용을 수신자에게 정확히 전달하고, 고객을 적절하게 관리하고, 중요한 정보를 빠짐없이 받아보고 싶을 것이다. 하지만 그만큼 당신은 시간을 잃게 된다. 비서에게 이메일 수신함을 맡김으로써 시간을 통제할 권리를 얻는다고 생각하라.

이메일 수신함의 열쇠를 비서에게 넘겨주려면 수없이 쏟아지는 이메일을 당신의 의도에 걸맞게 정확한 경로로 전달함으로써 관련 업무를 제시간에 처리해 주는 시스템이 필요하다. 나는 이 시스템에 '이메일 GPS'라는 이름을 붙였다. 내 고객 수십 명은 이 시스템을 사용해서 이메일을 직접 열어보지 않고도 수신함에 대한 통제력을 유지한다.

이메일 GPS란 산업 분야나 회사를 가리지 않고 누구든 효과적으로 활용할 수 있는 이메일 분류법이자 폴더(또는 라벨) 목록이다. 이 유용한 도구를 손에 쥔 비서는 90퍼센트 이상의 이메일을 사업가의 요구에 맞게 답하거나 필요한 곳에 정확히 전달하고 안전하게 보관한다.

이메일 GPS의 사용 방법을 여러분에게 보여주기 위해 아래에 폴더 목록을 나열했다. 각 폴더 앞에 표시된 느낌표나 숫자가 조금 우습게 보일 수도 있지만, 사실 이 표시는 꽤 중요하다. 지메일Gmail을 포함한 대부분의 이메일 서비스는 알파벳 순서로 폴더를 배열한다. 따라서 아래의 예시처럼 라벨 앞에 느낌표나 숫자를 붙이면 이 표시가 붙은 폴더(또는 라벨)들이 수신함 목록의 맨 위쪽에 자리 잡는다.

내가 이메일 수신함을 열면 폴더들이 다음과 같은 순서로 화면에 나타난다.

!-당신의 이름: 중요한 고객에게서 도달한 요청, 일회적인 특수 상황, 큰돈이 걸린 의사 결정 등 오직 당신만이 답장을 보내야 하는 이메일을 모아둔 폴더다.

1-답변 예정(To Respond): 비서가 처리할 예정이지만 아직 업무가 완료되지 않은 이메일을 모아둔다.

2-확인 필요(Review): 내 비서는 자신이 어떻게 처리해야 할지 확신이 서지 않는 이메일을 모두 여기에 모아둔다. 아침마다 나와 15분 정도 대화를 나누며 이 폴더에 담긴 내용을 처리할 방법을

의논한다. "댄, 에밀리에게서 이메일이 왔어요. 자기가 개최하는 콘퍼런스에서 연설해 달라고 요청하네요. 참석하는 편이 좋을 것 같습니다." 나는 비서에게 행사에 참석하겠다고(또는 참석하지 않겠다고) 의사를 밝힌다.

3 – 답변 완료(Responded): 비서가 답변을 완료한 이메일을 이곳에 모아두면 나중에 내가 검토한다.

4 – 대기 중(Waiting On): 다른 사람의 확인이 필요한 이메일을 이곳에 보관한다.

5. – 영수증/재무 관련(Receipts/Financials): 돈이나 재무에 관련된 이메일을 모아두는 폴더다.

6. – 뉴스레터(Newsletter): 내가 필요로 하는 정보나 콘텐츠를 이곳에 담아둔다. 시간이 날 때 이곳에 담긴 콘텐츠를 소비한다(자동 분류 기능을 사용해서 비슷한 이메일들을 정리하면 편리하다).

이메일 GPS 시스템을 효과적으로 활용하려면 모든 이메일이 하나의 계정으로 들어오게 해야 한다. 비서는 이메일을 일일이 확인해서 적절한 폴더에 옮기거나(또는 라벨을 붙이거나), 영구적으로 보관한다. 이 작업을 반복하면 결국 수신함에는 아무 메일도 남아 있지 않게 된다.

내 비서는 이 시스템을 사용해서 수신함에 도착하는 이메일의 대부분을 내가 미리 읽을 필요도 없이 적절히 처리한다. 또한 어떤 이메일이든 몇 시간 내로 답장한다. 내 고객이나 파트너들은 누군가

이메일 GPS 시스템

 이메일

| 하루 계획하기 | 자동 필터 | 비서에게
이메일 권한 전달 |

 7폴더

모든 메일

- ▥ ! - 당신의 이름:
- ▥ 1 - 답변 예정:
- ▥ 2 - 확인 필요:
- ▥ 3 - 답변 완료:
- ▥ 4 - 대기 중:
- ▥ 5 - 영수증/재무관련:
- ▥ 6 - 뉴스레터:

 답변

| 수신함 업무 절차 | 소통 가이드라인 |

안녕하십니까, ○○○ 님.

저는 댄의 비서 로렌이라고 합니다.

빠른 답변을 선호하실 듯해서 댄에 앞서 본 이메일을 확인하고
연락을 드립니다.

**강력한
한 방**   애플리케이션 알림 끄기

사업가들은 본인의 이메일 수신함을 남의 손에 넘기려 하지 않는다. 정보에 대한 통제력을 잃
어버리는 것 같아서다. 이 시스템을 사용하면 당신의 개입 없이도 이메일을 적절한 경로로 전
달할 수 있다. 게다가 이메일 애플리케이션 알림을 끄고 중요한 일에 집중할 수 있다.

가 나를 대신해 이메일에 답해도 불쾌해하지 않는다. 내가 그들을 위해 다음과 같은 글귀를 미리 작성해 뒀기 때문이다.

"안녕하십니까, ○○○ 님.

저는 댄의 비서 로렌이라고 합니다.

빠른 답변을 선호하실 듯해서 댄에 앞서 본 이메일을 확인하고 연락을 드립니다."

내 동료들은 이런 식의 빠른 응답을 매우 좋아한다. 나 혼자 산더미 같은 이메일을 처리하느라 정작 중요한 이메일을 놓칠 수도 있기 때문이다. 콘퍼런스를 주최하는 사람에게 당장 내 사진이 필요할 수도 있지 않겠는가? 신속히 처리해야 하는 건에 대해 확인이 늦어지면 좋은 기회를 놓치게 될 수 있다. 이렇듯 일에는 타이밍이 존재한다.

나는 '시간 및 에너지 검사'에 포함된 업무 중 많은 부분이 일정 및 이메일 수신함 관리라는 사실을 잘 안다. 그러니 그 두 가지 일만 비서에게 맡겨도 확실히 여유로워질 것이다.

유능한 비서는 효율성을 극대화한다

내가 이 책을 쓰는 동안 친구 조나선Jonathan이 자신의 회사를 수억 달러에 매각했다. 그는 내게 전화를 걸어 이렇게 말했다. "댄, 회사를 팔게 됐어요. 거래 조건도 마음에 듭니다. 하지만 9년 동안이나 함께 일한 비서를 잃게 된다는 사실이 안타깝네요."

나는 조나선에게 한 가지 요령을 귀띔했다. 그 비서와 계속 함께 일할 수 있도록 거래 조건을 협상하라는 것이었다.

조나선은 유능한 비서와 환상적인 팀워크를 발휘하며 10년 가까이 협업했다. 그는 비서를 잘 교육했고, 가족들과도 친분을 쌓았으며, 깊은 신뢰를 구축했다. 다른 비서를 채용해서 이 모든 과정을 처음부터 반복한다는 것은 말이 되지 않았다.

미국의 사업가 겸 작가 키스 페라지Keith Ferrazzi는 〈뉴욕타임스〉 베스트셀러인 자신의 저서 《혼자 밥 먹지 마라Never Eat Alone》에서 이렇게 말했다. "그들을 단순히 '비서' 또는 '조수'로 생각하지 말라. 사실상 당신의 동료이자 생명줄 같은 사람들이다."[1]

유능한 비서가 있다면 시급한 일과 중요한 일 사이에서 무엇을 먼저 처리해야 할지 갈등할 필요가 없다.

본인의 역할을 다른 누군가에게 대체시킴으로써 시간을 바이백할 수 있음을 깨닫기를 바란다. 그래야만 그렇게 되사들인 시간을 가장 중요한 일에 사용할 수 있다.

다섯 가지 바이백 요점 ─────

1. 위임 사분면에 속한 업무를 오늘 당장 다른 사람의 손에 넘길 수 있는 가장 빠른 방법은 비서를 활용하는 것이다. 모든 사업가에겐 비서가 필요하다. 여기에는 어떤 예외도 있을 수 없다. 정규직 비서를 채용할 형편이 안 되면 본인의 바이백 요율을 고려해서 컴퓨터 등을 활용한 가상 비서를 도입하라.

2. 비서가 업무에 도움이 되는 이유는 당신과 달리 감정적 부담을 느끼지 않고 일할 수 있기 때문이다. 그들은 고객에게 '아니오.'라고 말하는 데 두려움을 느끼지 않는다. 어쨌거나 자기 회사는 아니니 말이다. 그 점을 충분히 이용해서 당신이 원하는 규칙을 세워주고 비서가 그 규칙에 따라 업무를 수행하게 하라.

3. 비서는 당신의 일정과 이메일을 관리하는 두 가지 업무를 온전히 책임져야 한다. 당신이 먼저 이메일에 답하거나 자신의 일정을 직접 확인해서 회의를(또는 다른 약속을) 잡아서는 안 된다.

4. 회사를 차린 지 얼마 안 된 사업가들은 여러 가지 역할을 동시에 해낸다. 하지만 직원들도 충분히 그렇게 일할 수 있다. 특히 비서에게는 다양한 업무를 맡겨야 한다.

5. 사업가들은 이메일 수신함을 스스로 통제하기를 원하기 때문에 남에게 그 일을 선뜻 맡기지 못한다. '이메일 GPS' 시스

템을 활용하면 수신함 열쇠를 비서에게 넘긴 뒤에도 여전히 통제력을 발휘할 수 있다.

실전 매뉴얼

이미 비서가 있다면, 그들에게 당신의 이메일 수신함과 일정 관리를 맡겨라. 그들이 이메일 GPS 시스템을 사용하게 하라. 당신의 위임 사분면에 속한 업무를 최대한 그들에게 넘겨라.

아직 비서가 없다면, 당장 한 사람을 채용하라. 어떤 분야에서 일하든, 회사의 규모가 얼마나 되든, 직원이 몇 명이든, 다음번 채용 대상자는 무조건 비서가 되어야 한다. 당신의 바이백 요율을 활용해서 감당할 수 있는 채용 방법을 선택하라. 필요하다면 가상 비서를 도입하는 방법을 고려해 볼 수도 있다.

3부

완벽한
삶을 만들기 위해
시간을
무한 증식하라

7장 자동화

전략적 사고는 분석과 설계를 동시에 요구한다.

— 레이 달리오Ray Dalio[1]

영화 〈파운더The Founder〉는 맥도널드가 세계 최고의 대기업으로 성장하는 과정을 그린 작품이다. 영화가 시작되면 주인공 레이 크록Ray Kroc이 당시 세상에 하나밖에 없던 맥도널드라는 식당을 처음으로 방문하는 장면이 펼쳐진다.

크록은 식당의 주인인 맥 맥도널드Mac McDonald와 딕 맥도널드Dick McDonald 형제를 만나 이야기를 나누기에 앞서 햄버거와 감자튀김, 코카콜라 한 잔을 주문한다. 그가 돈을 내고 막 계산대 앞에서 벗어나려는데 다른 직원이 음식이 담긴 종이봉투를 건넨다. 당황한 크록은 이렇게 말한다. "아니, 그럴 리가 없어요. 방금 주문했는데요."

계산원은 미소를 지으며 그가 주문한 음식이 맞다고 확인해 준다.

크록은 끝없이 줄을 늘어선 고객들이 음식을 주문한 뒤 불과 몇 초 만에 햄버거를 받는 모습을 지켜본다. 그리고 이 식당이 어떻게 그 많은 제품을 짧은 시간 안에 생산할 수 있는지(그리고 매출을 올릴 수 있는지) 궁금증을 품는다.

결국 크록은 대답을 찾아낸다. 그 비결은 맥도널드 형제가 고안한 스피디 서비스 시스템Speedee Service System이었다.

두 사람은 자신들이 설정한 요건에 따라 주방을 정확하게 디자인했다. 안무를 짜듯 주방 안에서 일하는 모든 직원의 동작도 미리 설계했다. 가령 어느 조리대에서는 두 직원이 불판 위에서 버거를 굽는다. 다른 직원이 버거 위에 겨자와 케첩을 정확히 다섯 번씩 뿌리고 양파를 얹는다. 또 다른 직원이 완성된 제품을 포장한다.

햄버거는 미리 정해진 순서에 따라 단계별로 이동하다가 행복한 고객의 손에 전달된다. 그런 과정이 하루에도 수백, 수천 번씩 반복된다. 딕 맥도널드는 영화에서 이렇게 말한다. "그건 효율성이라는 이름의 오케스트라죠. 낭비되는 동작이 하나도 없어요."[2]

크록은 스피디 서비스 시스템을 천재적인 발명품이라고 생각했다. 단 몇 초 만에 고객의 손에 완벽한 햄버거를 전달하는 능력도 대단했지만, 이 시스템의 진정한 강점은 지구상 어느 곳에서도 똑같은 모습으로 '복제'할 수 있다는 점이었다. 그것이 바로 레이 크록이 이룬 업적이다. 그는 스피디 서비스 시스템을 맥도널드 형제의 기대 이상으로 엄청나게 키워낸다. 이 형제가 처음 고안한 방법론을 이용해서 전 세계에 수천 개의 맥도널드 매장을 설립한 것이다. 맥도널드 형제가 1937년 문을 열었던 단 하나의 매장은 2020년은 전 세계 4만 개의 매장으로 늘어났다.[3]

당신의 삶을 '맥도널드화' 하라

서브웨이, 스타벅스, 맥도널드처럼 '확장'에 능한 기업은 매장을 운영하는 데 필요한 마케팅, 영업, 배송 같은 업무를 미리 규정된 요건에 따라 정확히 수행한다. 그들은 회계, 청구서 발행, 부동산 구매, 인재 관리 등 모든 업무 분야에서 철저하게 문서화된 프로세스를 운영한다. 이 프로세스에는 새로 매장을 여는 파트너들이 청구서를 처리하고 직원들의 근태를 관리하는 법, 회사의 임원들이 새로운 지역에 매장을 설립하는 요령 등이 상세하게 기술되어 있다.

오늘날 기업들은 이러한 종류의 문서를 표준 운영 절차Standard Operating Procedure, 줄여서 SOP라고 부른다. 나는 여기에 '플레이북'Playbook이라는 이름을 붙였다.

플레이북은 말 그대로 조직 구성원 모두에게 업무 수행 방식을 알려주는 '대본'이다. 다시 말해 영업을 하는 방법부터 해외에 새로운 지점을 내는 방법까지 이미 실험되고 검증된 지식과 정보를 집약한 종합적인 지침서라고 할 수 있다. "당신이 X라는 행동을 하면 Y라는 결과물을 얻을 것"이라고 알려준다.

페이스북에 광고를 게재하는 편이 인스타그램 광고보다 더 효과가 좋다는 사실을 알고 있는 직원이 그 지식을 플레이북에 담으면, 다음번 마케팅 담당자는 광고 매체로 페이스북부터 검토할 수 있다. 화요일에 영업 활동을 집중할 때 구매자들의 참여율이 높다고 플레이북에 나와 있다면 추후 영업팀에 합류할 직원은 그 내용을 참조해서 더 빠르게 실적을 낸다. 또 신용카드 시스템을 개발하는 방법론을 회사의 플레이북에 자세히 분석해 놓았다면, 개발팀은 막대한 시간과 노력을 절약할 수 있다. 결과적으로 회사는 플레이북을 통해 높은 효율성과 생산성을 거둘 수 있게 된다.

플레이북을 효과적으로 활용하는 회사는 사업의 규모를 크게 키울 수 있다. 레이 크록은 맥도널드 형제가 고안한 플레이북을 이용해서 거대한 제국을 건설했다. 따라서 매장을 열 때마다 시스템을 새로 발명할 필요가 없었다. 전 세계 어디에서나 똑같은 프로세스를 적용하면 그만이었기 때문이다. 스타벅스, 치폴레, 마이크로소프트 같은 회사들이 계속해서 성장하는 이유는 단순히 그 회사들이 최고여서가 아니다. 그들은 확고한 예측 가능성을 바탕으로 업무를 수행했다. 또한 고도의 예측 가능성은 간헐적인 탁월함보다 가치가 높다는 사실을 잘 알고 있었다.

비서에게 이메일 답변 요령을 알려주는 플레이북이 있다면 망설이지 않고 새로운 비서를 뽑을 수 있지 않을까?

직원들에게 각종 업무를 수행하는 법을 일일이 설명할 필요 없이 그 과정을 모두 문서화한다면, 더 많은 시간을 확보할 수 있지 않을까?

새로 채용할 마케팅 담당자가 광고 제작에서 마케팅 보고서까지 자기 부서에서 수행해야 할 모든 업무에 관한 플레이북을 활용할 수 있다면, 마케팅 담당자를 뽑을 때 근심을 덜 수 있지 않을까?

새로 채용할 영업 직원이 "교차 판매를 위한 고객 영업은 언제 수행해야 하는가?" "우리 회사는 어떤 CRM•을 사용하는가?" 같은 질문의 답을 플레이북에서 스스로 얻어낸다면, 영업 직원들을 기초부터 훈련할 필요가 없다는 사실에 안도감을 느끼지 않을까?

플레이북을 사용하면 이 모든 혜택을 누릴 수 있다. 게다가 플레이북을 만드는 데도 그렇게 오랜 시간을 소비할 필요가 없다. 플레이북 제작에 참고할 수 있는 플레이북이 있기 때문이다. 더 중요한 점은 회사의 각 부서가 이러한 프로세스를 활용해서 각자의 플레이북을 만들 수 있다는 것이다.

• CRM(Customer Relationship Management)은 고객의 개인정보, 서비스 이용 내역, 상담 내역 등 기업과 관련된 고객 정보를 관리하고 추적하는 시스템이다.

새로운 기회를 만드는 무한 증식의 비결

새로운 영업 기회를 찾고 분석하는 업무부터 재무 보고서를 작성하는 요령, 간단한 플레이북부터 부서 전체의 업무를 포괄하는 대형 플레이북까지… 플레이북은 다양한 규모로 제작할 수 있다. 즉 하나의 업무를 위해 하나의 플레이북을 만들거나, 복수의 업무를 위해 하나의 플레이북을 만들 수도 있다. 이 장에서는 두 가지 종류의 플레이북을 모두 살펴볼 예정이다.

물론 플레이북을 만드는 궁극적인 목적은 사업가나 관리자가 직접 개입하지 않아도 되는 프로세스 복제 도구를 제작하는 것이다. 프로세스를 복제하기만 한다면 그만큼의 시간이 절약된다.

배관공 일을 하는 내 친구 피터Peter는 청구서 발행 업무에 관한 플레이북을 만들기로 했다. 청구하는 일이 정말이지 골칫거리였기 때문이다. 회사가 급속히 성장하며 처리할 주 업무가 많아지자 고객들에게 청구서를 보내는 일을 깜빡하곤 했다. 피터는 공사 현장에서 몇 달을 정신없이 보낸 뒤에 작업자들의 급여를 지급하고 새로운 장비를 구매했다. 그 과정에서 고객들에게 받아야 할 돈이 수천 달러나 밀려 있다는 사실을 깨달았다. 회사 재정도 문제지만 4개월 치 청구서를 한꺼번에 받아 든 고객의 기분은 어땠을까?

피터는 이 문제를 쉽게 해결했다. 그는 하루 날을 잡아 고객에게 청구서를 발행하는 과정을 모두 동영상에 담았다. 이 교육용 동영상을 활용해서 자기가 원하는 방식으로 청구서 발행 업무를 누군가에게 맡길 수 있는 설명서를 제작했다. 이제 피터는 가장 큰 골칫덩이였던 청구서 발행 업무의 플레이북을 소유하고 있다. 이처럼 당신에게 가장 큰 고통을 안겨주는 업무를 선택해서 첫 번째 플레이북을 제작하는 것은 좋은 출발점이 된다.

플레이북은 시간이 흐르면서 규모가 커지기 마련이다. 지금은 청구서 발행이라는 단일 업무 플레이북을 만들었지만, 나중에는 재무 관리 전체의 플레이북을 제작하게 될지도 모른다. 내가 운영하는 회사의 재무 관리 플레이북은 8페이지나 된다. 이 대본에는 재무 보고서 작성 일정부터 고객이 청구서 지급 일정을 놓쳤을 때 대처하는 요령까지, 재무를 관리하다 일어날 수 있는 모든 내용이 다 담겨 있다. 분기별 재무 보고서의 마감 일자를 잊어버렸거나, 파트타임 직원들의 근무 시간을 누가 계산해야 하는지 궁금하면 플레이북을 읽기만 하면 된다. 그럼 모든 문제가 순식간에 해결된다. 이 플레이북에는 업무 내용이 구체적으로 담겨 있지만, 그렇다고 스크린샷을 하나하나 보여줄 만큼 상세한 수준은 아니다. 대본은 텍스트로 기록되어 있으므로 내용을 죽 읽어보기만 해도 우리 회사의 재무 관리 절차 대부분을 숙지할 수 있다.

나는 직원 채용, 영업, 마케팅, 기타 분야를 포함해 우리 회사의 주요 업무 전반을 플레이북으로 만들었다. 심지어 플레이북을 만드는 방법을 설명하는 플레이북도 있다!

하지만 당신에게는 현재 가장 큰 어려움을 겪고 있는 분야를 선택해서 먼저 그에 대한 플레이북을 제작해 보라고 권하고 싶다. 이는 영업이나 마케팅 같이 부서 전체의 업무를 망라하는 대형 플레이북이 될 수도 있고, 피터처럼 청구서 발행이라는 단일 업무를 위한 플레이북이 될 수도 있다.

업무의 종류나 규모와 상관없이 다음과 같은 문제를 겪고 있는 회사라면 플레이북 제작을 시작해야 한다.

- 영업 직원들이 영업 기회를 놓치고, 매출 목표 달성에 실패하고, 납품에 관한 중요한 세부 사항을 무시하고 넘어간다.
- 오프라인 팀이 매장을 세우고 폐쇄하는 업무를 제대로 해내지 못한다.
- 재무 보고서가 마감 시한을 넘겨 나오거나, 정리가 안 돼 있고, 부정확하다.
- 개발 부서가 전체적으로 체계성이 부족하고, 언제 어떤 일을 해야 하는지, 누구에게 어떤 책임이 있는지를 모른다.

내 대답은 언제나 한결같다. 플레이북을 만들라는 것이다.

성공을 체계화하는 프레임워크

이제 플레이북을 만드는 방법에 관한 플레이북을 소개한다. 먼저 다음 네 가지 주요 요소를 기억해야 한다.

플레이북의 프레임워크

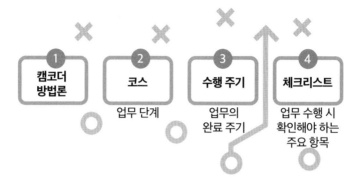

1. 캠코더 방법론Camcorder Method: 교육용 동영상

2. 코스Course: 업무 단계

3. 수행 주기Cadence: 업무의 완료 주기(월간, 주간, 일간 등)

4. 체크리스트Checklist: 업무 수행 시 확인해야 하는 주요 항목

1. 캠코더 방법론: 업무마다 세 편의 동영상을 촬영한다.

첫 번째로 제공할 팁은 플레이북 전체의 기본이 되는 교육용 동영상 촬영 방법이다. 앞으로 차차 알게 되겠지만, 캠코더 방법론은 세상의 거의 모든 것을 교육하는 용도로 활용할 수 있다. 그 요령을 자세히 살펴보기 전에 내가 이 방법론을 어떻게 개발하게 됐는지 이야기하고 싶다.

스페릭을 운영한 지 2년이 됐을 때 나는 고작 스물여섯 살이었다. 회사의 매출액은 160만 달러 정도였고 직원 수는 12명이었다. 하지만 직원을 채용하고, 관리하고, 이끄는 방법에 대해서는 아는 게 없었다. 그저 적당한 사람을 뽑고 그 직원이 일을 잘해주기만을 기대할 뿐이었다. 우리 회사의 고객 대부분은 미국에 있었기 때문에 나는 미국 북동쪽에 있는 메인주의 뱅고어에 사무실을 열고 취업 비자를 얻어 국경을 넘어 다녔다(참고로 나는 캐나다인이다). 우리 집이 있는 캐나다 뉴브런즈윅부터 미국의 사무실까지는 비행기로 한 시간가량이 걸렸다. 하지만 종종 직원들을 자동차에 태우고 여섯 시간 반을 운전하며 직원들을 교육하곤 했다.

새로 입사한 직원은 내가 운전하는 폭스바겐 제타의 조수석에 앉아 무릎 위에 노트북을 올려두고 시거잭에 전원을 연결했다. 내가 운전하며 업무를 설명하는 동안 직원은 키보드를 두드렸다.

그때는 스마트폰의 핫스팟 기능이 탄생하기 한참 전인 2006년이었다. 나는 네트워크 접속을 위해 20킬로그램이 넘고, 면적이 피자상자만큼 넓은 데다, 두께가 30센티미터쯤 되는 서버를 트렁크에 싣고 다녔다. 우리는 그 서버에서 조수석의 노트북까지 이더넷 케이블을 연결했다.

나는 이 나라에서 저 나라로 운전하며 스페릭의 소프트웨어 제품을 운용하는 방법을 한 줄 한 줄 명령어 단위로 설명했다. 언젠가는 두 명의 신입 직원을 동시에 자동차에 태웠다. 앞좌석에 앉은 직원이 프로그램을 배우는 동안 다른 직원은 뒷좌석에서 그 과정을 지켜보게 했다.

나는 그런 식의 여정을 대여섯 번 정도 거친 뒤에야 내가 똑같은 내용의 교육을 되풀이하고 있다는 사실을 깨달았다. 교육 내용을 한 번만 동영상에 담으면 새로 입사하는 직원 누구에게나 숙지시킬 수 있을 거라는 생각이 들었다. 그래서 동영상을 촬영하기로 한 것이다.

이때 개발한 동영상을 통한 교육 방식을 '캠코더 방법론'이라고 부른다. 처음 이 방법을 도입했을 때와 달라진 게 있다면 요즘에는 직원들을 교육하기 위해 내가 직접 동영상을 찍지 않는다는 점 정도다. 나는 배관공 피터처럼 내가 실제 업무를 수행하는 장면을 촬영한 뒤에 비서를 통해 그 동영상을 플레이북에 올린다. 신입 사원들은 그 영상을 보고 업무를 익힌다.

다른 사람에게 맡기고 싶은 업무(급여 지급, 일요일 아침에 가게 문 열기, 보고서 제출 등)를 떠올려 보라. 직접 그 일을 하는 장면을 동영상으로 촬영하면 따로 시간을 들이지 않아도 충분히 직원들을 교육할 수 있다. 캠코더 방법론은 지금껏 내가 코치한 고객들에게서 가장 뜨거운 반응을 불러일으켰다. 동영상을 촬영했을 뿐인데 수많은 업무를 어깨에서 덜어냈기 때문이다.

캠코더 방법론을 효과적으로 활용하는 두 가지 요령을 소개한다.

첫 번째, '업무를 말로 설명하며 촬영한다.' 회사 웹사이트의 백엔드 프로그램에 접속해서 블로그 업로드 기능을 수정한다고 가정해 보자. 오늘은 블로그의 머리말이나 서체를 원하는 스타일로 화면에 출력하는 작업을 진행 중이다. 먼저 스마트폰의 '녹화' 버튼을 누르고 평소 하던 대로 업무를 진행하라. 하지만 무엇을 동영상에 담던 녹화 중에는 반드시 말을 해야 한다. 말로 설명하며 업무를 진행해야 동영상을 보는 사람들이 구체적인 내용까지 전부 포착할 수 있다.

두 번째, '세 편의 동영상을 촬영한다.' 어떤 업무를 하든 일하는 방법과 과정은 매번 조금씩 다르다. 가령 페이스북에서 진행하는 소셜 미디어 캠페인 업무를 다른 직원에게 맡기려 할 때, 그 일을 처리하는 방식은 약간씩 달라진다. 나는 이 문제를 해결해 주는 마법의 숫자가 '3'이라고 생각한다. 다시 말해 그 업무를 수행하는 과정을 세 번 정도 촬영하면 발생 가능한 변수를 대부분 포착할 수 있다는 뜻이다.

친구 폴Paul에게 캠코더 방법론을 알려주자 그는 이 방법을 딱 한 차례 시도해 본 뒤에 흥분한 표정으로 나를 찾아왔다. 출판 편집자인 그는 책을 편집할 때마다 사소한 업무(가령 주석을 확인하고 날짜와 시간을 바꾸는 일)에 시간을 많이 썼다. 그는 책의 줄거리나 구조처럼 중요한 문제를 생각하는 데 좀 더 시간을 할애하고 싶었다. 폴은 잡다한 업무를 처리하는 장면을 동영상에 담은 뒤에 비서를 채용했다. 그리고 비서에게 동영상을 전달했다. 그밖에 다른 교육은 일체 하지 않았다. 놀랍게도 그 비서는 폴의 시간을 절약해 줬을 뿐 아니라 업무를 훨씬 잘 처리했다.

캠코더 방법론은 그 자체로 편리한 교육용 도구가 될 수도 있다. 하지만 이를 플레이북 '안에서' 활용하는 방법은 다음과 같다.

먼저 해당 업무와 관련된 모든 동영상을 플레이북에 담는다.

어떤 플레이북을 만들지는 본인의 손에 달렸다. 단일 업무(가령 CRM에 고객 정보를 입력하는 업무)를 위해 첫 번째 동영상을 촬영했다면, 당신의 플레이북에는 오직 그 동영상만 있을 것이다. 하지만 영업 부서 전체를 위해 '영업 플레이북'을 개발 중인 경우(결국에는 이 작업을 하게 될 것이다), 모든 영업 관련 동영상을 이 플레이북에 담아 직원들이 한 번에 교육을 받을 수 있도록 해야 한다.

나는 캠코더 방법론을 매우 좋아한다. 따라서 당장 누군가에게 넘길 필요가 없더라도 내가 컴퓨터로 처리하는 거의 모든 업무를 동영상으로 촬영해서 다른 사람의 손에 넘길 때를 대비한다.

2. 코스: 주요 업무 단계를 문서화한다.

플레이북의 두 번째 요소는 '코스'다(이 단어를 사용하기가 조금 애매하다는 사실은 알고 있다. 하지만 'C'라는 대문자가 필요해서 선택한 단어이니 이해해 주면 좋겠다). 코스란 플레이북에 담긴 업무를 수행할 때 밟아야 하는 주요 단계를 글머리 기호를 달아 작성한 문서를 의미한다.

가령 '아침에 커피숍 오픈하기'라는 업무를 문서화한다고 가정해 보자. 전체적인 단계는 다음과 같다.

1. 출근한다.
2. 에스프레소 기계를 켠다.
3. 커피포트를 준비한다.

4. 칠판에 '오늘의 커피'를 적는다.

5. 10분간 기다린다.

6. '영업 중'으로 간판을 바꾼다.

각 단계가 간결하게 설명돼 있다. 단지 주요 절차를 대략적으로 나열했을 뿐이다. 플레이북에 담긴 업무 단계에 관한 설명은 이 정도면 충분하다.

사업가들이 플레이북 제작을 망설이는 이유 중 하나는 여기에 엄청난 시간과 에너지가 들어갈 것이라고 지레 겁을 먹기 때문이다. 과거엔 많은 회사가 조직의 표준 운영 절차(SOP)를 문서화하려고 시도했다. 그들은 수많은 스크린샷을 잘라서 붙이고, 이해하기 쉬운 설명과 상세한 URL 주소를 추가하고, 어떤 소프트웨어를 언제 사용하라는 지침을 내렸다. 그토록 힘겨운 노력을 기울였음에도 어느 날 갑자기 사업 방향이 바뀌거나, 업무가 변경되거나, 규정된 소프트웨어가 달라지기라도 하면 플레이북 전체가 쓸모없어졌다.

플레이북은 지나치게 상세하고 친절할 필요가 없다. 플레이북으로 업무를 익힐 직원들은 충분히 영리하다. 플레이북은 업무 처리 단계를 일목요연하게 보여주는 목록이자 도구 정도라고 생각하라. 그리고 고민하라. 직원들과 얼굴을 맞대고 그들을 직접 교육할 일이 생긴다면 어떤 주요 정보를 전달하고 싶은가?

3. 수행 주기: 업무를 수행해야 할 주기를 기록한다.

교육용 동영상을 모두 촬영하고 각 업무에 관한 주요 단계를 문서화했다면, 다음으로 할 일은 업무별로 '수행 주기'를 명시하는 것이다(간단한 플레이북에서는 이 작업이 불필요할 수도 있다). 요컨대 각 업무가 완료돼야 하는 '시기'나 '주기'를 담은 목록을 만들어야 한다. 물론 일부 업무는 반복적 주기를 기재할 필요 없이 '매번'이라는 단어를 명시하는 것으로 족하다.

4. 체크리스트: 꼭 점검해야 할 항목을 나열한다.

체크리스트는 자유를 안겨준다. 아툴 가완디Atul Gawande가 쓴 《체크! 체크리스트》, 샘 카펜터Sam Carpenter의 《시스템의 힘》에 체크리스트의 힘이 잘 설명돼 있다.

친구 프랜시스Francis가 그의 경비행기에 나를 태워주기로 했을 때 체크리스트의 위력을 실제로 목격했다. 나는 네 살과 다섯 살이 된 두 아들을 데리고 비행기에 올랐다. 우리는 소음 방지용 귀마개를 하고 신이 나서 창밖을 바라봤다. 프랜시스는 비행기의 엔진을 가동한 뒤에 고리가 달린 서류철을 꺼냈다. 그가 문서를 한 장씩 넘기며 계기판의 손잡이와 불빛들을 유심히 들여다보는 동안, 우리는 빨리 하늘을 날고 싶어 조바심을 냈다. 하지만 그가 갑자기 엔진을 껐다.

"음." 프랜시스가 창밖을 내다보며 이렇게 말했다. "그렇군. 타이어가 펑크 났어." 나는 비행기 뒷자리에 앉은 두 아들을 돌아봤다. 아이들은 서로가 헤드셋 쓴 모습을 놀리며 웃고 있었다. 프랜시스의 체크리스트는 나와 내 아이들의 목숨을 구했다.

그것이 체크리스트의 힘이다. 프랜시스는 간단한 점검을 통해 하마터면 재난이 될 수도 있었던 상황을 방지했고, 우리에게 내일을 선물했다. 가완디가 《체크! 체크리스트》에서 말했듯이 비행기 조종사와 의사들은 지난 수십 년 동안 체크리스트를 손에서 놓지 않았다. 그들이 종사하는 분야에서는 체크리스트가 협상이나 타협의 대상이 아니다. 나는 우리 회사의 직원들에게도 똑같은 마음가짐을 요청한다.

우리 회사의 모든 플레이북에는 누구나 필수적으로 확인해야 하는 체크리스트가 있다. "영업 보고서를 받는 사람이 쉽게 읽을 수 있도록 빠짐없이 작성했는가?" "연락이 끊긴 고객을 방문하는 일정을 잡았는가?" "소프트웨어를 업데이트했는가?"

만일 담당자가 체크리스트에 의거해서 업무를 수행했는데도 영업 보고서, 고객 방문, 소프트웨어 업데이트에 차질이 발생했다면 체크리스트 자체를 갱신할 때가 됐다고 봐야 한다. 이를 갱신한 뒤에는 같은 문제가 생기지 않을 것이다. 물론 플레이북에 모든 것을 담을 순 없다. 다만 시간을 절약할 순 있다. 플레이북을 활용할 때도 앞서 내가 언급한 규칙(누군가가 당신의 80퍼센트 정도로 일을 해낸다면 이미 100퍼센트 훌륭하다)을 명심해야 한다. 그럼 조직 내에서 반복적으로 이뤄지는 업무 프로세스의 80퍼센트 이상을 당신이 원하는 대로 정확히 완료하고 예측 가능한 성과를 얻어낼 수 있다. 게다가 플레이북을 편집할 수 있는 문서 형식으로 제작하면 플레이북을 제작한 사람이 언제든 내용을 갱신하고 수정할 수 있다.

실제로 플레이북을 작성한 두 가지 사례를 살펴보자.

단일 업무를 위한 간단한 플레이북

내 친구 마크Mark는 성공적으로 소프트웨어 회사를 운영 중이다. 그의 회사는 2010년대에 접어들면서 여러 잡지에서 상을 받았고 사람들의 명성을 얻기 시작했다. 하지만 아이러니하게도 조직의 성장은 그의 생각만큼 빠르지 않았다. 채용을 담당하는 유일한 사람이 마크였기 때문이다. 가뜩이나 회사를 운영하느라 바쁜데 채용 업무를 신속하게 처리하기는 불가능했다.

결국 마크는 카메라를 들었다. 직원 채용 방법을 설명하는 동영상을 촬영하고 그 영상을 바탕으로 플레이북을 제작했다. 이제 그는 최종 인터뷰를 진행하는 역할만을 담당하고 후보자 검토나 사전 인터뷰 등을 포함한 기타 채용 업무는 다른 직원에게 맡긴다. 마크는 자기가 가장 잘하는 일, 즉 수많은 상을 받은 소프트웨어 회사를 운영하는 일로 되돌아갔다. 마크는 자신의 플레이북을 아래와 같이 4C 원칙에 따라 제작했다.

1. 캠코더 방법론(교육용 동영상 촬영)
   - 마크는 자기가 사람을 채용하는 방법을 구두로 설명한다.●
   - '채용 플레이북'이라는 이름의 문서 상단에 그 동영상을 게시한다.

2. 코스(업무의 주요 단계)

- 소셜 미디어에 구인 정보를 게시한다.

- 각종 매체의 구인란에 구인 정보를 게시한다.

- 입수한 이력서를 검토한다.

- 후보자를 다섯 명으로 추린다.

- 최종 후보자 다섯 명을 각 부서장에게 보낸다.

- 부서장들이 선택한 후보자를 마크에게 보내고 최종 인터뷰 일정을 잡는다.

3. 수행 주기(업무를 수행해야 하는 빈도수)

- 이 경우에는 수행 주기 항목이 필요치 않다. 이는 단일 업무에 관한 사례이기 때문에, 담당자들은 매번 채용이 필요할 때마다 '코스'에 담긴 단계를 순서대로 밟으면 된다.

4. 체크리스트(업무 수행 시 점검 사항)

- 적어도 20명의 후보자에게 이력서를 받았나?

- 후보자들은 이 회사에서 일하기를 진심으로 원하나?

- 최종 후보자를 선정한 이유를 마크에게 설명했나?

● 캠코더 방법론의 기본 취지에 따르면 인력을 채용하는 과정을 모두 동영상으로 촬영해야 하지만, 업무 특성상 다소 곤란한 측면이 있다. 그래서 마크는 직원 채용 방법을 말로 설명하는 길을 택했다.

위는 단일 업무를 위한 간단한 플레이북 사례다. 하지만 이와 관련된 다른 플레이북(일대일 면담, 분기별 실적 검토, 직원 해고 절차 등)과 합치면 인사 업무 전체를 위한 종합적인 플레이북이 완성된다. 또 앞서 말했듯이 이 사례에는 '수행 주기' 항목이 적용되지 않는다. 때에 따라서는 캠코더 방법론, 코스, 수행 주기, 체크리스트 모두 필요치 않을 수도 있다. 이제 부서 전체를 위한 플레이북을 살펴보자.

복수의 업무를 위한 대형 플레이북

회사의 특정 부문(영업, 마케팅, 인사부)을 위한 종합 플레이북을 제작하는 과정도 전체적인 틀은 비슷하다.

먼저 당신이(또는 다른 누군가가) 특정 업무를 수행하는 장면을 모두 동영상으로 찍은 다음 플레이북 안에 그 동영상에 접속할 수 있는 링크를 걸어둔다. 그리고 각 업무를 수행하는 데 필요한 주요 단계를 정리하고, 그 업무가 언제, 얼마나 자주 수행되어야 하는지 명시한다. 마지막으로 업무를 완료하기 전에 반드시 확인해야 하는 체크리스트를 작성해서 플레이북에 담는다.

우리 회사의 재무 관리 플레이북을 예로 들어 보겠다.

1. 캠코더 방법론(업무별 수행 영상 별도 제작)
2. 코스
   • 업무 A: 일일 현금 지출 현황 보고서 작성 및 제출
      a. 회사 보고서 시스템에 접속

b. 보고서 작성 및 출력

　　c. 댄에게 보고서 전송

　• 업무 B: 신용카드 허위 사용 조사

　　a. 설명 불필요

　• 업무 C: 금융기관 대출 상환

　　a. 신용 한도 확인

　　b. 송금

　　c. 1만 달러 이상은 댄과 상의

3. 수행 주기

　• 일간 업무

　　a. 업무 A(일일 현금 지출 현황 보고서 작성 및 제출)는 매일 수행

　• 월간 업무

　　a. 업무 B(신용카드 허위 사용 조사)는 매월 수행

　　b. 업무 C(금융기관 대출 상환)는 매월 수행

4. 체크리스트

　• 모든 보고서를 작성하고 제출했나?

　• 빠뜨린 계정 과목은 없나?

　• 문제가 있는 사항을 확인하기 위해 적절한 사람과 이야기했나?

　　이해를 돕기 위해 큰 플레이북을 위처럼 줄여서 요약했지만(어떤 플레이북은 20페이지가 넘을 때도 있다), 기본적인 개념은 똑같다. 플레이북에 네 가지 C를 반영하면 훨씬 큰 효과를 거둘 수 있다.

당신은 결국 영업, 마케팅, 인사 등 회사의 모든 업무를 위해 플레이북을 만들고 싶어질 것이다. 산업 분야나 조직의 특성에 따라 플레이북이 담당할 역할은 각기 다를 수 있다. 하지만 장담한다. 플레이북은 회사의 성장에 도움을 주고 당신이 직접 관여하지 않아도 되도록 다양한 업무에 필요한 능력을 복제해 준다.

당장은 빠른 성과를 얻어내는 데 집중하라. 다시 말해 가장 큰 고통을 안겨주는 업무를 찾아내 그곳에서부터 일을 시작하라.

하나의 플레이북을 제작한 뒤에 그곳에 담긴 지식이 반복적으로 혜택을 창출하는 모습을 지켜본 사람은 결국 이 작업에 푹 빠져 다른 플레이북을 만들고 싶어진다. 그리고 결국 '자신만의 플레이북'을 제작하게 될 것이다!

당신은 플레이북 만드는 일이 너무 벅찬 작업이라고 생각해 이렇게 물을지도 모른다. "그걸 만들 시간이 어디 있어?" 플레이북을 만들어야 할 사람이 '당신'이라고 누가 말했나?

플레이북을 직접 만들 필요는 없다

플레이북을 만드는 작업을 다른 사람에게 맡기려면 앞서 설명한 캠코더 방법론을 활용하면 된다. 그 요령은 다음과 같다.

먼저 가장 큰 어려움을 겪는 업무(또는 분야)를 하나 선택한다. 캠코더 방법론을 바탕으로 그 업무를 수행하는 과정을 촬영한 뒤에 구글 닥스Google Docs 같은 온라인 문서 편집기에 그 동영상의 링크를 걸어둔다. 그리고 '그 업무를 맡기고 싶은 사람'(새로 채용한 직원이나 기존 조직 구성원 중 한 명)에게 동영상 내용을 숙지시키고 그가 직접 플레이북을 만들게 한다.•

다른 사람에게 플레이북 제작을 맡기면 다음과 같은 시간 절약 효과를 거둘 수 있다.

첫 번째는 그들이 업무 프로세스를 이해했는지 판단할 수 있다는 것이다. 미국의 작가 겸 경제학자 로버트 기요사키Robert Toru Kiyosaki는 이렇게 말했다. "가르쳐라, 그러면 얻을 것이다."[4] 광고 집행 혹은 새로운 프랜차이즈 매장 오픈에 필요한 프로세스를 문서화하는 작업을 다른 사람에게 맡기면, 그 직원이 업무 과정을 정확히 이해했는지 판단할 수 있다.

두 번째는 타인이 작성한 문서를 통해 누락된 단계를 찾아낼 수 있다는 점이다. 살다 보면 특정한 일을 처리하는 방법을 '그냥 알게 되는' 경우가 많다. 예를 들어 다년간 고객에게 소프트웨어를 판매해 온 사람이라면 이 업무와 관련된 모든 내용이 머릿속에 들어 있다. 언제 후속 영업을 해야 하고, 고객들이 주로 어떤 질문을 하고, 고

• 당신이 그 사람을 도와야 할 유일한 부분은 업무의 '수행 주기'를 알려주는 것이다. 플레이북을 처음 만드는 사람은 당신이 그 업무를 얼마나 자주 수행하기를 원하는지 모를 수 있다.

객이 제품을 효과적으로 활용하기 위해서는 어떤 정보나 요령이 필요한지를 '그냥 알' 뿐이다. 그러므로 캠코더 방법론을 이용해서 혼자 업무를 촬영하고 혼자 문서화하면 뭔가를 언급하지 않은 채 놓치고 넘어갈 가능성도 있다.

수습사원이 업무 프로세스를 문서화 한 뒤에 사업가에게 플레이북을 보여주면, 사업가는 그곳에 빠져 있는 크고 작은 업무를 쉽게 알아차린다. "아, 깜빡했네. 프로젝트를 완료한 뒤에는 납품 업체들에 대금을 모두 지급했는지 확인해야 해." 사업가로부터 교육받은 사람이 교육받은 내용을 문서에 담아 사업가에게 다시 보여주면, 잘못된 점이나 빠뜨린 사항을 발견하는 데 도움이 된다.

나는 재무 감사, 유튜브 동영상 제작, 고객들과 진행하는 코칭 회의 등 내가 회사에서 수행하는 모든 업무를 동영상에 담는다. 그리고 비서에게 부탁해서 온라인 문서 편집기로 제작한 플레이북의 빈 페이지에 그 동영상을 삽입한다. 해당 업무를 다른 누군가(주로 신규 직원)에게 맡길 때가 되면 그 직원에게 동영상을 보여주고 본인이 직접 플레이북을 제작하도록 한다.

마지막으로 제작이 완료된 플레이북을 그 직원과 함께 검토하면서 '플레이북이 정확하게 만들어졌는지'와 '그가 업무를 제대로 익혔는지' 확인한다.

속도와 정확도를 모두 높이는 플레이북

플레이북을 이용하면 직원들을 교육하기 매우 쉽다. 신규 직원에게 동영상 속 내용을 숙지시키면 그만이다. 짧은 플레이북에는 세 편의 동영상이 전부일 수도 있다. 반면 사업 부문 전체나 특정 지역에 관련된 업무를 전부 동영상으로 촬영하면 그 플레이북에는 30개가 넘는 동영상이 있을지도 모른다. 어느 경우든 해당 업무가 신규 직원의 역할과 관련 있을 땐 모든 동영상을 빠짐없이 익히게끔 해야 한다.

만일 플레이북이 이미 준비되어 있다면 신규 직원은 그 내용을 숙지하면 된다. 아직 만들어지지 않았다면 그 직원에게 플레이북 제작을 맡기는 편이 좋다. 플레이북이 업무별로 하나씩 늘어나고 서로 연결됨으로써 결과적으로 부서 전체를 위한 종합 플레이북이 생긴다. 내용이 조금 길어진다 해도 회사에 새로 합류한 직원에게는 업무를 빠르게 익히는 데 큰 도움이 된다.

내가 즐겨 활용하는 마지막 교육 기법은 교육을 마친 신규 직원들에게 플레이북에 담긴 내용을 질문하는 것이다. 그들이 플레이북을 제대로 숙지했는지 확인하기 위해서다.

또한 앞서 언급했듯이 플레이북 제작을 위한 기술적 도구는 구글 닥스 같은 온라인 문서 편집기를 추천한다.

한 가지 업무부터 시작하라

가장 많은 시간을 절약할 수 있고 가장 많은 보상을 얻을 수 있는 한 가지 업무를 골라 플레이북을 제작하라.

당신은 회사 업무를 하나부터 열까지 도맡아 하고 있었을 것이다. 온갖 시행착오를 거치며 어느 고객군을 목표로 해야 하고, 어디가 이상적인 납품 업체이고, 주요 고객들에게는 언제 감사의 표시를 해야 하고, 어떻게 하면 최고의 인재를 구할 수 있는지 알게 됐을 것이다. 그런 노력 끝에 어느 정도의 투자 수익을 올렸을 수도 있다.

이제는 그 노력과 성과를 복사할 때다. 맥도널드 형제는 첫 매장에서 어느 정도의 성과를 거뒀다. 하지만 나중에 사업에 합류한 크록은 맥도널드 형제가 쌓아 올린 경험과 지식의 '복사 버튼'을 계속 눌러가며 기하급수적인 보상을 수확했다.

당신도 '복사 버튼'을 눌러보는 것이 어떨까?

다섯 가지 바이백 요점 ─────

1. 성공적인 회사는 일관성 있게 운영된다. 회사를 성장시키고 싶다면 조직 전반이 탁월해질 수 있는 방법을 모색해야 한다.

2. 캠코더 방법론을 사용하면 시간을 조금만 투자하고도 특정 업무를 수행하는 모습을 정확하게 기록할 수 있다. 비결은 당신이 일하는 모습을 세 번 정도 동영상으로 촬영하는 것이다. 영상을 찍을 때는 작업 내용을 계속해서 말로 설명해야 한다는 사실을 기억하라. 해당 업무를 다른 사람에게 넘길 때가 되면 그 담당자가 동영상을 보고 업무를 익히게 해야 한다.

3. 플레이북이란 특정 업무를 수행하는 방법(때로는 표준 운영 절차라고도 부른다)을 기록한 문서를 뜻한다. 플레이북을 문서화하면 단일 업무부터 부서 전체의 업무에 이르기까지 모든 일을 다음번 채용할 신입 직원에게 교육할 수 있다. 또 사업가의 의도대로 업무 프로세스가 이루어지게 된다.

4. 플레이북을 사업가가 직접 만들 필요는 없다. 사실 그 작업을 다른 사람에게 맡기는 편이 여러모로 더 유리하다. 우선은 캠코더 방법론을 활용해서 업무를 수행하는 장면을 촬영하고, 구글 닥스(또는 다른 온라인 문서 편집기)의 빈 페이지에 동영상을 넣어라. 그 업무를 남에게 맡길 때가 되면 그 사람이 동영상을 시청한 뒤에 직접 플레이북을 만들게 한다. 플레이북 제작 마지막 단계에서는 내용에 오류가 없는지 확인해야 한다.

5. 모든 플레이북은 캠코더 방법론, 코스, 수행 주기, 체크리스트 등의 4C 요소를 갖춰야 한다.

실전 매뉴얼 ─────

이 장의 과제는 간단하다. 싫어하는 한 가지 업무를 떠올린 뒤 그에 관한 플레이북을 만드는 것이다.

- 평소 싫어하는 업무에 임할 때, 그 일을 처리하는 장면을 동영상으로 촬영하라. 세 번 정도 찍는 것이 가장 이상적이다. 그리고 온라인 문서 편집기에 '_____ 플레이북'이라는 이름의 문서를 만들고, 그곳에 동영상을 보관하라.
- 다른 누군가가 그 동영상들을 시청하고 플레이북을 만들게 하라.
- 플레이북이 제대로 작성됐는지 확인하라. 당신이 검토하기 전에 적어도 80퍼센트 이상은 완성된 상태여야 한다.

이상과 같은 과정을 완료했다면 앞으로 당신은 그 업무에 직접 손댈 필요가 없다.

8장 우선순위

삶에 찾아오는 많은 기회는 자신이 주위에 퍼뜨리는 에너지 덕분에 생겨난다.

— 켄 로빈슨Ken Robinson, 루 아로니카Lou Aronica[1]

가끔 나는 고객들에게 가벼운 테스트를 진행한다. 간단한 질문으로 이뤄진 미니 테스트다. 어느 날 고객 한 명에게 "한두 시간 내에 전화로 짧은 상담을 진행할 수 있나요?"라는 메시지를 보낸다. 간단한 실험이지만 고객의 답변을 통해 그들이 주위 세계의 요구에 '수동적'으로 대응하는지, 자신의 일정에 따라 '자기 주도적'으로 대응하는지 판단할 수 있다.

수동적 대응을 하는 사람은 자신의 하루나 한 주를 사전에 계획하지 않는다. 그들은 이렇게 답장을 보낸다. "물론이죠, 댄. 잠시 뒤에 전화할게요.” 그들은 나와 통화할 시간을 거의 즉흥적으로 일정에 끼워 넣는다. 그 말은 팟캐스트 인터뷰나 고객 방문 같은 약속이 잡힐 때마다 상대방의 요청을 무조건 받아들일 가능성이 크다는 뜻이다. 그들은 하루나 한 주의 일정을 세심하게 계획하지 않는다. 이런 사람들은 약속을 잡는 과정에서 상대방에게 더 많은 스트레스를 안겨준다. 어떤 사람이 “좀 만났으면 하는데 시간 어때요?”라고 물으면, 그들은 급히 일정표를 들여다보고 두어 군데 빈 시간을 찾아낸다. 회의를 어떤 날 어떤 방식으로 일정에 포함할지 미리 전략이나 계획을 세우지 않고 그냥 이렇게 대답한다. “글쎄요, 당신은 언제가 좋은가요?” 마치 달력을 앞에 두고 닭이 먼저냐 알이 먼저냐 따지는 게임을 하는 것과 비슷하다. 이렇게 말하는 셈이다. “내가 시간을 선택하기 싫으니 당신이 고르세요.”

자기 주도적 대응을 하는 사람은 내가 한두 시간 내에 전화로 회의를 할 수 있느냐고 물으면 대체로 이렇게 말한다. “목요일 오후 2시에서 3시 사이, 또는 다음 주 월요일 오후 1시에서 2시 사이에 시간이 됩니다. 둘 중 언제가 편한가요?” 일정을 능동적으로 계획하는 사람들은 시간뿐 아니라 에너지의 흐름을 고려해서 다양한 활동을 위한 최적의 순간을 계산한다. 그들은 언제 회의하고, 언제 운동해야 하고, 언제 가족과 시간을 보내야 하는지 정확히 알고 있다. 나는 그들이 특정 시간을 자기 주도적으로 제안하는 모습을 보면서 자신의 한 주를 사전에 철저히 계획하고 완벽하게 시간을 활용한다는 사실을 알게 된다.

시간이 피 흘리고 있다

대형 공항에 비행기들이 이착륙하는 시간을 각자 알아서 정하게 하면 어떻게 될까? 그야말로 엄청난 혼란이 생길 것이다. 승객들은 목적지에 제때 도착할 수 없고, 활주로는 난장판이 될 것이며, 연결 항공편도 이용할 수 없을 것이다.

공항은 항공기들의 이착륙 시간을 철저히 조율하며 수많은 승객을 효율적으로 관리한다. 예기치 않은 일이 벌어져도(그런 상황은 언제든 생길 수 있다) 조직적이고 철저한 사전 계획 체계를 바탕으로 문제없이 일정을 조정한다.

아무리 계획을 잘 세워도 예상치 못한 사태를 완전히 피할 수는 없다. 하지만 사전에 일정을 철저하게 짜두면 상황을 수습하는 데 큰 도움이 된다. 이런 사전 계획 덕분에 공항들은 매우 높은 수준의 운영 효율성을 자랑한다. 2019년 기준, 80퍼센트의 항공기가 정시에 도착했다. 민간 항공기에는 200명이 넘는 승객이 탑승하기도 하며, 기상 변화나 항공기의 기계적 결함 같은 갖가지 통제 불가능한 상황이 수시로 발생한다. 이런 난관 속에서도 비행기 10대 중 8대가 예상 도착 시간에 착륙할 수 있었던 이유는 공항들이 사전에 치밀하게 일정을 계획했기 때문이다.

일정을 세심하게 계획하면 주위의 요청에 수동적으로 반응해서는 절대 달성할 수 없는 고도의 효율성을 이룰 수 있다. 게다가 수동적 성향의 사람들은 내가 '버퍼 타임'Buffer Time이라고 이름 붙인 유휴 시간 탓에 많은 시간과 에너지를 낭비한다.

하루의 일정을 수동적으로 세우는 사람의 일과는 대개 이런 식이다.

08:15~08:45 직속 부하 직원 사라와 전화 면담

(15분 공백)

09:00~09:30 중요한 잠재 고객과 대면 회의

(30분 공백)

10:00~11:00 마케팅 부서장과 다음 분기 광고 캠페인 계획

(30분 공백)

11:30~12:45 다른 직원들과 전화 면담

(15분 공백)

13:00~13:30 신규 고객 온보딩을 위한 줌 화상 회의

일정 곳곳에 도사리고 있는 공백이 보이는가? 총 90분이라는 의미 없는 유휴 시간이 발생했다. 그러나 15분이나 30분의 짧은 틈을 타서 생산성 높은 업무를 수행할 수 있는 사람은 그리 많지 않다. 하루에 90분을 일주일씩 낭비한다면 630분, 즉 10시간 30분을 낭비한 셈이다. 이런 무의미한 시간 공백을 만들어내다 보면 마음 한구석에서 죄책감을 느낄 테고, 하루를 망치게 하는 부정적인 감정을 품게할 수도 있다. 그로 인해 손실되는 에너지를 생각해 보라.

직원들과 면담할 때는 공감 능력, 부드러운 말투, 리더의 역할

에 충실한 태도 등이 필요하다. 또 필요한 도구를 미리 준비하고 차분하고 정갈한 면담 환경을 갖춰야 한다. 그에 반해 고객 방문 업무에는 전혀 다른 마음가짐이 필요하다. 자신만만한 태도로 본인의 장점을 어필해야 하며, 발표 자료나 통계 데이터도 준비해야 한다. 이렇게 성격이 완전히 다른 업무를 수시로 넘나드는 행위는 절대 효율적이지 못하다. 어떤 일에도 온전히 몰입할 수 없다.

A 업무에서 B 업무로 전환될 때마다 두뇌는 초점을 바꾼다. 그것을 가리켜 '문맥 전환'Context Switching이라고 부른다. 소프트웨어 기업 카타로그Qatalog와 코넬 대학교가 공동으로 수행한 연구에 따르면, 근로자가 업무용 소프트웨어를 전환할 때마다 높은 수준의 생산성에 도달하는 데 10분 정도의 적응 시간이 필요하다고 한다. 또 다른 연구에서는 근로자들이 업무 도구를 변경할 필요가 없을 때 생산성이 더 좋다고 느낀다는 결과가 나왔다.

무의미하게 업무의 유형과 도구를 전환하면 이 업무에 몇 분, 저 업무에 몇 분의 자투리 시간이 낭비된다. 무엇보다 정신이 한곳에 집중되지 않는다. 아이디어가 자유롭게 넘쳐나는 심오한 심리적 상태에 절대 도달할 수 없게 된다. 사람이 '몰입'의 상태에 돌입하는 데 걸리는 시간은 학자의 의견에 따라 다르다. 어떤 사람들은 15분이 걸린다고 하고, 어떤 사람들은 무려 30분이 필요하다고 주장한다. 시간이 얼마나 걸리는지는 중요하지 않다. 중요한 것은 업무의 종류를 수시로 바꾸는 행위가 몰입에 방해된다는 데에 모두가 동의한다는 것이다.

'버퍼 타임'과 '문맥 전환'은 사업가에게 큰 비용을 요구한다. 하지만 내가 '출혈 시간'Bleed Time이라고 부르는 또 다른 낭비 요인은 아직 계산에 넣지도 않았다.

예정된 시간보다 더 긴 시간 회의하거나 한 시간으로 예정된 친구와의 점심을 한 시간 반으로 늘리는 순간 '출혈 시간'이 발생한다. 여기에서 몇 분, 저기에서 몇 분의 출혈 시간이 생겨나면 자신도 모르는 사이에 하루 기준 한두 시간을 쉽게 잃게 된다.

이 문제를 해결할 유일한 대안은 내 친구 마르셀Marcel처럼 자신의 하루에 대한 통제력을 스스로 되찾는 것이다.

한 주를 완벽히 통제하라

마르셀은 여러 개의 회사를 설립한 연쇄 창업가다. 자신의 모든 것을 일에 쏟아붓는 목표 지향적인 야심가기도 하다. 그는 20대 초반부터 강인하고 성실한 사업가로 살아왔다. 그 노력의 결실로 마르셀의 회사는 크게 성장했다. 마르셀은 아름다운 약혼녀와 그동안의 시간을 줄곧 함께했고, 바쁜 일정 가운데서도 크로스핏 코치로 활동했다. 물론 한참 성장세에 놓인 회사를 운영하면서도 약혼녀와 관계를 유지하고 운동에 시간을 투자하기가 쉽지는 않았다.

하지만 마르셀은 전형적인 A 타입•의 사업가였다. 그는 삶의 모든 측면에서 최고의 성과를 거두고 싶어 했다. 그가 모든 일을 완벽하게 해내기 위해 생각해 낸 해결책은 간단했다. 하루의 매 순간을 효과적으로 활용할 수 있도록 섬세하고 치밀한 주간 계획을 수립한 것이다. 그가 고안한 '완벽한 한 주'Perfect Week 방법론은 시간과 에너지의 흐름에 따라 업무와 업무 사이를 매끄럽게 옮겨 다닐 수 있게 해준다.

'완벽한 한 주'는 다음과 같은 장점을 제공한다.

첫 번째, 버퍼 타임을 없애준다. 업무와 업무 사이에 유휴 시간이 사라진다. '완벽한 한 주' 원칙에 따라 일정을 세우면 한 회의가 끝나고 다음 회의까지 30분을 기다리는 대신 하나의 회의와 그다음 회의를 연속으로 일정표에 배열할 수 있다.

두 번째, 에너지 사용을 최적화할 수 있다. '완벽한 한 주' 원칙에 따라 일정을 세우면 에너지가 언제 가라앉았다가 되살아나는지, 언제 무슨 업무를 처리하는 게 가장 효율적인지 판단할 수 있다. 많은 사업가가 '아침형 인간'의 특성을 나타내지만, 그렇지 않은 사람도 많다. 자신의 일정에 대한 통제력을 잃지 않고 에너지의 흐름을 중심으로 업무 시간을 설계하는 사람은 '몰입'의 상태에 훨씬 쉽게 도달할 수 있다.

세 번째, '출혈 시간'이 사라진다. 한 주의 일정을 세심하게 계획

● 미국에서 자주 쓰이는 표현으로, 활발하고 경쟁심과 성취욕이 강하며 목표 지향적인 사람을 말한다. 성격이 급하고 공격적이라는 평가도 있다. – 옮긴이

하면 "아차, 인터뷰 시간이 초과했네요." 같은 예기치 못한 상황이 생겨나지 않으므로 그로 인한 출혈 시간도 사라진다. 애초에 그런 일 자체가 있을 수 없다. 하루의 일정을 버퍼 타임 없이 긴밀하게 설계하면 하나의 업무에 배정된 시간을 반드시 지켜야만 다음 업무를 차질 없이 진행할 수 있다.

네 번째, 'N.E.T'No Extra Time를 확보할 수 있다. 이 개념을 처음 창안한 토니 로빈스Tony Robbins(미국의 작가 겸 심리학자-옮긴이)에게 감사를 표한다.

N.E.T는 어떤 일을 하기 위해 '여분의 시간을 내야 한다.'는 생각을 버리고 매 순간을 성장과 학습의 기회로 삼아야 한다는 전략적 방법론이다. 그 말은 우리가 "통근, 심부름, 운동, 청소 같은 활동에 쏟는 시간을 활용해서 가치 있는 지식이나 정보를 받아들일 수 있다."는 뜻이다.[2] 우리는 가령 통근 지하철을 타거나 집에서 청소기를 돌리는 동안 틈틈이 팟캐스트를 듣고, 여행을 위해 비행기로 이동 중일 때 책을 읽을 수 있다. '완벽한 한 주'를 도입하면 이런 N.E.T도 확보하며 개인적·직업적 차원에서 성장의 기회를 얻을 수 있다.

'완벽한 한 주'를 설계했을 때 누릴 수 있는 장점이 하나 더 있다. 하지만 이 부분은 내 친구 데일 보몬트Dale Beaumont에게 설명을 맡긴다.

한 번에 많을 일을 처리해 주는 마법

데일은 호주 최고의 사업가 중 한 명이다. 그는 우리가 14장에서 이야기할 '미리 채워진 한 해' 방법론을 개발하는 데 중추적인 역할을 했다. 그는 성격이 비슷한 업무를 한꺼번에 몰아서 처리하는(줌 화상 회의에 이어 또 다른 화상 회의를 진행하고, 대면 회의에 연속으로 참여하고, 하나의 팟캐스트 인터뷰 뒤에 또 다른 인터뷰 일정을 잡는 등) '일괄 처리'를 좋아한다. 그의 말마따나 "다중 작업은 효과가 없기 때문"이다.

나는 데일에게 그 주장을 증명할 기회를 주고 싶었다. 그래서 내가 진행하는 집중 코칭 프로그램에 그를 초대했다. 무대에 오른 데일은 방 안에 있는 모든 참가자(수십 명의 성공적인 사업가)에게 간단한 문장 하나를 종이에 써보라고 말했다.

'다중 작업은 효과가 없다(Multitasking doesn't work).'

그는 참가자들이 이 문장을 쓰는 시간을 타이머로 측정했다. 전체가 이 문장을 완료하는 데 7초쯤 걸렸다. 그러자 데일은 아래의 두 문장을 다시 써보라고 말했다.

'다중 작업은 효과가 없다(Multitasking doesn't work). 이제 나는 이해한다(Now I understand).'

이번에는 데일이 조금 더 복잡한 과제를 냈다.

"첫 번째 문장의 '첫 번째 글자'만 먼저 써보세요. 그리고 두 번째 문장의 첫 번째 글자를 쓰세요. 그런 뒤에 첫 번째 문장의 두 번째 글자를 쓰고, 다음에 두 번째 문장의 두 번째 글자를 쓰는 식으로 문장을 번갈아 가며 한 글자씩 쓰세요."

데일은 다시 타이머를 켰다. 방 안은 곧바로 떠들썩해졌다. 좌절에 빠진 사람들은 M을 쓴 다음 N을 쓰고 u를 쓴 뒤에 o를 쓰면서 두 문장 사이를 정신없이 오갔다.

90초가 지난 뒤에도 두 문장을 모두 완성한 사람은 참가자 중 절반에 불과했다. 데일은 그만 펜을 내려놔도 좋다고 말함으로써 나머지 절반을 어려운 과제에서 건져냈다. 그리고 이 연습의 핵심적인 교훈을 이야기했다. 사람들이 하나의 문장을 쓰는 데 평균 7초가 걸렸으므로 두 개의 문장을 연속으로 썼다면 14초가 소요됐을 것이다. 하지만 그들이 두 문장 사이를 오가면서 하나씩 글자를 쓰자 원래의 '6배'에 달하는 시간을 사용하고도 태반이 문장을 완성하지 못하는 결과가 빚어졌다.

데일이 일괄 처리의 가치를 신봉하는 이유가 바로 여기에 있다. 그 방식이 몰입의 상태를 유지하기 위한 최적의 조건을 제공하기 때문이다. 다시 말해 비슷한 성격의 일을 몰아서 처리하는 사람은 이미 그 종류의 업무에 적합한 심리적 상태에 놓여 있으므로 이를 최대한 활용할 수 있다. 게다가 물리적 측면에서도 그 일을 하기에 적합한 장소에 위치해 있으며, 필요한 프로그램이나 도구도 갖추고 있을 것이다.

자기 주도적인 사업가들이 일괄 처리 방법론을 바탕으로 한 주를 어떻게 계획하는지 살펴보자.

그들은 고객 방문 업무를 특정한 날짜의 특정한 시간대에 전부 몰아넣어 연이어 진행한다. 또 직원 면담, 내부 회의, 콘텐츠 개발 같은 업무도 비슷한 일끼리 일괄적으로 처리한다. 도구와 장소를 바꿔가며 이 일 저 일을 비효율적으로 넘나들기보다는 적합한 도구(아이패드나 노트북)와 알맞은 환경(사무 공간, 조용한 방, 커피숍 등)을 활용해 훨씬 수월하고 안정적으로 업무를 진행한다.

나는 여건이 허락할 때는 일괄 처리 방법론을 한 단계 높은 차원으로 끌어올려 하루나 한 주뿐 아니라 한 달 일정 중에 특정 업무를 하루에 몰아서 처리하는 계획을 세우기도 한다. 최근에는 14건의 팟캐스트 인터뷰를 하루에 몰아 진행한 적도 있다. 덕분에 단 몇 분의 준비만으로 매 인터뷰에 응할 수 있었고, 필요한 도구와 환경이 갖춰진 조용한 방에서 집중적으로 일할 수 있었으며, 한 인터뷰가 끝난 뒤 곧바로 다음번 인터뷰에 돌입할 수 있었다. 비슷한 업무를 일괄적으로 처리하면 비슷한 정보를 다루는 몰입의 상태를 유지해 높은 생산성을 가지고 신속하게 일을 처리할 수 있다.

일괄 처리의 예시 몇 가지를 소개한다.

첫 번째, 다음번 광고 캠페인을 승인할 때는 다음 분기에 진행할 모든 광고 캠페인에 대한 결재를 한 번에 올려달라고 요청한다.

두 번째, 고객 방문은 매주 수요일과 목요일 오후로 몰아서 계획한다.

세 번째, 주간 블로그 게시물을 작성할 때는 한 달 중 특정한 날 오후를 잡아 4~5건의 게시물을 몰아서 작성한다.◆

완벽한 한 주 예시

	SUN	MON	TUE	WED	THU	FRI	SAT
6am	집중 시간						
7am							
8am	헬스클럽 및 커피						
9am	개인/가족 시간	집중 시간			코칭 전화	집중 시간	친구/가족과 함께하는 시간
10am							
11am		팀 회의				팀 회의	
12pm							
1pm		영업 전화	고객 미팅	고객 미팅	자유 시간	집중 시간	
2pm							
3pm							
4pm							
5pm	업무 마감						
6pm		개인 시간			아내와 데이트	개인 시간	
7pm							
8pm							
9pm	휴식						
10pm	수면						
11pm							

좋아하지는 않지만 꼭 해야 하는 업무(아마도 대체 사분면에 속한 업무)가 있다면, 특정한 날짜를 정해 일괄 처리하라. 그 시간 이외에는 그 일과 마주칠 필요가 없다는 생각이 들어 더 효과적으로 업무에 임할 수 있다. 사업가 중에는 재무 관련 업무를 싫어하는 사람이 많다. 그가 특정한 날을 잡아 재무 업무를 한꺼번에 처리한다면, 그 주나 그달의 나머지 날에는 자유로운 시간과 에너지를 누림으로써 한결 가치가 높고 본인이 더 좋아하는 일에 집중할 수 있다.

"예스"를 조심하고 "노"를 존중하라

내게는 레이첼Rachel이라는 친구가 있다. 고급 의류 소매점을 운영하는 그녀는 매우 목표지향적인 사업가다. 아이들의 어머니이자 한 남자의 아내로 바쁘게 살면서도 피트니스를 삶의 우선순위에서 내려놓지 않는다. 레이첼은 집중 건강 관리 프로그램인 '75 하드'에 참여해서 몇 달 동안 열심히 땀을 흘리기도 했다. 75 하드에 가입한 사람은 엄격한 식이 요법을 준수하고, 매일 40~50분간 운동하고, 10페이지에 달하는 글을 읽고, 진척 상황을 사진으로 촬영하고, 3리터의 물

● 물론 이 업무가 당신의 위임 사분면에 속해 있다면 다른 사람에게 맡길 수도 있다.

을 마시는 생활을 75일 동안 지속한다. 하루라도 그 과정을 건너뛰면 처음부터 다시 시작해야 한다.

가뜩이나 많은 책임을 떠안고 있는 레이철이 그 프로그램을 진행하기 위해서는 일정을 엄격하게 지켜야 했다. 일과를 방해하는 요소가 적지 않았던 그녀는 이 대목에서 약간의 어려움을 겪었다. 나는 레이철에게 '완벽한 한 주'의 개념을 공유했다. 자신의 집중력을 흩뜨리는 사람들에게 무조건 "예스"라고 말하기보단 "노"라고 단호하게 대답해야 한다는 사실을 그녀가 이해하기를 바랐다.

누구에게나 하루는 24시간뿐이다. 우리가 일정에 담긴 모든 시간을 흰색과 검은색으로 미리 칠해두지 않으면 갑작스러운 회의, 불쑥 찾아오는 방문자, 예상치 못한 심부름 같은 요청에 무조건 "예스"라고 대답하기 쉽다. 일정을 세심하게 설계하면 어떨 때 "노"라고 말해야 하고, 어떨 때 "예스"라고 대답할 수 있는지 알게 된다.

나도 때때로 계획을 바꾼다. 아내가 힘든 하루를 보냈거나 아이들이 아빠와 노는 시간을 더 많이 원할 때(또는 리처드 브랜슨이 스키 여행에 초대했을 때) 일정표를 변경한다. 하지만 한 주의 모든 일정을 미리 세워두면 계획을 바꿨을 때 무엇을 희생해야 하는지 정확히 파악할 수 있다.

한 주를 미리 설계한다고 해서 계획의 유동성이 전혀 없다는 말은 아니다. 단지 예상치 못한 상황이 생겼을 때(그런 일은 반드시 일어난다) 어떤 일정을 변경해야 손해가 덜한지를 즉시 알 수 있다는 뜻이다.

어떤 하루하루를 꿈꾸는가

내가 '완벽한 한 주'를 언급하면 창의적인 사람들은 삶이 너무 빡빡해질 것 같다고 우려한다. 지나치게 세심한 계획이 창의적 에너지의 숨통을 조일 거라는 것이다. 하지만 작은 비밀 하나를 이야기해 주겠다.

계획을 잘 세울수록 삶의 묘미, 즐거움, 창의성을 누릴 시간이 더 많이 생긴다.

삶에서 가장 중요한 활동을 미리 계획하면 하루가 궤도를 벗어나지 않도록 돕는 보호 장치를 마련한 셈이다. 자전거 타기, 아이들과 시간 보내기, 아내와의 데이트처럼 자기가 가장 좋아하는 일을 놓쳐서는 안 된다. 그러기 위해서는 '완벽한 한 주'라는 계획의 틀 안에 '모든 것'을 담아야 한다.

그뿐만이 아니다. 하루 일정에 여분의 시간이 생기면 시간을 내달라는 누군가의 갑작스러운 요청에 죄책감을 느끼지 않고 "예스"라고 답하기가 쉬워진다. 자신에게 가장 중요한 일은 이미 일정에 포함돼 있다는 사실을 알고 있기 때문이다.

최고의 성과를 내는 하루를 만드는 법

한 회사의 공동 설립자인 자카리아스Zacharias가 시간을 사용하는 방법에 관해 질문한 적이 있다. 그는 회사의 기술 부문을 담당하는 공동 설립자로서 비즈니스 기획과 기술 개발을 모두 책임지고 있었다. 자카리아스는 본인의 시간과 에너지가 양쪽으로 나뉘어 있던 상황에서 어떤 업무를 언제 처리하는 편이 효과적인지 알고 싶었다.

"비즈니스 기획과 코딩 업무에 어떻게 시간을 안배하는 게 좋을까요?"

"최고의 프로그램을 생산할 수 있는 시간에 코딩을 하세요." 나는 이렇게 대답했다.

일주일에 3일은 비즈니스 기획, 2일은 기술 개발과 같이 한 주에 비슷한 업무를 몰아서 처리하면 시간을 절약할 수 있다. 한 주의 업무를 미리 계획하면 에너지 측면에서 가장 효과적으로 일할 수 있는 방법으로 일정을 짤 수 있다.

4장에서는 '시간 및 에너지 검사'를 실시하는 법을 이야기했다. 이 검사를 완료한 사람은 자신이 하루를 보내는 동안 컨디션이 어떻게 달라지는지 그 패턴을 알게 될 것이다. 그 정보를 지침으로 삼아 에너지 흐름을 중심으로 한 주의 틀을 짜고 일정을 계획하라(잠시 뒤에 자세한 방법을 공개한다).

가령 다음과 같은 질문을 생각해 보라.

- 창의적 업무에 집중할 시간을 매일 몇 차례 일정에 넣을까?
- 한 주 중 특정한 날에만 고객 방문 일정을 잡아 마음의 준비를 하면 어떨까?

- 비슷한 업무를 묶어서 수행한다면 얼마나 많은 시간과 에너지를 바이백할 수 있을까?

나는 아이들이 태어나기 전에는 창의력이 필요한 업무를 주로 늦은 오후에 처리했기 때문에, 하루의 일정도 그렇게 잡았다. 하지만 아내가 두 개의 인간 자명종(에너지에 넘치는 두 아들)을 선물한 뒤에는 어쩔 수 없이 일정을 바꿔야 했다. 이제는 창의력을 요구하는 업무를 이른 아침 몇 시간 동안 해결한다. 그리고 점심시간 전후로 운동을 하며 에너지와 집중력을 끌어올린다. 사람들과 얼굴을 마주 보는 대면 회의, 줌 화상 회의, 직원 면담 등은 오후에 진행한다. 앞서 말한 대로 성격이 비슷한 업무는 최대한 몰아서 처리한다.

나는 매시간 집중해야 할 일을 미리 설계해 둔 덕분에 창의성을 요구하는 업무를 할 때는 이메일을 들여다보지 않고, 직원들과 일대일 면담을 할 때는 팟캐스트 인터뷰를 생각하지 않는다. 대신 누군가에게 시간을 내달라는 요청을 받으면 미리 세워둔 일정을 고려해서 그 시간을 적절한 곳에 끼워 넣는다(사실 그 일은 비서의 몫이다). 덕분에 내 시간뿐 아니라 다른 사람들의 시간도 최적화할 수 있다. 나는 창의성을 발휘해서 더 많은 결과를 생산하고, 회의 중에는 안건에 집중하고, 업무에 필요한 도구를 미리 준비해서 효과적으로 일한다. 게다가 이 일 저 일을 오가며 낭비하는 자투리 시간을 최대한 줄일 수 있으므로 더 많은 업무를 해내면서 더 일찍 집으로 돌아온다.

치과 의사, 변호사, 교수 같은 사람들이 근무 시간을 구체적으로 계획하는 이유는 업무적 효율성 때문만이 아니라 본인의 컨디션을 적절한 상태로 유지하기 위해서다. 그들은 두뇌가 최적의 상태일 때 더 나은 진단을 내리고, 의뢰인을 훌륭하게 변호하고, 학생들에게 더 좋은 강의를 할 수 있다. 그들은 최고의 성과를 거둘 수 있는 방향으로 하루 일정을 자기 주도적으로 설계한다.

완벽한 한 주 설계하기

'완벽한 한 주'를 설계할 때 염두에 두어야 할 몇 가지 팁이 있다.

첫 번째, 시행착오를 신경 쓰지 말고 반복하라. 한 주의 일정을 처음부터 완벽하게 세우는 사람은 없다. 일정을 세워도 계획대로 이루어지지 않을 가능성이 더 크다. 하지만 이 작업을 거듭하면 두세 주 안에 일정을 짜는 실력이 진전되는 놀라운 경험을 거둘 수 있다. 지난 몇 년 동안 줄곧 이 방법을 사용해 온 나도 여전히 시행착오를 겪는다. 당장 완벽한 한 주를 보내야겠다고 생각하지 말고, 약간의 시간과 에너지를 소비하더라도 부족한 부분을 개선하며 앞으로 나아가야 한다.

두 번째, 당신의 '완벽한 한 주'를 존중하라. 완벽한 한 주의 단점은 모든 일정이 지나치게 촘촘히 짜여 있다는 것이다. 업무 사이에 버퍼 타임이 없어서 하루가 매우 빡빡하게 돌아간다. 따라서 조금이라도 시간을 어기면 하루 전체가 엉망이 될 수도 있다. 회의 시간이 늘어지거나 고객 방문에 예상보다 많은 시간을 소비하면 나머지 일정에도 영향을 간다. 그러므로 완벽한 한 주를 설계했으면 이를 최대한 존중하라.

세 번째, 시간보다는 에너지가 중요하다. 시간을 절약해서 얻는 혜택보다 에너지를 절약해서 얻을 수 있는 혜택이 훨씬 크다. 비즈니스 코치 마이클 하얏트Michael Hyatt는 '완벽한 한 주' 방법론을 통해 자기가 그토록 싫어하는 회의에 효과적으로 대처할 방안을 찾았다. 내성적인 성격의 소유자인 그는 사람들과 얼굴을 마주 보고 진행하는 회의에 참석하면 에너지가 줄어들고 다른 가치 있는 업무에 쏟을 시간을 빼앗긴다고 느꼈다. 하지만 회사의 CEO로서 회의 참석은 필수였다. 결국 그는 주간 일정을 세우면서 특정한 날에만 회의를 진행하기로 했다. 그리고 회의할 일이 생기면 반드시 그날에만 일정을 잡아야 한다고 비서에게 말했다. 덕분에 하얏트는 그날을 제외한 나머지 날들은 맑은 정신으로 창의성을 발휘할 수 있게 됐다.

네 번째, 중요한 일을 먼저 일정에 반영하라. 스티븐 코비는 이렇게 말했다. "핵심은 당신의 일정을 우선순위에 담는 것이 아니라 우선순위를 일정에 담는 것이다." 한 주를 설계할 때는 가장 중요한 일 먼저 일정에 포함해야 한다. 그 말은 개인적·직업적 삶을 포괄하는 모든 중요한 활동, 즉 운동, 회의, 배우자와 시간 보내기, 프로젝트 관련 업무 등을 우선적으로 계획해야 한다는 뜻이다. 그 모든 것을 먼저 일정에 반영하라. 다른 일정을 다 세운 뒤에 뒤늦게 끼워 넣으려 하면, 분명 중요한 일임에도 불구하고 미루거나 취소하게 될 수 있다. 그렇게 되면 그 밖의 다른 성취를 얻기 힘들어진다. 게다가 필수적인 활동을 빠짐없이 일정에 포함하는 사람은 '완벽한 한 주'의 또 다른 혜택을 누릴 수 있다. 자기가 위임, 대체, 투자, 생산 사분면 중 어디에 속한 일로 시간을 보냈는지 금방 알아낼 수 있는 것이다. 마치 '시간 및 에너지 검사'를 상시 실시하는 것과 비슷한 효과라고 할 수 있다.

다섯 번째, '나머지'도 모두 일정해 포함하라. 꼭 업무와 관련된 일정이 아니더라도 필요한 모든 활동을 미리 계획에 넣어야 한다. 나는 점심 약속, 인터뷰, 집중이 필요한 업무, 아내와의 데이트 같은 모든 일을 반영한다. 이 작업을 마치면 꽤 촘촘해진 일정표가 탄생한다.

여섯 번째, 비슷한 업무는 몰아서 처리하라. 특정한 업무에는 특정한 두뇌 공간이 필요하다. 게다가 성격이 다른 업무를 수시로 넘나들면 자투리 시간도 낭비된다. 비슷한 성격의 일을 몰아서 처리하면 장소나 환경을 바꿀 필요 없이 집중력을 유지한 채 업무에 임할 수 있다(기억하라. 일괄 처리는 당신이 싫어하지만 꼭 처리해야 하는 업무나 남의 손에 넘기기에는 아직 이른 업무를 수행할 때 특히 유용하다).

연구에 따르면 소규모 회사를 운영하는 사업가일수록 많은 시간을 낭비한다. 그들이 한 주에 헛되게 소모하는 시간은 평균 22시간에 달한다.[3] 그들은 남에게 맡길 수 있는 업무를 혼자 해내고, 소셜 미디어에 빠지고, 비효율적인 회의로 시간을 흘려보낸다. '완벽한 한 주' 일정을 세우면 여러 업무를 이리저리 넘나들 때 낭비되는 시간을 줄일 수 있다. 그렇다고 좋아하는 유튜브 채널을 시청하는 30분의 시간마저 없애라는 말은 아니다. 그 시간이 당신의 한 주를 망치지는 않을 테니까.

당신을 망치는 것은 생산성을 놓쳤다는 좌절감이다.

한 주를 미리 계획하는 작업은 그다지 중요하지 않아 보인다. 하지만 '반드시 완료해야 하는 일'을 수행하는 데 필요한 시간적·심리적 여유를 제공한다. 일정을 계획하는 습관을 장기간 유지해 여기저기서 조금씩 바이백한 시간은 세월의 흐름에 따라 생산 사분면에 점차 쌓이게 될 것이다.

다섯 가지 바이백 요점 ─────

1. 우리는 시간을 내어 달라는 주변의 요청에 수동적으로 반응할 수도, 자기 주도적으로 반응할 수도 있다. 수동적인 사람은 갑작스러운 요청을 받아도 그에 맞춰 자신의 시간을 내준다. 자기 주도적인 사람은 자기가 미리 세워둔 일정에 따라 특정 시간대를 지정해서 요청을 받아들인다.

2. 한 주의 일정을 자기 주도적으로 설계하면 더 많은 일을 해낼 수 있다. 게다가 가장 중요한 일을 우선적으로 완료할 수 있다. 모든 것이 이미 일정에 있기 때문이다.

3. 업무가 바뀌면 에너지의 흐름도 바뀐다. 팟캐스트 인터뷰에는 특정한 형태의 에너지가 필요하고, 재무 보고서를 검토할 때는 또 다른 형태의 에너지가 요구된다. 비슷한 업무를 같은 날에 몰아서 처리하면 업무를 이리저리 바꿀 때 낭비되는 시간과 에너지를 최소한으로 줄일 수 있다.

4. '완벽한 한 주'를 계획할 때는 최고의 업무 성과가 보장되도록 에너지 흐름을 중심으로 일정을 수립해야 한다.

5. 일정을 세심하게 계획해 두면 어떤 요청에 "노"라고 대답하고, 어떤 요청에 "예스"라고 할 수 있는지 알게 된다.

이제 여러분도 '완벽한 한 주'를 설계할 때가 됐다. 아직 '시간 및 에너지 검사'를 완료하지 않은 독자가 있다면 이 책의 4장으로 돌아가 그 작업을 먼저 마치기를 권한다. 검사를 끝낸 사람은 '완벽한 한 주'를 설계해 보라.

다시 말하지만, 비슷한 업무를 일괄적으로 처리하면 시간뿐 아니라 에너지를 최적화하는 데도 도움이 된다.

9장 절약

나는 쉽고 빠른 해결책Hack이라는 말을 싫어한다. 내 목표는 독자 여러분의 삶에 근본적으로 도움이 될 만한 지혜를 제공하는 것이다. 쉽고 빠른 해결책은 그런 성과를 거의 안겨주지 못하고, 공허한 약속과 기대에 미치지 못하는 결과로 마무리되는 경우가 많다.

하지만 솔직히 말하겠다. 당신과 당신의 회사를 송두리째 바꾸고 예상보다 훨씬 많은 시간을 바이백하게 해줄 신속한 해결책이 분명히 있다. 아래의 네 가지 도구는 절대 공허한 약속이 아니다.

1. 50달러짜리 마법의 약
2. 동기화 회의
3. 완료의 정의
4. 1:3:1 규칙

해결책 1 - 50달러짜리 마법의 약

프로 볼링 선수가 레인에서 공을 던지면 대부분의 핀이 쓰러진다. 하지만 여덟 살 난 내 아들이 공을 굴리면 공은 곧장 레인 옆의 홈을 향한다. 그래서 나는 아이를 위해 범퍼를 세워준다(아이들을 위한 볼링장에서는 공이 홈에 빠지지 않도록 레인 양옆에 범퍼를 세울 수 있다-옮긴이). 내 아들은 범퍼 덕분에 프로 선수 못지않은 실력을 발휘한다.

범퍼를 세우듯이 직원들을 위해 세심하게 설계된 몇몇 규칙을 세워두면, 경험이 부족한 사람들도 조직에 큰 지장을 주지 않고 창의적으로 문제를 해결할 수 있다.

가령 내가 우리 회사에 세운 규칙 하나는 문제가 생기면 승인 절차를 받을 필요 없이 500달러 내외의 회사 자금으로 직원 스스로 문제를 해결할 수 있다는 것이다. 내가 소유한 회사를 운영하는 CEO들에게는 이 금액이 5,000달러로 뛴다(이 비용을 사용했다면 다음 번 회의에서 내게 알려줘야 한다). 앞서 언급했던 편집자 폴도 자기 비서를 위해 비슷한 규칙을 세워뒀다. 그가 정한 금액 한도는 50달러다.

얼마인지는 중요하지 않다. 중요한 것은 원칙이다. 이러한 규칙으로 인해 직원들이 하는 업무의 방향성이 바뀐다. 사업가의 개입 없이도 직원이 알아서 문제를 해결할 수 있다면 사소한 일에 발목 잡힐 이유가 없다.

50달러가 됐든 500달러가 됐든 조직 내의 모든 사람이 스스로 효율적으로 문제를 해결할 수 있는 자원을 제공하라.

해결책 2 - 동기화 회의

앞서 언급한 리처드 브랜슨과 그의 비서 한나의 이야기를 기억하는가?

브랜슨이 비서와 진행하는 업무에서 가장 중요한 대목은 두 사람이 매일 함께하는 '동기화 회의'Sync Meeting다. 그들은 매일 아침 조식 자리에서 만나 브랜슨의 결정이나 지시가 필요한 회의, 이메일, 일정, 기타 업무를 한 시간 정도 상의한다. 한나가 처리하기 어려운 일회성 업무가 생겼다면 브랜슨이 방향을 잡아준다. 그런 일회성 업무의 목록은 시간이 흐를수록 줄어든다. 브랜슨이 각각의 상황에 어떻게 대처하고 어떤 의사 결정을 내릴지 한나가 알게 되기 때문이다.

내가 내 비서에게 기대하는 바도 비슷하다. 그녀는 내가 어떻게 위기에 대처하는지 알고 있으므로 나 없이도 충분히 의사 결정을 내릴 수 있다. 나는 모든 중요한 프로젝트나 의사 결정이 내가 직접 처리한 것처럼 순조롭게 이뤄지기를 바란다.

게다가 이 모든 일을 다 해냄과 동시에 시간을 바이백하기를 원한다. 이를 가능케 해주는 신속한 해결책이 비서와 매일(또는 일주일에 한 번) 진행하는 동기화 회의다.

비서는 시간의 흐름에 따라 사업가의 의사 결정 방식을 이해하고 숙지하게 된다. 우리가 더 긴밀한 관계를 구축할수록 나는 더 많은 업무를 비서에게 맡길 수 있다. 그녀가 내 업무 처리 방식을 잘 알고 있기 때문이다.

나는 비서와 동기화 회의를 할 때 7가지의 주요 안건을 중심으로 회의를 진행한다. 회의는 이틀에 한 번씩 30분간 이뤄지며, 회의마다 7개의 안건을 하나씩 검토한다. 회의가 거듭될수록 나의 의사결정과 그녀의 자율적 조치 사이에 일관성이 생긴다. 7가지 안건은 다음과 같다.

첫 번째는 업무를 비서에게 이전하는 안건이다. 해야 할 일, 필요한 조치, 확인 및 점검을 요구하는 사항이 생길 때마다 직접 목록을 작성해서 보관한다. 그리고 비서와 동기화 회의를 하기 전까지 이 목록을 수시로 갱신한다. 회의가 시작되면 이 목록에 적힌 모든 항목을 비서에게 넘기고, 그녀는 이를 바탕으로 업무를 진행한다.

두 번째는 일정 검토 안건이다. 향후 2주간의 내 일정표를 함께 검토한다. 어떤 일정을 더하고 제외할지, 어떤 업무에 더 많고 적은 시간을 할애할지 상의한다.

세 번째는 진행 상황에 관한 안건이다. 비서는 지난 동기화 회의 이후에 진행된 모든 회의 기록을 보관한다. 나는 그 회의에서 참석자들이 실행하기로 했던 항목들의 현재 진행 상황을 확인한다.

네 번째는 내가 해야 하는 일에 대한 안건이다. 내가 직접 완료해야 할 업무를 검토한다. 비서는 관련 문서, 이메일, 메시지를 포함해서 그 업무에 관한 모든 정보를 온라인 문서 편집기의 링크를 통해 내게 전달한다.

다섯 번째는 프로젝트 피드백 안건이다. 비서는 자신에게 맡겨진 프로젝트나 업무의 목록을 하나하나 짚어가며 진행 상황을 알려주고, 문제점을 논의하고, 완료된 업무가 있으면 보고한다(당신이 "이 일 처리했나요?"라고 먼저 묻지 않아도 되는 날을 상상해 보라).

여섯 번째는 이메일 안건이다. 비서는 고객에게 입수한 영업 기회, 자기가 어떻게 조치해야 할지 잘 모르겠는 메시지, 내 답변이 필요한 이메일을 모두 내게 전달한다.

마지막 안건은 댄(당신)을 위한 질문이다. 앞서 모든 안건이 30분 안에 완료되면, 비서는 내 현재 상태를 파악하고 나를 더 잘 도울 방법을 찾기 위해 이렇게 묻는다.

"댄, 오늘은 기분이 어때요?"

"휴식은 잘 취하셨나요?"

"혹시 고민이나 문제가 있나요?"

비서는 시간이 흐르면서 내가 의사 결정을 내리는 방식이나 이유를 파악한다. 이에 따라 동기화 회의에서 '이메일'과 '댄을 위한 질문'을 다루는 시간은 줄고 '프로젝트 피드백' 안건을 다루는 시간이 늘어난다.

우리가 회의에서 주고받는 모든 정보는 비서가 온라인 문서 편집기의 파일로 보관한다. 그녀는 동기화 회의를 마친 뒤에도 관련 링크와 문서를 계속 갱신해 나가고, 이를 바탕으로 다음번 회의를 진행한다. 덕분에 논의가 필요한 모든 주제를 회의에서 다룰 수 있다. 지난 몇 년간 이 '동기화 회의' 모델을 사용한 내 비서는 최근 이렇게 말했다. "우리가 회의에서 이야기할 모든 주제는 7가지 안건 어딘가에 포함돼 있죠."

또 이 모델은 새로 입사한 비서가 업무를 신속하게 익히는 데도 큰 도움이 된다. 이 책을 쓰는 동안 내 메인 비서가 새로운 기회를 찾아 다른 곳으로 자리를 옮기고 다른 사람이 채용됐다. 내가 운영하는 회사가 여럿인데다, 부하 직원의 수도 많고, 수많은 회의로 일정표도 빡빡한 상황에서, 새로 입사한 비서가 업무를 따라가려면 여러 주가 걸릴 듯했다. 하지만 그녀는 2주 만에 모든 일을 완벽히 처리할 수 있게 됐다.

해결책 3 - 완료의 정의

많은 사업가를 위험에 빠트리는 생각이 있다. '이 일을 제대로 해낼 사람은 아무도 없어.' 그 문제를 손쉽게 해결할 방안을 하나 소개한다. '완료의 정의'Definition of Done, DoD를 활용하는 것이다.● '완료의 정의'란 무엇을 어떻게 할지에 맞춘 업무 지시와 별개로 해당 지시가 완료됐을 때 얻게 될 결과를 상세히 서술하는 것이다. 나는 이 방법을 내가 내리는 모든 지시에 활용하며, 직원들에게도 활용하기를 권한다. 가령 비서에게 화이트보드를 하나 구매하라고 말할 때 이런

● 소프트웨어 개발 분야에서 일하는 사람들은 이것이 SCRUM이라는 프로젝트 관리 방법론에서 빌려온 개념이라는 사실을 잘 알 것이다.

DoD를 전달한다.

"이 업무가 완료됐다는 말은 내 사무실 벽에 화이트보드가 걸려 있고, 네 가지 색깔의 마커 펜(빨강, 초록, 파랑, 검정)과 마커 지우개가 준비된 상태를 뜻합니다."

이렇게 단순한 사례에서는 빠르고 간단한 한 줄의 정의가 DoD의 전부다. 반면 업무의 규모가 좀 더 크고 복잡한 경우에(가령 재무보고서가 필요할 때) DoD에는 다음 세 가지 요소가 포함되어야 한다.

- 사실 관계: 반드시 달성해야 하는 핵심 목표는 무엇인가? 어떤 측정 기준을 바탕으로 목표 달성을 측정할 것인가?
- 느낌: 당신과 다른 직원들이 어떤 느낌을 받아야 이 업무가 완료됐다고 판단할 수 있나?
- 기능: 이 업무가 완료되면 어떤 일이 가능해야 하나?

재무 보고서를 맡길 때 DoD에는 이렇게 기록될 수 있다.

- 1월 1일까지 보고서가 제출돼야 한다. (사실 관계)
- 내가 보고서에 담긴 정보가 정확하다고 확신해야 한다. (느낌)
- 누구나 그 보고서에서 필요한 데이터를 추출할 수 있어야 한다. (기능)

얼마나 효과적인 방법인가?

물론 그 일을 맡은 직원은 내가 제공한 DoD에 이런 의문을 품을 수 있다. "그 보고서를 읽을 사람은 누구이며, 그들에게 어떤 데이터가 필요한가?" 바로 이것이 우리가 DoD를 활용해야 할 또 하나의 중요한 이유다. DoD를 통해 업무를 수행하는 데 필요한 정보를 사전에 교환하면 목표를 달성시키지 못하게 하는 문제를 미리 파악해서 더 신속하게 일을 처리할 수 있기 때문이다.

따라서 직원들에게 업무를 요청할 때는 가장 먼저 정확한 DoD를 전달해야 한다. 직원들은 당신이 무엇을 원하는지 알게 돼 더욱 반길 것이며, 당신은 원하는 결과물을 손에 넣게 된다.

구체적인 지침을 전달하는 문화가 일상으로 자리 잡으면 직원들이 먼저 DoD를 요청할 수도 있다. 예컨대 당신이 구체적인 지침이나 방향을 제시하지 않고 직원들에게 뭔가를 요구했을 때, 그들은 이렇게 물을지도 모른다. "이 업무의 DoD는 뭔가요?"

해결책 4 - 1:3:1 규칙

다음으로 소개할 해결책은 '1:3:1 규칙'이다. 이 방법을 처음 생각해낸 친구 브래드 페더슨Brad Pedersen은 지속가능성을 추구하는 소비재기업 펠라Pela를 공동으로 설립한 연쇄 창업가다. 이 회사가 내세우는 캐치프레이즈는 "매일같이 배출되는 쓰레기 없이 매일같이 사용하는 제품"이다.[1]

브래드는 그동안 사업가의 삶을 살아오면서 '위로 떠넘기기 문화'에 염증을 느꼈다. 직원들은 온갖 문제를 들고 와 CEO인 브래드의 무릎 위에 쏟고 가버렸다. 그 문제들은 브래드에게서 소중한 시간과 에너지를 빼앗아 갔다. 그는 좀 더 크고 중요한 문제를 해결하는 데 전념하고 싶었지만, 사소만 문제가 계속 발목을 잡았다.

브래드는 직원들이 자신에게 문제를 떠넘기는 것을 제한하기 위해 1:3:1 규칙을 고안했다. 어떤 직원이든 도움을 요청하려면 해당 사안을 하나의 문제(연관성도 없는 잡다한 문제가 아닌)로 압축해야 한다. 그리고 그 문제를 해결하기 위한 현실적 방안 세 가지를 찾아서 들고 와야 한다. 마지막으로 세 가지 선택지 중에 본인이 가장 적합하다고 생각하는 한 가지 권고안을 반드시 브래드에게 제시해야 한다.

1. 해결해야 할 문제를 '한 가지'로 압축한다.
2. 현실성 있는 '세 가지' 해결책을 찾아낸다.
3. 해결책 중 '한 가지' 권고안을 제시한다.

브래드는 직원들에게 창의적으로 사고할 수 있는 교육 기회를 제공했고, 각자의 판단에 맞게 의사 결정을 내릴 수 있도록 권한을 위임했다. 모든 업무에서 가장 중요한 능력인 문제 해결 기술을 가장 간단한 방법으로 직원들에게 가르쳤다.

자유와 시간을 되찾기 위해 에고를 깨뜨려라

네 가지 해결책은 시간과 에너지를 절약해 준다. 하지만 이 방법을 이용해서 더 많은 자유와 시간을 되찾고 싶다면 본인의 에고를 과감히 포기해야 한다. 내가 개입해야 업무가 잘 돌아간다는 생각을 버려라. 지금까지 이야기한 쉽고 빠른 해결책은 사업가가 업무에 직접 개입해서 문제를 해결할 필요성 자체를 없애준다. '50달러짜리 마법의 약'을 잘 활용하면 웬만한 문제는 직원들이 알아서 해결하도록 맡길 수 있다. 또 직원들에게 '1:3:1 규칙'을 지키라고 말하면 그들은 알아서 해결책을 찾아낼 것이다.

모든 문제를 척척 해결하는 슈퍼맨이 되고 싶은 욕구는 중독성마저 강하다. 하지만 당신이 문제를 직접 해결하면 다른 직원에게서 문제 해결의 학습 기회를 빼앗는 것이다. 그런 일이 거듭되면 직원들은 점점 더 당신에게만 의존하게 된다. 그 결과, 지식과 전문성이 당신에게 쏠리는 결과가 나타난다. '위로 떠넘기기'라는 끝없는 악순환의 고리가 만들어진 것이다. 처음에는 그런 상황을 어느 정도 관리할 수 있겠지만 결국은 조직의 모든 사람이 문제를 떠넘기게 돼 한계를 맞닥뜨리게 된다. 누가 그런 악몽 속에서 살아가고 싶어 할까?

모든 문제를 해결할 최고의 적임자는 당신이 아니다. 당신의 임무는 다른 누군가에게 그 역할을 맡기는 것이다.

마케팅 담당자가 광고 캠페인 계획을 들고 당신을 찾아왔다면, 당신보다 소셜 미디어를 더 잘 이해하는 사람은 바로 그 직원 아

244

닐까?

비서가 어느 회사의 소프트웨어를 사용해야 하느냐고 묻는다면, 어떤 제품이 더 나은지는 비서가 더 잘 알지 않을까?

광고 담당자가 광고 문구에 대해 질문했다면, 그 문구에 관한 의사 결정을 더 잘 내릴 수 있는 사람은 바로 그 직원 아닐까?

물론 당신도 몇 가지 업무에서는 남들보다 뛰어날 수 있다. 아마 여러 방면에서 능력이 출중할지도 모른다. 하지만 모든 업무에서 최고일 수는 없다.

사업가라면 자신의 에고를 부수고 4E라 불리는 해결책을 꾸준히 활용해야 한다.

첫 번째 E는 권한 위임Empowerment이다. 문제 해결의 권한을 위임하면 직원들이 알아서 해답을 찾는다. 더 중요한 사실은 그 과정에서 직원들이 스스로 해답을 찾을 수 있다는 자신감을 쌓게 된다는 것이다.

두 번째 E는 탐구Exploration다. 당신이 모든 직원에게 해결책을 찾아오라고 요구하면, 조직 내에는 창의적인 사고방식이 들불처럼 번진다.

세 번째 E는 책임 배분Equity Distribution이다. 직원들이 당신에게 권고안을 제시하고 당신이 그 의견을 받아들였을 경우, 그들이 제안한 아이디어가 실패로 돌아가면 당신뿐 아니라 그들도 책임을 나눠 가진다.

네 번째 E는 효율적 생산성Effective Productivity이다. 이 장에서 논의한 해결책을 직속 직원들에게 적용하면 그들도 자신의 직원을 위해 같은 방법을 사용한다. 덕분에 모든 사람이 더욱 큰 생산성을 발휘하게 된다.

생산적인 삶을 살고 싶은 사람이라면 자신의 에고를 내려놓아야 한다. 그보다 더 쉽고 빠른 해결책은 없다.

다섯 가지 바이백 요점 ─────

나는 '쉽고 빠른 해결책'이라는 말을 별로 좋아하지는 않는다. 하지만 당신의 시간과 에너지를 절약해 줄 몇 가지 방법이 있다.

1. 50달러짜리 마법의 약: 모든 직원이 당신의 개입 없이도 직접 문제를 해결하도록 일정 금액을 마음대로 사용할 수 있게 하라.

2. 동기화 회의: 수많은 업무의 홍수 속에서 방향을 잃지 않기 위해서는 당신의 비서와 정기적으로 동기화 회의를 진행해야 한다. 앞서 설명한 동기화 회의 안건 7가지를 참조하면 시간을 절약할 수 있을 것이다.

3. 완료의 정의: 누군가에게 업무나 책임을 맡길 때는 그 업무를 완료할 때의 정의가 무엇인지를 설명하는 DoD를 제공하라. DoD에는 사실 관계, 느낌, 기능의 세 가지 요소가 포함돼야 한다.

4. 1:3:1 규칙: 조직 내에서 '위로 떠넘기기' 문화의 확산을 막으려면 한 번에 하나의 문제로 논의 사안을 압축하고, 세 가지 해결책을 도출하고, 그중 한 가지 권고안을 제시하라고 모든 직원에게 요구하라.

5. 위의 네 가지 쉽고 빠른 해결책을 도입하려면 먼저 본인의 에고를 내려놓아야 한다. 다른 직원에게 업무와 책임을 맡길 때

는 "당신도 충분히 할 수 있습니다."라고 말하며 전지전능한 구세주의 자리에서 스스로 물러나라.

실전 매뉴얼 ─────

이 장의 과제는 지금까지 설명한 쉽고 빠른 해결책 중 한 가지를 선택해서 이번 주 내로 실천에 옮기는 것이다.

- 이미 비서가 있는 사람은(당신에게는 반드시 비서가 있어야 한다!) 미리 짜둔 틀에 따라 안건을 정해서 주기적으로 동기화 회의를 진행하라.
- 당신의 직원들에게 문제를 해결하는 데 필요한 일정 금액을 지급하고 그 돈을 어떻게 쓸지는 아무것도 묻지 마라(50달러 짜리 마법의 약).
- 일을 맡길 때는 명확한 DoD를 제시하라(사실 관계, 느낌, 기능 등 세 가지 요소를 반드시 포함해야 한다).
- 누군가가 문제를 들고 찾아오면 1:3:1 규칙에 따라 필요한 조치를 마친 뒤에 다시 와달라고 정중하게 부탁하라.

10장 채용

몇 년 전, 나는 뉴욕에서 크림이 가득한 비건 아이스크림을 맛있게 먹었다. 그 아이스크림이 얼마나 맛있었는지, 열량이 얼마였는지, 건강에 어떤 도움을 주는 제품이었는지 설명할 수도 있겠지만, 그보다 중요한 대목은 그 아이스크림을 '누구와' 먹었는지다. 바로 세스 고딘 Seth Godin(미국의 유명 작가 겸 기업인-옮긴이)이었다.

고딘은 〈뉴욕타임스〉 베스트셀러 《보랏빛 소가 온다》와 《더 딥》을 저술한 이 시대 최고의 마케팅 전문가다. 그렇게 지적 능력이 뛰어난 사람에게 뭔가를 배울 기회를 얻었다면, 그가 하는 말을 마음속 깊이 메모해야 한다.

나는 당시 운영 중이던 회사 클래리티에서 채용 인력을 선택하는 방법에 관해 고딘에게 설명했다. 클래리티를 설립하기 전까진 채용 과정이 간단했다. 우리 회사에 적합한 사람인지 판단하고, 어떤 기술이 있는지 묻고, 연봉을 협상하는 것이다.

나는 고딘과 이야기를 나눌 기회를 얻기까지 내 채용 전략에 대해 나름대로 열심히 고민했다. 그날 고딘은 내게 훌륭한 조언을 많이 들려줬지만, 이 짧은 문장처럼 충격적인 말은 없었다. "나는 누군가를 채용할 때가 되면 한 가지 간단한 규칙을 세웁니다. '직접 일해보기 전까지는 어떤 사람인지 알 수 없다.'는 겁니다."

세스 고딘은 단순하면서도 핵심적인 한 가지 개념을 정확히 짚었다. 왜 직원을 뽑을 때 그 사람이 얼마나 좋은 성과를 거둘지 신중히 고려하지 않고 선불리 수천 달러를 투자하는가? 삶에 중요한 투자를 할 때 본인이 어떻게 행동하는지 돌아보길 바란다.

- 집을 구매하기 전에는 집 안 여기저기를 확인하고 살펴본다.
- 결혼하기 전에는 상대방과 데이트를 한다.
- 차를 사기 전에는 시험 운전을 한다.

당신이 채용한 직원이 성과를 내는 데 실패하면 교육이나 급여에 수십만 달러의 비용이 낭비된다. 어떤 직원이 3개월이라는 시간을 보낸 뒤에도 회사에 아무런 가치를 제공하지 못했다면 그 사람에게 제공한 월급이나 시급, 업무를 빨리 숙지할 수 있도록 투자한 자원은 모두 물거품이 된다. 하지만 그 정도 금액은 그 직원이 가져올 수 있는 끔찍한 결과에 비하면 별게 아니다. 잘못된 직원을 채용하면 회사의 고성과자들에게도 매우 부정적인 영향을 미칠 수 있기 때문이다.

A급 직원은 A급 직원과 일하고 싶어 한다

직원을 잘못 채용했을 때 일어나는 가장 큰 손실은 고객에게 미치는 영향이다. 나는 뼈아픈 경험을 통해 그 사실을 배웠다.

예전에 스페릭을 운영할 때 비누, 샴푸 등 다양한 소비재를 제조 및 판매하는 프록터 앤드 갬블Procter & Gamble, P&G과 '꿈의 프로젝트'를 진행할 기회를 얻었다. 이런 유명 기업과 계약을 맺었다는 사실만으로도 우리 회사의 영향력을 한층 키워나갈 기회였다. 무엇보다 프로젝트의 내용이 환상적이었다. P&G는 당시 업계에서 개발되지 않은 몇 가지 기술을 필요로 하고 있었다. 그들은 우리 회사가 P&G를 위해 그 기술을 개발하도록 비용을 투자하고, 우리가 개발한 기술을 나중에 제품화해서 판매할 수 있도록 지적 재산권도 우리에게 넘기기로 했다. 꿈만 같은 시나리오였다.

20대 초반이었던 나는 이런 굵직한 프로젝트의 기술 분야를 담당할 노련한 관리자가 필요하다고 생각했다. 그래서 나보다 소프트웨어 개발 경력이 풍부한 체이스Chase라는 직원을 채용했다. 나는 그에게 프로젝트를 넘기고 별다른 개입을 하지 않았다. 그로부터 4개월이 지난 뒤에 P&G에서 전화가 걸려 왔다.

"댄, 체이스가 당신과 당신 회사를 난처하게 만듭니다. 제대로 일은 하지 않고 사람들과 충돌만 일으키네요. 더 이상 그와 함께 일하지 못할 것 같습니다."

그 전화를 받은 뒤에 우리는 프로젝트를 할 수 없게 됐다. 지적 재산권은 물론이고 고객까지 잃어버렸다. 게다가 나는 체이스가 회사를 떠날 때까지 적지 않은 급여를 지급해야 했다.

나처럼 뼈아픈 실패 속에서 어떤 교훈을 얻을지는 당신에게 달렸다. 처음부터 완벽한 사람을 채용할 수는 없다. 하지만 내가 지금껏 개발하고 실험한 몇 가지 기본 원칙을 활용하면 조금 더 나은 결과를 얻을 수 있을 것이다. 나는 지난 몇 년 동안 이 지침을 따라 수백 명의 직원을 성공적으로 채용했고, 덕분에 더 많은 시간을 바이백할 수 있었다.

1. 명확한 기준을 세우라.

사업가는 직원들에게 최고의 성과를 기대한다. 즉, 그들이 선구안과 통찰력을 가지고 문제를 해결하기를 바란다. 본인이 그런 사람이었으니 직원들도 그래 주기를 바라는 것이다. 대부분의 사업가는 눈앞의 문제를 척척 풀어내는 맥가이버 같은 사람이 되도록 스스로를 훈련시킨다. 모든 사람이 평범한 쇳조각을 바라볼 때 사업가는 그곳에서 예술을 발견한다. 다른 사람들이 한 줄의 프로그램을 생각할 때 사업가는 소프트웨어를 떠올린다. 누군가는 뒤죽박죽 섞인 수많은 단어를 바라볼 뿐이지만 그들은 한 권의 책을 생각한다. 하지만 이런 생각으로 누군가를 채용하면 오히려 부정적으로 작용할 수도 있다.

당신에게 필요한 사람이 세계 최고 수준의 영업 직원이라면 아마도 면접자가 세계 최고의 영업 직원처럼 보일 것이다(심지어 그 면접자가 마케팅 일을 하고 싶다는 의사를 밝혀도 당신은 신경 쓰지 않는다. 당신은 그의 이력서에 있는 한 줄짜리 영업 경력에만 신경을 쓸 뿐이다).

본인과 조직을 위해서라도 어떤 사람을 채용해야 하는지 명확한 기준을 세워야 한다. 앞서 이야기한 '대체 사다리'가 도움이 될 수 있다. 각 업무에서 직원이 져야 할 책임을 고려해 그 업무를 가장 잘할 수 있는 직원을 채용하라. '대체 사다리'와 상관없는 직원을 뽑을 때도 어떤 사람을 채용해야 하는지 분명한 기준을 정해야 한다. 채용할 직무를 정확히 파악하면 '장점은 많지만 실무에 도움은 안 되는' 사람에게 한눈팔지 않고 적임자 채용에 집중할 수 있다.

2. 큰 그물을 던져라.

학생이 많은 고등학교 운동부일수록 실력이 뛰어난 선수가 많다. 올림픽 경기가 사람들을 즐겁게 하는 이유도 그 때문이다. 선택지가 많을수록 원하는 목표를 달성할 확률도 높아진다. 큰 물고기를 잡으려면 큰 그물을 던져야 한다.

물론 제대로 된 한 명을 채용하기 위해 많은 사람을 검토하는 것은 힘들다. 하지만 몇 가지 쉽고 빠른 방법이 있다. 구직자들에게 접근할 수 있는 몇 가지 루트를 소개하겠다. 사내에 채용 담당자를 고용할 형편이 된다면 그렇게 하라. 그렇지 않다면 직접 이 프로세스를 거쳐야 한다. 장담하건대 시간을 들인 만큼 충분한 대가를 얻을 수 있다.

처음으로 찾아가야 할 곳은 회사에서 일하는 'A급 직원들'이다.

가장 우수한 직원들에게 각자의 소셜 미디어 계정을 이용해서 후보자를 알아봐 달라고 부탁하고, 그들이 어떤 사람과 함께 일하고 싶은지 물어보라. A급 직원은 A급 직원과 일하고 싶어 한다. 직원들에게 동기를 부여하고 그들의 네트워크를 활용하라.

그다음엔 '구인 구직 사이트'를 이용해야 한다. 능력이 출중한 채용 후보자는 구직 활동을 하지 않는다고 말하는 사람이 있다. 그건 사실이 아니다. 나는 뛰어난 사람들이 좋은 취업 기회를 기다리는 모습을 수없이 목격했다. 회사가 필요로 하는 인력에 관한 구인 정보를 여러 사이트에 동시에 게시할 수 있다.

최고의 후보자는 늘 '다른 곳에서' 일하고 있는 법이다. 당신이 존경하는 회사, 우수한 교육 프로그램과 모범적인 채용 관행을 운영하는 회사를 고르라. 그리고 그 회사에서 일하는 직원들에게 물어보라. "가장 뛰어난 제품 관리자는 누군가요?" "누가 최고의 영업 직원인가요?" "당신이 일해 본 가장 우수한 콘텐츠 작가는 어떤 사람인가요?" 대답을 얻으면 명단을 만들고 그들에게 접근하라.

이런 콜드 콜Cold Call(모르는 사람에게 투자나 구매를 권유하기 위해 사전 접촉 없이 전화를 걸거나 방문하는 일-옮긴이)을 수행하는 데 불편함을 느끼는 사람도 있다. 하지만 세상 모든 사람은 누군가가 자기를 필요로 하고, 원하고, 찾고 있다는 사실에 뿌듯함을 느낀다. 그 심리를 이용해서 먼저 그들의 우수한 능력을 칭찬한 뒤에 잠재적 채용 후보자가 될 만한 사람들과 관계를 쌓기 시작하라.

그들이 현 직장에서 담당하고 있는 업무에 관한 조언을 구하는 것은 콜드 콜의 효과적인 방법 중 하나다. 이 방법을 통해 관계를 구축하고, 사람 됨됨이와 어떤 사고를 하는지도 파악할 수 있다. 나는 다른 회사에서 일하고 있는 사람과 처음 관계를 맺을 때, 그에게 전문적인 조언을 요청하는 간단한 대사를 활용한다.

"제니퍼, 저는 SaaS 아카데미의 댄이라고 합니다. 당신의 동료들에게 물으니 회사에서 가장 뛰어난 영업 직원이 당신이라고 하더군요. 혹시 5분 정도 시간이 난다면 우리 회사의 영업 팀을 어떻게 조직해야 할지 조언을 들려주실 수 있을까요?"

3. 후보자가 빛을 볼 기회를 제공하라.

어떤 사업가들은 평범한 후보자들을 검토하는 데도 오랜 시간을 쏟는다. 채용 업무 초기에는 간단한 필터 하나만 설치해도 이런 후보자 대부분을 걸러낼 수 있다. 좋은 후보자를 건지기 위해 큰 그물을 던질 생각이라면 그물코를 넓게 만들어라. 그사이로 잔챙이 물고기들이 빠져나가고 '대어'만 남게 될 것이다.

나는 채용 과정에서 나의 기준에 적합하지 않은 후보자를 손쉽게 걸러낼 수 있는 도구를 하나 활용한다. 그 도구 앞에서 웬만한 후보자들은 채용 과정을 끝까지 마치지 않는다. 따라서 이는 전형적인 윈-윈 게임이다.

나는 우리 회사에 지원한 모든 후보자에게 아래 다섯 가지의 질문에 답하는 3분짜리 동영상을 촬영해서 직접 업로드해 달라고 요청한다.

- 왜 이 일자리에 흥미를 느끼게 됐나?

- 우리 회사에 대해 무엇을 알고 있나?

- 당신이 생각하는 가장 이상적인 업무 환경은 무엇인가?

- 당신의 강점은 무엇인가?

- 당신이 꿈꾸는 5년 후의 자신은 어떤 모습인가?

후보자가 동영상을 업로드하는 과정도 중요한 판단 기준이다. 그 작업에 필요한 기본적인 기술을 충분히 소유하고 있는지 확인할 수 있기 때문이다. 프로젝트 자체에 숨겨진 또 하나의 테스트인 셈이다. 나는 후보자들이 그 질문에 '어떻게' 답하는지는 관심 없다. 내가 들여다보고 싶은 것은 그들이 생각하는 방식이다. 즉, 열린 질문에 어떻게 대답할지 스스로 결정할 수 있는지를 본다. 나는 주도적으로 사고하고, 자신 있게 의사 결정하고, 창의적인 답변을 찾아내는 후보자를 원하기 때문이다.

4. 성격 테스트를 활용하라.

사람의 성격이 개인의 업무 처리 능력이나 다른 사람과의 협업에 영향을 미친다는 점은 과학적으로 입증된 사실이다. 어떤 사람들은 혼자 일하기를 좋아하고 어떤 사람들은 협업에 능하다. 프로젝트를 마무리하는 데 뛰어난 사람이 있는가 하면, 프로젝트 초기에 창의적인 능력을 발휘하는 사람도 있다.

채용 후보자의 성격을 파악해서 그가 어떤 환경에서 최고의 성과를 발휘할 수 있는지를 알아내면, 회사에서 얼마나 성공적으로 일할 수 있는지도 판단할 수 있다. 물론 성격 테스트가 후보자의 성과를 예측하는 유일한 지표라곤 생각하지 않는다. 후보자를 종합적으로 평가하기 위해 활용하는 데이터 중 하나로 참고만 할 뿐이다.

어떤 사업가는 회사에서 가장 우수한 직원과 성격 및 특성이 비슷한 사람을 채용하고 싶어 한다. 또는 그들과 '정반대'의 성향을 지닌 사람을(가령 기존 직원들의 성격이 내성적이라면 외향적인 사람을) 원할 수도 있다. 다시 말해 나는 직원을 채용하기 전에 후보자들에게 성격 테스트를 받게 하지만, 그 결과를 후보자의 성과를 예상하기 위한 유일한 지표로 사용하지 않는다. 단지 인간이라는 복잡한 시스템의 일부로 받아들일 뿐이다.

새로운 후보자를 찾기 전에 회사의 모든 직원을 대상으로 먼저 성격 테스트를 실시해 보기를 권한다. 이 테스트에서는 대개 놀랄만한 결과가 나온다. 회사의 우수 직원들에게서 비슷한 특징(가령 스트레스를 처리하는 능력)이 나타날 수도 있다. 또는 당신이 함께 일하고 싶어 하는 사람들에겐 당신의 약점을 보완할 만한 강점이 있을지도 모른다.

여러 후보자 중 세 사람 정도로 선택지가 줄어들었다면 본격적인 채용 절차를 시작하기에 앞서 성격 테스트를 활용하라. 후보자들에게 비용을 지급하고 성격 테스트를 받게 하는 것이다. 사람들은 자신에 대해 알고 싶어 한다. 따라서 후보자에게 테스트 결과를 알려주고 그들이 다른 용도로 활용할 수 있도록 배려하는 것도 바람직한 방법이다.

나는 석세스 파인더Success Finder라는 성격 진단 프로그램 회사의 고문이기 때문에, 이 회사의 성격 테스트 방법론이 특히 유용하나고 생각한다(하지만 그런 이유로 의견이 조금 편향될 수도 있다). 콜비-A(Kolbe-A), 디스크(DISC), MBTI 등도 유명한 성격 테스트 도구다.

직접 여러 종류의 테스트를 받아본 다음 어떤 검사가 가장 유용한 정보를 제공하는지 판단하라. 다음의 세 가지 팁을 참고하면 도움이 될 것이다.

먼저, 비서를 채용할 때는 당신의 단점을 보완해 줄 강점을 지닌 사람을 채용하라. 당신이 일을 벌이는 데 능하고 마무리 짓는 데 약하다면 당신과 비슷한 약점을 지닌 비서는 채용하면 안 된다.

그다음엔 성격 테스트 결과를 종교처럼 신봉하지 말라. 사람은 한 명 한 명이 전부 특별한 개인이며 그래서 놀라운 존재다. 성격 테스트가 많은 정보를 제공한다고 해도 모든 것을 설명하지는 않는다.

마지막으로 회사의 전 직원에게 성격 테스트를 받게 하라. 우리 SaaS 아카데미의 직원 대부분은 특정 성향이 강하여, 해당 성향과 관련된 업무에서 매우 능력이 뛰어나다는 결과가 나왔다. 물론 정반대의 강점을 지닌 특별한 사람들도 있다. 이런 다양성은 서로의 장단점을 훌륭하게 보완하는 역할을 한다.

5. '테스트 퍼스트' 채용법을 도입하라.

이 장을 시작할 때 세스 고딘이 이야기한 단순한 채용 법칙을 소개한 바 있다.

"그와 직접 일해보기 전까지는 그에 대해 알 수 없다."

나는 고딘과 대화를 나눈 뒤에 이 조언을 하나의 방법론으로 구체화했다. 모든 채용 후보자에게 테스트 프로젝트를 수행하라는 과제를 내주는 것이다. 나는 여기에 '테스트 퍼스트'Test-First 채용법이라는 이름을 붙였다. 내가 이 장에서 설명한 모든 내용을 잊더라도 이 방법만큼은 꼭 기억했으면 한다.

우리는 채용 후보자가 입사 후 맡게 될 역할에 따라 각기 다른 테스트 프로젝트를 내지만 기본적인 방식은 똑같다.

- 실제 업무와 관련된 프로젝트를 과제로 준다.
- 후보자에게 대가를 지급한다.
- 너무 구체적인 지침을 제공하지 않는다.

내 목표는 우리가 함께 일하게 되면 어떤 일이 생길지 예상하는 것이다. 업무가 순조롭게 진행될까? 우리는 함께 일하기를 즐거워할까? 그들이 내 시간을 절약해 줄까? 자기가 맡은 일을 좋아할까? 이 역할에서 필요한 일을 정확히 파악하고 있을까?

그래픽 디자이너를 채용할 때는 그래픽 디자인과 관련된 과제를 내준다. 작가를 채용할 때는 기사를 하나 써보게 한다.

간혹 고위직 임원이나 부서장을 채용할 경우에는 후보자를 위해 가상 시나리오를 만들기도 한다. 마케팅 부서장을 뽑을 때는 회사의 마케팅 부서에서 실제로 발생했던 문제를 알려주고 고객의 클릭수를 늘릴 방안을 구상하라는 숙제를 낸다. 영업 부서의 리더를 채용할 때는 관련자들의 이름을 익명으로 처리한 실제 사례를 제시한 뒤에, 만일 그런 상황이 생긴다면 영업 직원들을 어떻게 코치할 것인지 묻는다.

예전에 내가 비서를 채용할 때 후보자들에게 실제로 실시했던 테스트 프로젝트는 다음과 같다. "프로포시파이Proposify사의 카일Kyle에게 정성이 담긴 선물을 보내주세요."

앞서 말한 대로 나는 테스트 프로젝트에 상세한 지침을 제공하지 않는다. 비서직에 지원한 후보자가 업무에 필요한 자원을 활용할 기술이 있는지, 알아서 일할 능력을 갖췄는지 파악하고 싶어서다. 또 나는 후보자가 창의성을 마음껏 발휘해 프로젝트를 수행하도록 놓아둔다. 그래야만 그 사람이 할 일을 스스로 파악해서 '내 시간을 절약해 주는지' 또는 의사 결정을 머뭇거리거나 거부함으로써 '내 시간을 낭비하는지' 판단할 수 있기 때문이다. 나는 후보자가 '정확한 답을 찾아냈는지'에 대해서는 별로 관심이 없다. 만일 후보자가 프로젝트에 대해 질문하는 이메일을 내게 열네 번쯤 보냈다면 그 사람은 적임자가 아니다. 반대로 스스로 카일이 누군지 알아내서 나름대로 정성 어린 선물을 보내준 사람이 있다면 그 후보자를 기술적 능력도 있고 창의성과 공감 능력을 갖춘 사람이라고 판단한다. 그런 후보자야

말로 우리 회사에 꼭 필요한 인재다.

6. 미래를 판매하라.

후보자들 대부분은 동영상 업로드 단계에서 걸러진다. 우리가 전달한 지침을 정확히 지켜 동영상을 업로드하는 사람은 대체로 3~5명 정도다. 그들이 테스트 프로젝트를 마치면 눈에 띄는 후보자는 한 사람으로 줄어든다.

채용 프로세스의 초기 단계에서는 후보자가 자신의 가치를 내게 '판매'하는 과정이 진행된다. 내가 어떤 사람을 원하는지가 확실해지면 이번에는 내가 그 사람에게 나 자신을 판매할 차례다. 다시 말해 테스트 프로젝트가 끝난 뒤 우리가 채용하고 싶은 사람의 윤곽이 드러나면 나는 완전히 태세를 전환한다.

훌륭한 영업 사원은 제품만 판매하지 않는다. 그들은 고객이 원하는 바를 자신이 제공할 수 있는 혜택과 적절히 연결한다. 예를 들어 소금은 다양한 방식으로 사용된다. 방부제나 조미료, 심지어 화학적 용도로 쓰이기도 한다. 마찬가지로 회사가 후보자에게 제공할 수 있는 혜택은 너무도 많다. 승진 기회, 높은 급여, 친구, 공동체, 개인적 성장, 직업적 성장, 네트워크 향상, 좋은 이력서 꾸미기, 평생을 보장하는 안정적인 경력 등등. 당신이 최고의 후보자에게 당신과 함께 일할 미래를 판매하고 싶다면, 먼저 그 사람이 원하는 것이 무엇인지 정확히 파악할 필요가 있다. 그리고 후보자의 희망과 당신이 나아가고자 하는 방향이 일치한다는 사실을 확신시켜야 한다.

네 차례나 〈뉴욕타임스〉 베스트셀러에 오르는 쾌거를 이룬 작가이자 베이너 미디어VaynerMedia의 설립자 게리 바이너척Gary Vaynerchuk은 채용 후보자들에게 미래를 판매하는 달인이다. 그는 인터뷰를 진행하는 동안 후보자들의 말에 귀를 기울이고, 그들이 무엇을 원하는지 파악하고, 자신이 제시할 수 있는 혜택을 그들의 욕구와 연결한다. 이는 상황을 주도하기 위한 게임이 아니다. 게리 바이너척은 최고의 인재가 원하는 목표(직위, 명예, 기회, 돈, 새로운 기술 등 그 무엇이든)를 자신이 이뤄줄 수 있다면, 그 인재가 열심히 일하고, 커다란 가치를 제공하고, 회사에서 오랫동안 근무할 거라는 사실을 잘 알고 있다. 그는 후보자와 진행하는 인터뷰 시간 전체를 그 사람이 원하는 목표가 무엇인지 솔직한 대답을 얻어내는 데 할애한다. "나는 당신의 목표가 무엇이든 개의치 않습니다. 단지 그 목표가 무엇인지 파악해서 우리가 이를 함께 이뤄낼 수 있을지 알고 싶을 뿐입니다."[1]

후보자가 원하는 바가 무엇이든 바이너척이 이를 포착한 순간 후보자에게 필요한 미래를 추적할 수 있다.

내 경우에는 후보자의 욕구를 더욱 상세하고 구체적으로 파악하려고 노력하는 편이다. 그래서 인터뷰에서 이렇게 묻는다. "당신이 생각하는 5년 뒤 당신의 모습은 어떻습니까?" 후보자가 이 질문에 솔직히 대답한다면 우리 회사가 원하는 바를 달성하는 데 도움이 될지 판단할 수 있다.

후보자가 어떤 직위나 직책을 원한다면, 그가 맡을 역할에는 승진 기회가 많은가?

후보자가 원하는 것이 특정 수준의 급여라면, 그의 목표를 이루기 위해서는 무엇이 필요한가?

특정 지역에서 근무하거나 가족과 더 많은 시간을 보내는 것이 후보자의 바람이라면, 그가 맡게 될 자리는 그 꿈을 이루기에 적합한가 아니면 그 반대인가?

후보자의 꿈과 내가 그 사람에게 제공할 수 있는 혜택이 일치한다는 사실을 알아내는 순간, 나는 그 사람에게 나 자신을 열심히 판매한다.

올바른 채용이 시간을 아껴준다

시간을 아끼고 싶다면 시간을 절약해 줄 사람을 채용하라. 채용된 직원들은 가용한 자원을 활용해서 스스로 업무를 처리할 능력을 갖춰야 한다. 채용의 목적은 단순히 빈 자리를 메우는 것이 아니라 사업가의 일을 덜어 시간을 절약해 주는 것이다.

훌륭한 직원은 당신의 시간을 엄청나게 절약함으로써 급여 이상의 가치를 제공한다. 반면 잘못된 사람을 채용하면 당신은 훨씬 많은 시간, 에너지, 문제, 돈을 낭비할 수 있다.

어떤 후보자가 필요한지 명확하게 정의한 뒤에는 큰 그물을 던져 최대한 많은 고기를 낚아 올려야 한다. 정교한 필터를 이용하면 회사에 적합하지 않은 후보자들을 효과적으로 걸러낼 수 있다. 마지막으로 최종 후보자에게 당신의 가치를 열심히 판매하라. 최고의 인재는 게임의 판도를 바꿔놓는다. 당신이 노력을 들여 동굴 속에서 다이아몬드 광석을 발견했다면 어떻게든 그 보석을 캐내야 한다.

여섯 가지 바이백 요점 ─────────

이 장에서 당신이 기억할 규칙은 여섯 가지다.

1. 명확한 기준을 세워라: 당신이 후보자에게 무엇을 원하는지 확실하게 설정하고 기억하라.

2. 큰 그물을 던져라: 채용의 품질을 궁극적으로 결정짓는 요인은 결국 후보자의 수다. 자격을 갖춘 후보자를 충분히 확보하기 위해서는 기존 직원들에게 소개를 부탁하고, 구인 구직 사이트를 활용하고, 다른 회사에서 일하고 있는 사람들과 접촉하라.

3. 동영상을 요청하라: 채용 후보자에게 3분짜리 동영상을 업로드하게 하라. 이 과제와 관련된 지침을 제대로 지키지 않은 사람은 알아서 걸러진다.

4. 성격 테스트를 활용하라: 이 단계까지 도달한 모든 후보자에게 성격 테스트를 받게 하라.

5. '테스트 퍼스트' 채용법: 그와 직접 일해보기 전까지는 그에 대해 알 수 없다. 최종 단계에 도달한 후보자들에게 테스트 프로젝트를 과제로 부여하라.

6. 미래를 판매하라: 최종 후보자가 한 사람으로 압축되면 기어를 바꿔 넣어야 한다. 이제 당신이 그 사람을 상대로 미래를 판매할 차례다.

위에서 설명한 채용 업무 중 일부는 완료하는 데 약간의 시간이 걸린다. 아래의 두 가지 방법을 사용하면 속도를 높일 수 있다.

- 인재 영입을 위한 첫 번째 단계는 '누구'를 채용하고 '왜' 뽑아야 하는지 명확히 정의하는 것이다. 앞에서 이야기한 '대체 사다리'의 어느 단계에 속한 업무를 수행할 직원을 뽑고자 하는가? 연필과 종이를 꺼내 이 후보자가 정확히 어떤 업무를 책임져야 하는지 적어보라. 채용의 목표는 '당신의 시간을 절약하는 것'이라는 사실을 항상 기억해야 한다.
- 새로 채용할 사람에게 맡기고자 하는 업무를 정의한 뒤에는 직원들에게 회사가 인력을 채용 중이라는 사실을 밝히고 그 자리에 적합한 후보자를 알고 있는지 물어보라.

여기까지 완료했다면 당신은 세스 고딘의 채용 프로세스에서 두 번째 단계('큰 그물 던지기')를 끝마쳤다.

4부

최고의 시간은
어떻게
설계되는가

11장 코치

사람들에게 어떤 일을 해야 한다고 말할 뿐 어떻게 일해야 한다고 말하지 말라. 당신은 부하들이 달성한 성과에 놀라게 될 것이다.

― 조지 패튼George Patton 장군

2021년, 우리 회사에서 인사 업무를 담당하고 있는 아담Adam이 한 가지 문젯거리를 들고 나를 찾아왔다.

"다음 분기에는 무려 열한 명을 채용해야 합니다. 어떻게 해야 할지 막막하네요."

아담은 압박감을 느끼고 있었다. 하지만 단순히 하소연을 하려고 나를 찾아온 것은 아니었다. 그는 해결책을 찾고 있었다. 나는 아담의 부서에서 채용 업무를 책임지고 있는 관리자가 누구인지 상기시켰다. 그건 아담 본인이었다.

"아담, 당신이 도움을 요청한다면 회의나 다른 일정을 포기하고 서라도 얼마든지 당신을 지원할 수 있습니다. 하지만 내가 당신을 채용한 이유는 그 업무를 궁극적으로 책임지게 하려고예요."

아담은 자리에서 일어서면서 미소를 지었다. "생각 좀 해보고 다시 오겠습니다." 그리고 방을 떠났다. 하지만 아담은 나를 다시 찾아오지 않았다. 2개월 뒤, 우리는 열한 명의 훌륭한 신입 직원과 함께 일하게 됐다. 내가 아담에게 한 일은 간단하다. 문제의 해결책을 찾아내는 책임을 아담에게 되돌려 보낸 것이다.

경영 관리 및 리더십 전문가 켄 블랜차드Ken Blanchard는 《관리자가 원숭이를 만난 1분The One Minute Manager Meets the Monkey》이라는 책에서 '다른 사람의 원숭이'라는 표현을 사용했다. 리더는 다른 직원들의 원숭이(문제 또는 일거리)를 무작정 떠맡아서는 안 된다. 아담도 고의는 아니었겠지만 자신의 원숭이를 내 등 위에 올려놓으려고 했다. 나는 원숭이의 머리를 쓰다듬고 잘 달래서 집으로 돌려보냈을 뿐이다.

그것이 바로 혁신적 리더십의 기본이다. 문제를 해결할 책임은 당신이 아니라 직원들에게 있다는 전제를 바탕으로 조직을 이끄는 것이다. 당신은 직원들에게 어떻게 일하라고 알려주거나 지시해서는 안 된다. 그 방법을 찾아내는 일은 그들의 몫이다. 오히려 직원들이 당신에게 최선의 해결책을 제시해야 한다.

트랜잭션 관리 vs. 혁신적 리더십

사업가 중 열에 아홉은 '트랜잭션 관리'Transactional Management라고 불리는 악순환의 고리에 빠진다. 그들은 직원들에게 어떤 일을 어떻게 하라고 일일이 '지시'한다. 그리고 직원들의 업무 결과를 '체크'하고, '다음 할 일'을 알려준다. 트랜잭션 관리를 통해 조직을 운영하는 리더의 하루는 대개 이런 모습으로 펼쳐진다.

- 사무실에 출근하면 첫 번째 직원을 만나 자기가 지시한 대로 업무를 처리했는지 확인하고, 결과를 체크하고, 다음 할 일을 알려준다. 그 직원이 문제를 겪고 있으면 리더가 해결해 준다.
- 두 번째 직원을 만나 같은 방식으로 지난번 지시한 대로 일을 처리했는지 확인하고, 결과를 체크한 뒤 다음 할 일을 알려준다.
- 모든 직원을 상대로 이 과정을 끝없이 반복한다.

이 작업을 거듭하는 리더는 결국 '지시-체크-다음 할 일'의 한계점에 도달한다. 이런 방식으로는 그 이상의 업무를 수행할 수 없다. 나 역시 스페릭에서 2년 동안 이 방식으로 조직을 운영한 뒤에 한계점을 맞닥뜨렸다.

당시 나에겐 열두 명의 직원이 있었다. 거기서 직원이 한 명이라도 더 늘면 도저히 업무를 수행할 수 없는 지경에 내몰리곤 했다. 더 많은 직원을 관리할 여력이 없었음에도 회사를 성장시키기 위해서는 개발자가 하나 더 있어야 했다. 그러다 인텔의 창업자 앤디 그로브Andy Grove가 쓴 《하이 아웃풋 매니지먼트》라는 책을 읽게 됐다. 나는 그의 책 덕분에 '지시-체크-다음 할 일'의 한계점을 넘어서기 위해서라도 조직 운영 방식에 변화가 필요하다는 사실을 깨달았다. 그리고 그로브의 책에서 얻은 교훈과 여러 사람의 조언을 바탕으로 새로운 직원 관리 계획을 수립했다(그로브는 이를 '하이 아웃풋 매니지먼트', 즉 고성과 관리라고 불렀지만 나는 여기에 '혁신적 리더십'이라는 이름을 붙였다).

혁신적 리더십 하에서는 트랜잭션 관리의 '지시-체크-다음 할 일'이 다음 세 가지로 대체된다.

트랜잭션 관리 vs. 혁신적 리더십

트랜잭션 관리	혁신적 리더십
① 지시 ② 체크 ③ 다음 할 일	① 목표 ② 측정 ③ 코치

언뜻 단어만 달라진 것처럼 보일 수도 있다. 하지만 트랜잭션 관리와 혁신적 리더십의 차이를 제대로 이해하면 엄청난 스트레스

를 줄이고 시간을 절약할 수 있다. 직원을 이끄는 방식을 바꾸면 그 직원도 자신의 직원을 이끄는 방법을 바꾼다. 덕분에 모든 직원이 각자의 역할을 책임지고 수행하는 권한 위임의 사고방식을 가지게 된다.

지시하지 말고 목표를 말하라

스티브 잡스는 이렇게 말했다. "똑똑한 인재들을 채용한 뒤에 어떤 일을 하라고 지시하는 것은 이치에 맞지 않는다. 똑똑한 사람들을 채용하면 그들이 어떤 일을 해야 한다고 우리에게 알려줄 것이다."

혁신적 리더십을 발휘하는 리더는 직원들에게 '어떻게 일하라.'고 지시하는 대신 '어떤 목표를 달성하라.'고 말한다. 구체적인 목표를 설정하고, 이를 달성할 책임을 당사자에게 맡기는 것이다.

이 책의 7장과 9장에서는 직원들에게 이메일과 일정 관리, 고객 온보딩이나 지원 등의 업무 목표를 제시하는 방법을 이야기했다. 업무 목표는 광범위할 수도 있고, '이번 주 급여 지급하기'처럼 간단할 수도 있다.

영업팀 직원에게 고객에게 어떤 식으로 제품을 판매해야 할지 하나하나 알려주지 않아도 된다면 어떨까? 또는 마케팅 담당자에게 광고 캠페인 제작 방법을 지시하지 않아도 된다면, 고객 지원 담당자에게 고객 불만을 처리하는 요령을 가르쳐 주지 않아도 된다면 어떻게 될까?

혁신적 리더는 직원들에게 업무 지침을 내릴 때 사사건건 일하는 방식을 지시하는 대신 구체적인 목표를 정해주고 달성하라고 말한다. 그 방법을 찾는 것은 직원들의 몫이다.

"베타니, 회사 블로그에 게시물을 올리기 전에 맞춤법 검사를 하세요." 대신 "베타니, 블로그 게시물에는 항상 오류가 없어야 합니다."라고 말한다. "다니엘, 변경된 GDPR 규정(개인정보보호법) 교육 과정에 전 직원을 참가시키세요."라고 지시하는 대신 "다니엘, 우리 회사는 GDPR 규정을 준수해야 합니다."라고 말한다. "제임스, 고객 방문 횟수를 늘리세요."라고 지시하는 대신 "제임스 이번 분기까지 10만 달러 매출 목표를 달성해야 합니다."라고 말한다. "맬러니, 메뉴 가격을 올리세요."라고 지시하는 대신 "맬러니, 모든 오프라인 매장의 제곱미터당 매출을 10퍼센트 늘려야 합니다."라고 말한다.

언뜻 보기에는 비슷해 보인다. 하지만 각 문장에서 담당자의 책임에 어떤 변화가 생겼는지 주의 깊게 들여다볼 필요가 있다. 전자는 리더가 목표 달성에 대한 스트레스를 전적으로 떠안고 이를 달성하지만 후자에서는 리더가 방안을 찾느라 고심한다. 리더가 목표를 제시하면 그 방법을 찾는 것은 직원의 몫이 된다.

연구에 따르면 조직의 리더는(또는 모든 사람은) 의사 결정을 반복적으로 내린 뒤에 '의사 결정 피로감'Decision Fatigue을 느낀다고 한다. 캘리포니아에 소재한 몇몇 대학교의 연구자들은 금융 애널리스트들의 주가 예측 결과를 눈여겨봤다. 그 주가 예측을 연구한 결과, 오전

에 이뤄진 주가 예측이 오후에 내려진 주가 예측보다 훨씬 정확하다
는 사실을 밝혀냈다. 게다가 애널리스트들은 자기가 일찌감치 내린
예측에 심리적으로 의존함으로써 반복적인 의사 결정에 따르는 피
로감을 보상받으려는 경향을 보였다.

하루의 후반부로 접어들고 애널리스트가 실시한 예측의 횟수
가 늘어날수록 정확도는 떨어진다. 또 의사 결정 피로감으로 인해 애
널리스트가 더 많은 예측을 시도할수록 본인이 이미 실행했던 예측
을 반복하는 경향이 있다는 사실도 드러났다.[1] 다시 말해 하루에 내
릴 수 있는 훌륭한 의사 결정의 횟수는 제한적이다. 우리는 가장 많
은 혜택을 얻어낼 수 있는 업무(생산 사분면)를 위해 이를 아껴둬야
한다.

직원에게 목표를 달성할 책임이 이전되는 순간, 그들은 최선의
의사 결정을 내릴 권한을 위임받았다는 자부심과 심리적 책임감을
동시에 느낀다. 이 미묘한 변화는 다음 네 가지 이유를 위해서라도
중요하다.

1. 직원들은 문제의 핵심과 더 가까운 곳에서 일하고 정보도 많다.
2. 직원들은 문제 해결에 필요한 에너지와 시간이 더 풍부하고 창의
   력도 뛰어나다.
3. 리더는 목표 달성의 책임을 직원들에게 맡김으로써 각자의 역량
   을 향상해야 할 필요성을 불어넣는다.
4. 직원들이 직접 문제를 풀어냈을 때, 그들은 그 사실에 성취감을

느끼고 자신의 의사 결정을 대변하면서 끝까지 업무를 완수할 것이다.

직원들에게 어떻게 일하라고 지시하는 대신 목표를 정해주면 그들은 업무의 세부 사항이 아니라 결과를 말하기 시작한다. 또 최고의 기술을 발휘하고 에너지를 쏟는다. 직원들은 당신에게 "그 일을 어떻게 처리할까요?"라고 묻는 대신 스스로 이렇게 질문한다. '더 나은 방법은 없을까?'

목표를 중심으로 직원들을 이끄는 순간 목표 달성 방법을 찾는 것은 직원들의 몫이 된다. 그들은 문제의 해결책을 찾아내 당신에게 가져오거나, 더 바람직하게는 스스로 문제를 해결할 것이다. 이로 인해 직원들에게 업무를 지시하기 위해 쏟아야 했던 에너지와 시간을 조금씩 되찾으면서, 바이백 원칙(회사를 성장시키기 위해서가 아니라 당신의 시간을 되사기 위해 사람을 채용하라)은 점차 뿌리를 내리기 시작한다.

직원들이 창의적 역량을 발휘해서 스스로 해결책을 도출하면 더 높은 업무 효율성과 실적을 달성할 수 있다. 예를 들어 베타니, 다니엘, 제임스, 맬러니는 다음의 표에 정리된 것과 같은 성과를 얻어낼 수 있을 것이다.

	트랜잭션 관리	결과	혁신적 리더십	결과
베타니	"베타니, 회사 블로그에 게시물을 올리기 전에 맞춤법 검사를 하세요."	*베타니는 한 주에 여러 시간을 쏟아 모든 블로그 게시물의 맞춤법 검사를 한다.	"베타니, 블로그 게시물에는 항상 오류가 없어야 합니다."	*베타니는 조사를 통해 맞춤법 오류를 90퍼센트 제거할 수 있는 저렴한 AI 프로그램을 찾아내 시간을 절약한다. *베타니는 자기 팀에서 근무하는 신입 직원이 편집 업무를 원한다는 사실을 알고 그 직원에게 블로그의 최종 교정 작업을 맡긴다. 덕분에 시간을 절약하고 신입 직원에게도 업무 의욕을 불어넣는다.
다니엘	"다니엘, 변경된 GDPR 규정 교육 과정에 전 직원을 참가시키세요."	*다니엘은 모든 직원을 GDPR 교육 과정에 참가시켜 수천 달러의 비용을 발생시킨다.	"다니엘, 우리 회사는 GDPR 규정을 준수해야 합니다."	*다니엘은 문제를 검토한 뒤에 본인만 GDPR 자격증을 취득한다는 결정을 내린다. 자격증을 취득한 뒤에 모든 사람이 준수해야 할 10가지 사항을 정리해서 직원들에게 공지한다. *다른 직원들은 지루한 교육에 참여할 필요가 없다.

	트랜잭션 관리	결과	혁신적 리더십	결과
제임스	"제임스, 고객 방문 횟수를 늘리세요."	*제임스는 고객 방문 횟수를 늘린다.	"제임스 이번 분기까지 10만 달러 매출 목표를 달성해야 합니다."	*제임스는 자신이 고객 방문에는 능하지만 후속 업무와 교차 판매에 약하다는 사실을 깨닫는다. 그래서 동료에게 후속 업무에 대한 요령을 배우고, 교차 판매에 관한 책을 읽는다. *제임스는 영업 기술을 열심히 갈고 닦아 회사를 떠나더라도 어느 곳에서나 활용할 수 있는 역량을 쌓는다. *제임스는 영업 목표를 초과 달성한다.
맬러니	"맬러니, 메뉴 가격을 올리세요."	*맬러니는 메뉴 가격을 10퍼센트 인상한다.	"맬러니, 모든 오프라인 매장의 제곱미터당 매출을 10퍼센트 늘려야 합니다."	*맬러니는 가격을 올리는 대신 더 다양한 계절별 상품을 제공하기로 결정한다. 그 결과 새로운 고객을 유치하고 기존 고객을 잘 유지함으로써 10퍼센트가 훨씬 넘는 매출 증가를 달성한다.

체크하지 말고 측정하라

어린이 스포츠 팀에서 아이들을 지도해 본 사람이라면, '숫자'가 아이들에게 어떻게 동기를 부여하고 목표를 선명하게 만드는지 잘 알 것이다. 공을 토스하고 스파이크하는 요령을 온종일 가르쳐도 득점을 올리는 방법을 알려주지 않으면 아이들은 아무런 관심도 보이지 않는다. 어떻게 점수를 내고 경기에서 이기는지 알아내는 순간, 아이들의 머릿속에는 전구가 켜진다. '숫자'의 힘이 경기력에 불을 지핀다.

회사의 직원들도 마찬가지다. 유효한 측정 기준은 직원들에게 명확성을 제공한다. 다시 말해 그들은 숫자를 통해 자신의 목표를 분명히 파악한다.

영화 〈머니볼〉에 나오는 조나 힐(피터 브랜드 역)은 통계의 천재다. 그는 복잡한 수학적 기법을 이용해서 만년 꼴찌 구단이었던 오클랜드 애슬레틱스를 완벽한 팀으로 변신시킨다. 하지만 영화의 마지막 대목에서 그는 이렇게 말한다. "결국 단 하나의 숫자가 모든 것을 말해주는 거야."[2]

내 친구 에반 햄브룩Evan Hambrook은 폭스바겐 몽튼 공장에서 운영 관리자로 근무한다. 그는 자기 회사의 자동차를 판매하는 딜러 사의 성공을 측정할 때 오직 한 가지 기준만 사용한다. 바로 흡수율 Absorption Rate이다. 자동차 영업에서 나오는 이익은 그리 크지 않기 때문에, 딜러들은 부품이나 서비스를 판매해서 얻은 수입으로 그 차이를 메운다. 흡수율이란 딜러 사의 전체 매출에서 부품 및 서비스 판매액이 차지하는 비율이 얼마나 되는지 계산한 숫자다. 그들에게는 흡수율이 '단 하나의 숫자'다.

다른 친구 자넬Janelle은 호텔의 매니저다. 내가 자넬이 일하는 분야에서는 어떻게 성공을 측정하느냐고 물었더니 그녀는 곧장 이렇게 대답했다. "당일 평균 객실 요금!"

호텔의 객실 요금은 매우 다양하게 형성된다. 온라인 여행 사이트에 제공하는 우대 가격, 멤버십 할인, 엘리트 회원을 위한 객실 무료 업그레이드 등 천차만별이다. 하지만 자넬이 궁극적으로 알아야 할 숫자는 '당일 평균 객실 요금' 한 가지뿐이다.

에반과 자넬은 각자의 관점에서 '단 하나의 숫자'가 무엇인지, 그리고 그 숫자가 자신에게 어떻게 성공을 가져다주는지 잘 알고 있다. 자넬은 수많은 데이터와 씨름할 필요가 없다. 단지 그날그날의 평균 객실 요금을 들여다볼 뿐이다. 에반은 딜러 사의 최근 흡수율과 작년 데이터를 비교함으로써 그 업체가 제대로 운영되고 있는지 쉽게 판단할 수 있다.

회사 직원들에게도 이와 비슷한 측정 기준이 필요하다. 물론 그 기준은 개인과 팀에 따라 다르다. 회사의 전체 목표는 아마 수익성을 향상하는 것이겠지만, 팀이나 직원 개인에게는 그들이 직접 영향을 미치는 단일 숫자를 부여해야 한다. 가령 영업 직원 개인에게는 분기별 매출액이라는 측정 기준을 제시하고, 영업 부서장을 위해서는 '영업 속도율'● 같은 측정 기준을 세워줄 수 있다.

모든 직원에게 측정 기준을 부여하면 동기 부여의 강도를 신속하게 높이는 효과를 거둘 수 있다. 그들은 어떻게 해야 성과가 나는지 잘 알고 있으므로 곧바로 목표에 집중한다. 성공하는 방법을 결정할 때도 상사의 도움 없이 스스로 점수판을 들여다보며 잘못된 부분을 고쳐나간다. 자기가 무엇을 목표로 하는지 정확히 이해하고 있기 때문이다.

모든 사람 앞에 숫자를 제시하고, 그들이 점수를 쌓아가는 모습을 지켜보라.

성과를 올리고 싶다면 성공적으로 코치하라

훌륭한 코치가 차이를 만든다. 1948년, 캘리포니아 대학교 로스앤젤레스 캠퍼스는 존 우든John Wooden에게 학교 농구팀 브루인즈Bruins의 감독 자리를 제안했다. 그때까지만 해도 이 팀은 20년째 전국 대회에서 한 번도 우승하지 못한 약체였다. 존 우든에게는 이 학교가 첫 번째 희망지는 아니었지만 그래도 감독직을 수락했다.

우든은 브루인즈 농구팀에게 첫 번째 전국 대회 우승컵을 안겨줬다. 그리고 계속해서 우승컵을 들어 올렸다. 결국 그는 이 학교

● 　영업 기회를 매출로 전환하는 속도를 측정하는 지표다.

의 기록뿐 아니라 미국 대학스포츠협회(NCAA)의 기록까지 깨뜨렸다. 오늘날까지 다른 어느 팀도 전국 대회를 2년 연속 우승하지 못했다. 우든은 이 대회에서 자신의 팀을 7년 연속 우승시키는 기염을 토했다.

하지만 그는 멈추지 않았다. 우든은 은퇴하던 1975년까지 전국 선수권 대회에서 10차례 우승컵을 들어올렸고, 그중 일곱 차례는 연속해서 우승을 이끌었다. 게다가 네 차례나 무패 전적으로 시즌을 마치기도 했다. 덕분에 우든에게는 웨스트우드의 마법사라는 별명이 붙었다. 오늘날 브루인즈 팀은 여전히 아래와 같은 기록을 보유 중이다.

- NCAA에서 가장 많이 우승한 팀
- 연속 우승 기록이 가장 많은 팀
- 농구 역사상 가장 많은 무패 시즌을 기록한 팀

브루인즈 팀이 세운 모든 기록은 존 우든이라는 단 한 사람에게서 비롯됐다. 그가 은퇴해서 팀을 떠난 이후로 브루인즈는 지금까지 전국 대회에서 단 '한 차례'만 우승했다. 즉, 과거 브루인즈 농구팀의 영광은 감독이라는 핵심적인 역할을 통해 비롯된 것이다.

높은 성과를 올리는 팀을 만들고 싶다면, 성공적으로 코치하는 법을 배우라. 조직 구성원들을 코치하는 일은 선택이 아니라 필수다. '관리자'는 업무를 체크하고, 지시를 내리고, 보고서를 작성할 뿐이다. 하지만 리더는 직원들에게서 최선의 능력을 끌어내는 방법을 안다. '리더'는 사람의 잠재력을 꿰뚫어보고 이를 실현한다. 스포츠계를 빛낸 위대한 스타들도 훌륭한 코치가 없었다면 지금과 같은 성공을 거두지 못했을 것이다. 마이클 조던Michael Jordan에게는 필 잭슨Phil Jackson 감독이 있었고, 체조 선수 시몬 바일스Simone Biles 옆에는 에이미 부어맨Aimee Boorman 코치가 있었다.

당신도 이들처럼 팀원들을 코치해야 한다. 당신이 직원들을 만들고 직원들은 회사를 만든다.

CO-A-CH 프레임워크

'코칭'이라는 용어는 너무 많이 사용되다 보니 오히려 진부한 느낌을 주는 경향이 있다. 직원들을 코치해야 한다고 말하는 사람은 많지만, 아무도 제대로 된 방법을 알려주지 않는다. 혁신적 리더십을 발휘하는 리더는 직원들을 시시콜콜하게 관리하지 않고 업무 대부분을 직원 개인의 손에 맡긴다. 다시 말해 리더는 목표만 제시하고, 그곳에 도달하는 데 필요한 업무는 직원들이 알아서 수행하게 둔다.

하지만 직원들이 목표를 향해 가는 과정에서 개인적 약점이나 중대한 실수 같은 벽에 부딪히면, 당신이 개입해서 장애물을 극복하고 계속 전진할 수 있도록 도와야 한다. 코칭이란 직원들이 중요한 순간을 맞닥뜨렸을 때 그들과의 대화를 통해 나아갈 방향을 조정하는 작업이기도 한다. 직원들을 코치하기 위해 대화(또는 일대일 면담)를 나눌 때 'CO-A-CH 프레임워크'를 이용하면 많은 도움이 된다.

나는 직원들과 진행하는 모든 일대일 면담에서 이 방법론을 활용한다. 면담을 진행하게 된 일회성 사안보다는 조금 더 포괄적인 문제와 기본적인 원리에 초점을 맞춘다. 또한 나는 한 번에 한 가지 문제만을 다룬다.

　실제 있었던 사례 하나를 소개한다. 최근 코리Kori라는 직원은 본인이 꼭 내렸어야 하는 의사 결정 하나를 미루는 바람에 조직 전체의 생산성에 며칠간 차질을 줬다. 나는 그 일이 벌어졌을 때 곧바로 알아차렸지만 아무 말도 하지 않았다. 대신 코리와 다음번 일대일 면담을 진행할 때 대화를 나누기 위해 그동안 벌어진 일을 메모해 두기만 했다.

CO-A-CH 프레임워크

COre Issue (핵심 사안)	일회성 사안이 아니라 기본 원리에 집중한다.
Actual Story (실제 사례)	리더가 같은 문제에 부딪혔던 개인적 사례를 공유한다.
CHange (변화)	상대에게 변화에 대한 약속을 얻어내고, 그것이 본인의 결정임을 인지하게 한다.

나는 코리를 코치하는 자리에서 지난번에 있었던 일을 상기시키고, 내 생각을 이야기했다. 우리가 의사 결정을 신속하게 내릴수록 더 빨리 목표를 달성할 수 있고, 시간과 에너지를 절약할 수 있다고 (핵심 사안) 말했다. 그리고 내가 예전에 중요한 결정 앞에서 머뭇거리다가 문제를 일으켰던 경험을 공유했다(실제 사례). "결국 어느 멘토가 나를 그런 사고방식에서 깨어나게 했어요. 그가 내 머뭇거림 때문에 생산성 손실이라는 대가를 회사가 치르게 됐다고 했죠." 그 뒤에 나는 대화의 초점을 코리에게 돌리고 다음번에 코리가 좀 더 편안하게 의사 결정을 내리기 위해서는 무엇이 필요한지 물었다(변화).

코리가 내 코칭을 수용할 때까지 우리가 함께 거친 과정을 요약하면 다음과 같다.

- 핵심 사안(COre Issue): 의사 결정을 망설이면 생산성에 영향을 미친다는 원칙 제시
- 실제 사례(Actual Story): 내가 의사 결정을 망설였던 실제 사례 소개
- 변화(CHange): 코리가 결단력 있게 행동하려면 무엇이 필요한지 질문

트랜잭션 관리 방식으로 조직을 이끄는 리더는 직원들의 의사 결정을 하나하나 관리하지만, 혁신적 리더십을 발휘하는 리더는 팀원들이 장기적으로 더 좋은 의사 결정을 내릴 수 있도록 돕는다.

오래 살아남는 조직을 구축하고 싶은 리더는 업무를 관리하는

방법뿐만이 아니라 팀을 혁신하는 방법을 배워야 한다. 스포츠 팀의 코치가 선수들을 어떻게 돕는지 생각해 보라.

가령 당신이 마라톤 경기에 참여한다면, 코치는 당신을 위해 이런 일을 해줄 것이다.

- 목표(보스턴 마라톤 경기 완주하기)를 세운다.
- 수치적 기준을 바탕으로 매주 당신의 훈련 진행 상황(한 주간 달린 거리)을 측정한다.
- 경주에서 승리하는 법(금방 지치니 처음부터 빨리 달리지 말 것)을 코치한다.

비즈니스 목표를 달성하는 것도 마찬가지다. 혁신적 리더는 목표를 세우고, 측정 기준을 제시하고, 승리하는 방법을 코치한다. 중요한 사실은 그 과정에 인내심에 필요하다는 것이다. '오늘' 당장 처리하기에는 트랜잭션 관리가 훨씬 수월할 수도 있다. 하지만 당신에게 시시콜콜 관리받는다고 느낀 직원들은 좌절감에 빠져 회사를 떠날 것이며, 그로 인해 당신은 많은 시간과 돈을 낭비하게 될 것이다. 진정한 혁신적 리더십을 바탕으로 조직을 운영하면 지속적인 변화를 이뤄낼 수 있다.

다섯 가지 바이백 요점 ─────

1. 현명한 리더는 직원들에게 업무 '방법'이 아닌 달성해야 할 '목표'만을 제시한다. 그리고 직원들이 창의력을 발휘해서 목표를 달성할 방법을 스스로 찾게 한다.

2. 당신의 회사에서 근무하는 모든 사람은 일선 직원부터 CEO까지 각자 책임지는 분야가 있고, 저마다의 '원숭이'가 있다. 사람들은 기회만 있으면 그 원숭이를 남에게 떠넘기려 한다. 게다가 우리는 다른 사람의 원숭이를 너무 쉽게 받아들인다. 그래서는 안 된다. 모든 직원은 스스로 문제를 해결할 수 있도록 적절한 책임과 권한을 위임받아야 한다.

3. 수많은 리더가 조직을 운영하면서 직원들에게 어떤 일을 어떻게 하라고 지시하고, 제대로 일했는지 체크하고, 다음번 할 일을 알려준다. 그것이 바로 '트랜잭션 관리'다. 이런 방식을 택하면 결국 모든 직원이 당신을 찾아와 다음에는 무엇을 해야 하느냐고 질문하면서 당신을 '지시-체크-다음 할 일'의 한 계점으로 몰아붙일 것이다.

4. 그 대안으로 당신은 혁신적 리더십을 택할 수 있다. 직원들에게 목표를 제시하고, 측정을 위한 수치적 기준을 설정하고, 성공하는 법을 코치하는 것이다. 그래야만 직원들이 당신의 개입 없이 스스로 의사 결정을 내리는 법을 배움으로써 성장에 도달할 수 있고, 그 여정에 당신도 동참하게 된다.

5. 직원들이 각자 목표를 향해 가는 과정에서 개인적 약점이나 중대한 실수에 직면했다면, CO-A-CH 프레임워크를 활용 해서 직원들을 코치하라.

실전 매뉴얼 ─────

CO-A-CH 프레임워크를 실전에 적용해서 직원들을 코치해 보기를 바란다. 혁신적 리더십을 바탕으로 빠르게 성과를 올리는 데 도움이 될 것이다.

- 조직에서 개선이 필요한 직원 한 사람을 생각한다. 그 직원이 좀 더 나은 성과를 거두는 데 필요한 한 가지 주제를 종이에 적는다.
- 그 직원과 일대일 면담을 잡는다.
- CO-A-CH 프레임워크를 바탕으로 핵심 사안(COre Issue)에 집중해서 대화를 이끌고, 과거 당신이 비슷한 문제를 겪었던 실제 사례(Actual Story)를 들려주고, 변화(CHange)하기 위해 필요한 게 무엇인지 묻는다.

12장 리뷰

당신은 훗날 안줏거리가 될 만큼 민망했던 순간을 경험한 적이 있나? 화장실을 다녀온 뒤에 신발에 화장지를 붙인 채로 세미나 무대 위에 오르거나, 지인의 결혼식에 본의 아니게 반바지와 폴로 셔츠 차림으로 나타난 적은 없는가?

내 친구 네일Neil도 "그때 입을 꾹 닫았어야 했어."라고 뼈저리게 후회하는 실수를 저지른 적이 있다. 제이콥Jacob은 네일의 회사에 입사한 지 3개월 된 자동화 전문가였다. 그는 회사가 사용 중인 다양한 프로그램들을 서로 연결해서 시스템을 전체적으로 자동화하는 일을 했다. 하지만 네일은 지난 3개월 동안 제이콥의 업무 실적이 영 마음에 들지 않았다. 네일은 그를 어찌해야 할지 몰라 혼란스러웠으나 제이콥에게는 아무 말도 하지 않았다.

어느 날 네일은 마케팅 부서의 직원들과 화상 회의를 했다. 직원들이 네일에게 여러 프로젝트의 진행 상황을 알려주는 회의였다. 네일이 사용 중인 노트북 화면에서는 참석자 다섯 명의 이름만 보였기 때문에, 굳이 화면을 위아래로 넘기면서 그 다섯 명 외에 다른 누가 참석했는지 확인하지 않았다. 참석자들이 한 명씩 발표를 시작했다.

네일은 그중 한 프로젝트를 진행 중인 직원들이 제이콥과의 협업 과정에서 업무 진행이 지연되고 있다는 사실을 알게 됐다. 안 그래도 제이콥에게 짜증이 난 네일은 그에 대해 불만을 늘어놓기 시작했다. 네일이 말을 마칠 때쯤 귀에 익은 목소리가 들렸다.

"제이콥입니다. 저도 회의에 들어와 있어요."

나는 그 순간 네일이 얼마나 당황했는지 잘 알고 있다. 네일의 진짜 이름이 바로 '댄 마텔'이기 때문이다.

모든 인간은 시한폭탄이다

나는 제이콥과 직접 대화를 나누는 대신 부서원들 앞에서 그를 향한 불만을 늘어놓으며 나 자신을(그리고 제이콥을) 난처한 상황으로 몰아넣었다. 나는 그의 부진한 실적에서 오는 불편한 감정을 마음속에 쌓아두기만 했다. 또 제이콥에게 도움이 될 피드백을 들려주는 대신 불만을 혼자만 삭이면서 끙끙 앓았다. 3개월 동안 쌓인 불만이 2분 만에 터져 나온 이유는, 내가 우리 두 사람에게 양방향 소통의 기회를 제공할 공간을 만들지 않았기 때문이었다.

나는 제이콥과 마주 앉아 내가 느낀 문제에 대해 건설적인 방식의 대화를 나누지 않았다. 하지만 그보다 더욱 큰 문제는 제이콥이 나에게 어떤 불만을 품고 있는지 또한 전혀 몰랐다는 것이다.

어쩌면 제이콥의 업무가 과중했을지도 모른다. 자신의 역할을 제대로 이해하지 못했을 수도 있다. 내가 알지 못하는 다른 프로젝트를 진행하고 있을 수 있다. 자기가 일을 제대로 하고 있다고 생각했을 수도 있다. 하지만 나는 그에게 변화의 기회를 주지 않았다.

나는 조직의 모든 곳에서 피드백이 넘쳐흐르는 인간관계를 맺는 데 실패했다. 오히려 제이콥에게 피드백하는 일을 피하고, 동시에 제이콥이 내게 피드백을 주지 못하도록 막았다. 비즈니스의 핵심인 '피드백'이라는 언어 자체를 삭제해 버린 것이다.

피드백 없이는 생산성도 없다

당신은 회사 전체가 높은 수준의 생산성을 발휘하는 조직으로 발전하기를 원하나?

그러기 위해서는 피드백이 자유롭게 오가는 문화를 만들어야 한다. 양방향 소통과 피드백이 부족한 회사에서는 조직 전체에 생산성을 떨어뜨리는 문화가 암세포처럼 퍼져나가며 문제를 일으킨다.

나는 6장에서 미국의 사업가 겸 작가 키스 페라지에 대해 언급했다. 그는 자신의 책《혼자 밥 먹지 마라》에서 상사와 중요한 회의를 해야 했는데도 도저히 상사에게서 시간을 얻을 수 없었던 이야기를 들려준다. 왜 그런 일이 생겼을까? 문제의 원인은 페라지가 오른팔처럼 아끼던 직원이 상사의 비서와 대판 싸움을 벌인 데 있었다. 그런 사소한 갈등으로 페라지는 하마터면 일자리를 잃을 뻔했다.

내가 직원들과의 대화를 회피해서 문제를 일으킨 것은 이번이 처음이 아니었다. 나는 그로부터 몇 년 전에 이미 비슷한 실수를 저질러 더 나쁜 결과를 초래한 적이 있다.

2012년, 신입 직원 한 명을 정규직으로 채용했다. 알렉시스Alexis는 그때까지 우리 회사와 계약을 맺은 외부 프리랜서로 일하며 자신의 전문 분야에서 뛰어난 능력을 발휘해 왔다. 나는 그녀를 정규직 직원으로 채용해 마케팅 부서를 이끌게 했다. 하지만 알렉시스는 한 달이 지나도록 별다른 성과를 내지 못했다. 마케팅 측면에서는 아무것도 달라진 것이 없어 보였다. 그녀가 정규직이 된 뒤에도 회사에 돌아오는 영업 기회는 전과 비슷했다. 그 문제를 알아차렸으나 나는 아무런 말도 하지 않았다. '입사한 지 얼마 되지 않아 그럴 거야. 일단은 넘어가지.' 그로부터 3개월이 지난 후에도 아무것도 개선되지 않았다. 그녀와 대화를 나눠야겠다는 생각을 했지만 실행에 옮기지도 않았다.

6개월이 지나자 나는 결국 알렉시스를 해고할 수밖에 없었다. 나는 어렵지만 올바른 의사 결정을 내렸다고 생각했다. 알렉시스는 반년 동안이나 성과를 내지 못했다. 나는 그 자리에 조금 더 적합한 인물을 채용하고, 그녀도 더 적합한 직장을 찾는 편이 좋을 거라고 생각했다.

나는 제이콥과 알렉시스 모두에게 똑같은 실수를 저질렀다. 그들과 피드백을 주고받는 일을 불편해한 것이다. 만일 내가 두 사람과 좀 더 나은 관계를 구축했다면 문제의 해결책을 쉽게 찾아냈을지도 모른다. 제이콥은 우리가 아직 도입하지 않은 도구나 소프트웨어가 필요했을 수도 있다. 알렉시스는 새롭게 맡은 역할을 제대로 이해하지 못했을지도 모른다. 제이콥은 업무 마감 시간에 대한 이해가 부족했거나, 알렉시스는 다른 부서에서 너무 많은 업무를 떠맡았지만 이를 거절하는 방법을 몰랐을 수도 있다. 어느 경우든 나는 그들의 문제가 무엇인지 전혀 몰랐다. 아예 물어보지도 않았다.

결과적으로 두 사람과 관련된 문제로 회사의 생산성은 몇 달간 정체됐고 그들의 경력은 위기에 몰렸다. 우리에게 필요했던 것은 내가 그들에게, 또 그들이 내게 전달하는 작은 피드백뿐이었을지도 모른다.

팀의 성과를 끌어올리는 가장 쉬운 방법

2021년, 미국에서는 '대 퇴사'The Great Resignation라고 불리는 사회 현상이 생겼다. 역사상 유례없이 많은 근로자가 너도나도 일터를 떠났다. 그해 7월에만 400만 명이 퇴사했고, 미국의 모든 근로자 중 절반이 퇴사나 이직을 고려 중이라고 말했다.[1,2] 그들은 무엇을 찾고 있었을까?

더 많은 돈, 직업적·개인적 개발 기회, 높은 급여나 더 나은 근무 환경 등이 요인으로 떠오르겠지만, 근로자들에겐 일의 의미나 목적이 가장 중요했다. 글로벌 컨설팅 기업 맥킨지 앤 컴퍼니McKinsey & Company의 조사에서는 70퍼센트의 근로자가 자신의 직업 안에서 삶의 의미를 찾는다는 결과가 나왔다.[3] 다국적 회계 컨설팅 기업 프라이스 워터하우스쿠퍼스Price-waterhouse Coopers, PwC도 비슷한 연구를 통해 일선 근로자들은 '일상적 업무가 제공하는 삶의 의미'를 어느 직장에서 일할지 결정하는 최우선적인 요인으로 꼽는다는 사실을 밝혔다.

직원들은 업무에서 '삶의 의미'를 찾는다. 그 말은 회사에 탁구대를 설치하거나 더 좋은 커피 기계를 들여오는 것만으로는 충분치 않다는 뜻이다. 그들은 자신의 삶에 긍정적인 영향을 미치는 일을 원한다. 모든 직원을 적재적소에 배치해서 각자 원하는 일을 할 수 있도록 배려하면 업무에 더 큰 열정과 에너지를 쏟을 것이다. 본인이 추구하는 삶의 목적을 찾았기 때문이다. 이를 위해 가장 중요한 것이 바로 효과적인 소통이다.

알렉시스의 사례로 돌아가 보자. 그녀는 정규직으로 채용되기 전에 업무에서 훌륭한 실적을 냈다. 아마도 예전의 업무 일정이 그녀에게 더 적합했을 수도 있다. 그래서 정규직보다는 프리랜서로 일할 때 더 좋은 성과를 냈다. 내가 그녀에게 어떤 문제가 있는지 물었다면 십중팔구 대답을 얻었을 것이다.

물론 모든 직원이 원하는 바를 전부 제공할 수는 없다. 하지만 단순한 피드백이라도 자주 주고받는다면 직원들을 조금 더 적합한 환경과 조건에서 일하게 할 수 있다.

작은 회사를 운영 중이라면 해야 할 일이 한둘이 아닐 것이다. 직원들 각자가 어떤 일을 맡고 싶어 하는지 정확히 파악하는 순간, 조직의 생산성은 급격히 치솟는다. 더욱이 규모가 큰 회사에서는 다양한 자리에 저마다 공식적인 이름이 붙어 있다. 재능이 뛰어난 인재가 현재의 일을 즐기지 못한다면 다른 사람과 자리를 바꿔주는 것은 어떨까? 나도 우리 회사에서 일하는 A급 인재들을 그들의 희망에 따라 다른 자리로 이리저리 옮겨준다. 일도 열심히 하고 동기 부여도 잘돼 있지만, 각자에게 더 어울리는 자리가 있는 법이다.

대부분의 회사에는 뷔페처럼 다양한 일자리가 있다. 그러니 모든 사람이 각자 좋아하는 음식을 마음껏 먹을 수 있도록 식탁을 차려주는 것이 어떨까?

다시 말하지만, 당신의 직원 중에 누가 어떤 업무를 하고 싶어 하는지 알아낼 수 있는 유일한 방법은 그들이 편안히 의사를 밝힐 수 있는 분위기를 만드는 것이다. 그 작업은 바로 당신으로부터 시작된다.

진실을 감당할 자신이 있는가

직원들이 업무 마감 시한을 놓치고, 동료를 오해하고, 사람 사이에 갈등을 일으키는 등의 사소한 문제는 직장이라는 환경에서 필연적으로 발생한다. 그러니 이를 무턱대고 피하지 말고 적절히 이용할 방법을 찾아야 한다.

〈뉴욕타임스〉 베스트셀러 작가 킴 스콧Kim Scott은 자신의 책 《실리콘밸리의 팀장들》에서 구글의 모기업 알파벳Alphabet에서는 조직 구성원들 사이의 갈등을 오히려 장려한다고 썼다. 알파벳은 회사 안에서 벌어진 문제를 시장에서 전해 듣기보다 차라리 이사회에서 털어놓고 이야기하는 편이 낫다고 생각한다.

나도 알파벳의 의견에 전적으로 동감한다. 마케팅 부서에서 좋은 영업 기회가 나오지 않는다고 영업 직원이 불만을 품는다면, 이는 당신의 검토나 조치가 필요한 사안일 수도 있다. 어느 직원이 과도한 업무 부담을 호소한다면 그가 업무 스타일을 바꾸도록 도와야 한다. 이런 문제가 자유롭게 표면화된다면(더 바람직하게는 직원들이 문제를 표면화하도록 당신이 돕는다면), 결국 당신은 더 많은 시간과 에너지를 절약하게 된다. 반대로 이런 문제가 발견되지 못하거나 외면된다면, 언젠가 회사 전체를 마비시키는 커다란 장애 요인으로 돌아올 것이다.

고속도로의 교통 상황을 생각해 보라. 도로 위에 차가 한 대 늘어나는 것은 작은 문제 하나가 표면화된 것과 비슷하다. 차들 일부가 진출로로 꾸준히 빠져나가면 기존 속도를 유지할 수 있다. 하지만 너무 많은 차가 한꺼번에 도로 위로 몰려나오는 순간 모든 것이 멈춰 선다. 경영자들의 코치로 유명한 매트 모커리Matt Mochary는 자신의 책《위대한 CEOThe Great CEO Within》에서 구성원들 사이에 피드백이 자연스럽게 오가는 조직을 만들기 위한 완벽한 모델을 제시한다.

나는 이 책의 저자 매트에게 내 고객들을 코치하는 전화 회의에 참석해 달라고 요청했다. 수차례 부탁한 뒤에야 겨우 승낙을 받을 수 있었다. 매트는 우리를 실망시키지 않았다. 그는 피드백의 단계를 말로 설명하는 대신 참석자들이 즉석에서 서로에게 피드백을 주고받게 했다. 전화 회의에서 매트는 자신의 피드백 프레임워크를 요약해서 설명한 뒤에 내게 중요한 역할을 하나 맡겼다.

"댄, 방금 내가 말한 피드백 프레임워크를 이 전화 회의에서 당신 고객들을 위해 시연해 봅시다."

나는 조금 망설였지만, 그의 말에 동의했다. 여러분도 매트가 어떤 말을 했는지 주의 깊게 들어봤으면 한다. 대단히 탁월한 방법이었다.

"댄, 내가 이 전화 회의에서 설명한 내용 중에 당신의 마음에 든 대목이 있으면 이야기해 줄 수 있나요?"

나는 그가 실제 사례를 이용해서 설명하는 방법이 매우 좋았다고 칭찬했다.

"고마워요, 댄. 많이 도움이 됐습니다. 댄, 당신은 내가 개선해야 하는 점이 무엇인지 알고 있을 겁니다. 자, 이렇게 해보세요. 내가 고쳤으면 좋겠다고 느껴지는 점을 하나만 생각하세요. 아직 말할 필요는 없고, 그냥 생각만 하면 됩니다."

나는 뭔가를 곧바로 생각했다. 그러자 매트가 말했다.

"자, 그러면 그것이 무엇인지 모두에게 공유할 수 있나요?"

조금 어색하고 불편한 느낌이 들었지만, 어쨌든 나는 마음속에 있는 것을 이야기했다. 내 입장에서는 매트가 이 전화 회의에 참석해 달라는 내 부탁을 몇 차례 거절한 일이 조금 불공평하게 여겨졌다. 그가 "큰 그룹을 상대로 강의하지 않는다."라고 이유를 대기는 했지만, 내 생각에 이는 다소 이기적인 사고방식이었다. 그는 한 분야의 전문가였다. 그 전문성을 왜 남들과 나누지 않는가? 내게는 지식의 공유가 무엇보다 중요했다. 배우고, 실행하고, 가르치는 일은 내 삶에서 가장 중요한 사명 중의 하나였다.

매트는 내 피드백을 정중하게 받아들이면서 감사를 표했다. 그리고 이를 "수용한다."라고 말했다. 상대방에게 피드백을 받는 사람(이 경우는 매트)은 먼저 그 피드백을 주의 깊게 들어야 한다. 그러나 그에게는 두 가지 선택지가 있다. 이를 수용할 수도 있고 거부할 수도 있다. 매트가 전화 회의 참석 요청을 거절해야만 했던 정당한 사유가 있었다면, 그는 내 피드백을 거부할 수도 있었다. 피드백을 전하는 사람에게 귀를 기울이는 행위는 무엇보다 중요하지만, 그 피드백을 수용하고 이를 행동으로 옮길지 결정하는 것은 피드백을 받는 사람에게 달렸다.

매트는 그밖에 다른 피드백은 없냐고 물었다. 이 대목 역시 중요하다. 직원들은 리더에게 비판적인 피드백을 전달한 뒤에 심리적으로 위축되는 경우가 많다. 심지어 마음의 준비를 단단히 하고 입을 열었더라도 자기가 생각한 것을 한꺼번에 쏟아놓으려 하지 않는다. 그저 문을 삐쭉 열고 한 발을 조심스럽게 들여놓을 뿐이다. 리더가 문을 활짝 열고 손님을 완전히 방 안에 들어오게 해야만 직원들은 속내를 털어놓는다.

게다가 또 다른 혜택도 있다. 매트가 본인의 피드백을 요청했을 때, 나도 나에 관한 피드백을 부탁하고 싶은 욕구를 느꼈다. 당신에 대한 피드백을 직원들이 스스럼없이 전달할 수 있는 분위기를 조성하면, 직원들도 당신에게 같은 질문을 할 것이다. 이를 통해 피드백이 자연스럽게 흐르는 조직 문화가 형성된다.

피드백을 효과적으로 'CLEAR' 하라

나는 매트가 가르쳐 준 피드백 방법론의 핵심이 '솔직하고 명료한 대화'라고 생각했기 때문에 그러한 대화를 이끌 수 있는 구체적 단계를 아래에 요약했다. 매트와 나는 전화 회의라는 공개된 장소에서 이 기법을 시연했다. 하지만 이 기법은 리더와 직원 사이에 이뤄지는 일대일 면담에서 가장 좋은 효과를 발휘한다. 또한 리더가 먼저 직원에게 자신에 대한 피드백을 요청해야 한다.

Create: 편안한 환경을 만든다. 일대일 면담에 참석한 직원에게 당신에 대한 긍정적인 피드백을 한마디 해달라고 부탁한다. 사람들은 남을 비판하기는 어려워해도 좋은 얘기를 하기는 쉽다고 생각한다. 그 직원에게서 긍정적인 피드백을 들은 다음에는 고쳐야 할 점을 하나만 생각해 달라고(그러나 아직 말하지는 말라고) 요청하라. 이 단계에서 당신이 해야 할 일은 대화를 진행하기 편한 환경을 만드는 것이다.

Lead: 비판적인 피드백을 말할 수 있도록 대화를 이끈다. 직원이 당신에 대한 부정적인 피드백을 가지고 있다면, 이를 공유할 수 있는지 묻는다. 그리고 당신은 완벽한 사람이 아니기 때문에 비판적인 의견은 자아를 개선하는 데 도움이 된다고 말한다. 또 당신의 목표는 더 나은 리더로 성장하는 것임을 분명히 한다.

Emphasize: 직원의 피드백을 듣고 한 번 더 강조한다. 아직 전적으로 수용할 필요는 없고 그냥 귀를 기울인다. 그리고 직원이 전달한 피드백을 당신의 입으로 반복함으로써 이를 정확히 알아들었다는 사실을 확인시킨다. 상사가 피드백을 제대로 이해했다고 직원이 느끼기만 해도 이 프레임워크의 가치는 80퍼센트 이상 달성된 것이다. 피드백을 반복한 뒤에는 당신이 올바르게 이해했는지 상대에게 확인하라.

Ask: 다른 피드백이 없는지 묻는다. 사람들은 작은 문제부터 털어놓기 시작한다. 그들에게 진짜 중요한 이야기를 꺼낼 기회를 제공하라.

Reject or Accept: 피드백을 거부 또는 수용한다. 당신은 직원들이 한 말을 수용하거나 거부할 수 있다. 수용한다면 앞으로 자신의 행동을 어떻게 바꿀지 약속하고, 거부한다면 피드백에 감사하다는 의사를 표하라.

우수한 조직 체계를 구축하고 싶다면, 'CLEAR' 단계를 이용해서 대화의 장애물을 제거하고 피드백을 우선시하는 조직을 만들기를 권한다. 이 기법을 바탕으로 직속 부하들과 몇 달간 일대일 면담을 진행하며 유대감을 쌓은 뒤, 그들도 자신의 직원들을 상대로 이 흐름에 동참할 것을 제안하라. 강요하지 말고 제안해야 한다. 그리고 이 기법을 사용한 뒤에 결과가 어땠는지 알려달라고 부탁하라. 직원들과 솔직하고 명료한 대화를 나누면 나중에 큰 문제로 확대될지도 모를 사소한 문제(가령 내가 제이콥과 겪었던 문제)를 방지하는 데 도움이 된다.

A급 직원을 지키면 수백만 달러가 절약된다

이직률이 높은 회사에서는 많은 시간과 돈이 낭비된다. 직원이 퇴사하면 그 사람을 대체할 인력을 찾고 교육하는 데 몇 개월이 걸린다. 경험이 풍부한 직원이 회사를 떠나면 오랫동안 축적된 지식과 전문성도 함께 사라진다. 직원이 다른 회사로 이직하면 다년간 쌓아 올린 회사의 지식, 산업 분야의 경험, 고객 관계, 훈련의 결과물도 함께 옮겨간다.

직원의 이직은 회사가 그에게 쏟은 투자, 전문적인 능력, 인간관계 등이 물거품이 된다는 뜻이다. 반대로 스타 직원들이 장기 근속하는 회사에서는 신입 직원들이 빠르게 업무를 익히고, 파트너십이 강화되고, 조직은 더 크게 성장해 더 많은 인재를 이끈다. 모든 직원을 각자의 생산 사분면으로 초대하는 일과 같다. 최고의 선수들을 팀에 오래 머물게 하려면 그들의 일과 삶에 관한 피드백을 동료들과 자유롭게 주고받을 수 있는 환경을 마련해야 한다.

우리 회사의 임원들은 분기별로 외부에서 전략 회의를 진행한다. 그때마다 참석한 모든 동료와 직접적이고 솔직한 피드백을 나눈다. 우리는 팀 전체의 명단을 작성한 다음 동료들의 장점과 개선점을 하나씩 써넣는다. 그리고 서로에 대한 피드백을 돌아가며 발표하고 경청한다.

한 번은 이 회의에서 임원인 마이클Michael이 여섯 명의 동료로부터 똑같은 단점을 피드백받았다. 동료들은 지난 몇 개월간 마이클의 정기 보고서 속 내용을 제대로 이해하지 못했다고 말했다. 충격을 받은 마이클은 나를 찾아와 이렇게 털어놓았다. "그동안 내게 소통 문제가 있다고 말해준 사람은 아무도 없었어요." 하지만 마이클은 촉망받는 스타 직원이기도 했다. 그가 어떤 행동을 보였는지 아는가? 소통 방법을 개선하는 데 도움이 되는 책을 탐독하면서 이 문제를 깊이 연구했다.

마이클은 다음번 팀 보고서를 제출할 때 시각적 도구, 상세한 분석, 명확한 요점 등을 활용해서 자료를 작성했다. 그가 하루아침에 소통의 달인이 된 이유는 동료들이 개선의 기회를 제공했기 때문이었다.

풍부한 피드백 문화를 보유한 조직에서는 구성원 모두가 승리한다. 작은 문제가 큰 문제로 확대되기 전에 해결되고, 소통 오류로 프로젝트에 차질이 생길 일도 없으며, 개인은 저마다 성장한다. 하지만 이 모든 것은 리더가 자발적으로 피드백을 받아들이는 첫 번째 단계부터 시작된다. 리더라면 먼저 피드백을 요청할 의지가 있어야 한다. 남을 피드백하기는 쉽다. 하지만 이유를 불문하고 자신에 대한 솔직하고 비판적인 피드백을 타인에게 요청하는 데는 용기가 필요하다. 바로 그곳에서 기적이 일어난다.

다섯 가지 바이백 요점

1. 당신을 포함한 조직 구성원들이 마음속으로만 문제를 품고 있다면, 누군가는 어느 날 갑자기 폭발한다. 리더가 직원들을 향해 불만을 터뜨리면 끔찍한 결과가 빚어진다. 문제를 제기할 기회를 얻지 못한 직원은 그냥 회사를 떠날 뿐이다.

2. 피드백이 사라진 조직에서는 생산성이 감소할 뿐 아니라 사소한 인간관계 트러블로 인해 회사의 성장이 가로막힌다.

3. 피드백이 왕성한 직장에서는 구성원들의 의사가 잘 전달되고, 존재감이 드러나고, 가치를 인정해 준다. 그로 인해 조직의 성장을 가속화한다.

4. 피드백을 주고받기는 어렵다. 리더는 자신에 대한 피드백을 먼저 요청함으로써 모범을 보이고, 직원들이 하는 말에 귀를 기울여야 한다. 직원들은 리더에게 비판적인 피드백을 편안하게 전달하는 과정에서 상사가 자신의 의견을 들어주고 인정한다는 사실을 알게 된다. 그런 사람들은 본인에 대한 비판적 의견을 더욱 잘 수용한다.

5. 'CLEAR' 단계를 이용하면 직원들과 솔직한 대화를 나눌 때 발생하는 어색한 분위기를 깨뜨릴 수 있다. 이 방법은 리더가 자신에 대한 피드백을 먼저 요청하는 일대일 면담에서 가장 효과가 좋다. 편안한 환경을 만든다(Create). 비판적인 피드백을 제공할 수 있도록 대화를 이끈다(Lead). 직원의 피드백을

경청하고 강조한다(Emphasize). 다른 피드백이 없는지 묻는다(Ask). 피드백을 거부 또는 수용한다(Reject or Accept).

실전 매뉴얼 ───────

직원들은 분명 당신에게 뭔가 제안할 일이 있을 것이다. (당신이 직원들에게 피드백하고 싶은 점이 얼마나 많은지 생각해 보라. 그들도 당신에 대해 똑같이 생각하고 있다!) 당신의 리더십을 성장시킬 유일할 방법은 직원들의 말에 귀를 기울이는 것이다. 당신이 해야 할 숙제는 다음과 같다.

- 두세 명의 직원과 각자 면담 약속을(아직 별도의 약속이 잡혀 있지 않은 상태라면) 잡는다.
- 직원들을 만난 자리에서 당신에 대한 피드백을 요청한다. 처음에는 어색할 수도 있지만, CLEAR 단계를 이용하면 대화가 수월해질 것이다.
- 팁: 그저 귀를 기울여라. 무엇보다 그들이 당신을 어떻게 생각하는지 파악하기 위해 노력해야 한다. 그렇다고 당장 행동을 바꿀 필요는 없다. (하지만 여러 사람이 똑같은 피드백을 제공한다면, 결국에는 행동을 바꾸고 싶어질 것이다!)

13장 효율

자기가 어디로 가고 있는지 모르는 사람은 바로 그곳에 머물게 될 것이다. 계획에 실패하는 것은 실패를 계획하는 것과 마찬가지다. 구체적인 목표 없이 구체적인 성과를 거둘 수는 없다.

— 데이비드 캐머런 기칸디David Cameron Gikandi, 밥 도일Bob Doyle[1]

2003년, 내 친구 레인 메리필드Lane Merrifield와 그의 동료 랜스 프라이브Lance Pribe는 자신들의 상사 데이브 크리스코Dave Krysko를 찾아갔다. 데이브는 작은 마케팅 대행사의 설립자였다. 이 회사는 농기계 제조업체 존 디어John Deere를 포함한 미국과 유럽의 굵직굵직한 기업들을 고객으로 두고 있었다.

하지만 레인과 프라이브가 생각한 아이디어는 따로 있었다. 프라이브는 지난 몇 년간 늦은 밤까지 작은 온라인 게임을 개발했다.

인터넷이 급속도로 성장하며 유입 연령대가 낮아지던 시기였다. 프라이브와 레인은 당시 누구도 생각하지 못했던 아이디어를 떠올렸다. 아이들이 따뜻하고 편리한 온라인 환경에서 친구를 만나고, 대화를 나누고, 놀이를 즐기고, 공동체를 찾을 수 있는 안전한 공간을 창조하겠단 것이었다.

그때가 2003년이었다. 이 사업에 자금을 대줄 금융 기관을 찾기 위해서는 여러 곳을 알아봐야 했다. 하지만 레인은 광고라는 진부한 수익 모델로 돈을 벌고 싶지는 않았다. 레인은 이 대목에서 특히 단호했다. 그는 어린이들이 안전하게 놀이를 즐길 수 있는 온라인 공동체를 원했기 때문에, 대기업이 무차별적으로 제품과 서비스를 광고하도록 하는 것은 목표와 어긋난다고 생각했다. 대신 그때까지 전례 없던 '구독료 기반'의 비즈니스 모델을 시도해 보고 싶었다.

레인의 상사 데이브는 두 직원이 아이들을 위해 새로운 온라인 경험을 창조하겠다는 계획을 발표하는 모습을 지켜봤다. 그는 비디오 게임이나 대화방 같은 개념은 어느 정도 이해했다. 하지만 '플래시'나 '서버' 같은 용어가 오가고 '펭귄'이 이러쿵저러쿵하는 이야기가 나오자 도무지 알 수 없다는 표정을 지었다. 두 시간이 흐른 뒤 긴장 속에서 레인과 프라이브의 발표가 끝났다. 그들은 내심 사표를 쓸 각오까지 했다. 하지만 데이브가 꺼낸 말은 놀라웠다.

"나는 당신들이 무슨 말을 하는지 잘 모릅니다. 하지만 두 사람이 그토록 열정적으로 이야기하는 모습은 처음 봐요. 그럼 앞으로 우리가 무엇을 해야 할지 당장 의논해 봅시다."

데이브는 직원들이 회사를 떠나게 할 생각이 없었다. 그는 회사 전체의 전폭적인 지지를 바탕으로 펭귄 캐릭터 기반의 게임 사업을 실행에 옮기게끔 했다.

데이브는 말보다 행동이 한참 앞서는 사람이었다. 그는 자기 회사 전부를 이 사업의 종잣돈으로 투자했다. 프라이브에게는 개발 업무를 전적으로 맡겼고, 레인에게는 데이브의 마케팅 대행사에서 낸 수익을 이 사업의 개발 자금으로 활용하도록 배려했다. 그들은 본격적으로 사업에 뛰어들었다.

레인은 자신의 집을 담보로 잡혔고, 프라이브는 밤을 새워가며 개발에 몰두했다. 동료들의 도움도 받았다. 얼마 지나지 않아 그들은 베타 버전을 출시해서 서비스 운영을 시작했다. 2010년쯤에 사이트 전체를 완전하게 가동하게 될 거라고 예상했다. 그들은 베타 버전에서 4,000명의 가입을 기대했다.

하지만 불과 5주 만에 2만 명이 가입했다. 그들은 예상 시기를 훨씬 앞당긴 2005년 10월에 정식 서비스를 출시했다. 6개월이 지나기도 전에 100만 명 이상이 이 사이트에 가입했다. 그러자 이 작은 신생 기업은 회사의 컴퓨터 용량을 최대한도로 사용해야 할 처지에 놓였다. 그들은 미국의 종합 기술업체인 IBM의 컨설턴트에게 돈을 지급하고 회사의 서버가 다운되는 일을 방지하려면 어떻게 해야 하는지 봐달라고 부탁했다. 3일 뒤에 IBM 담당자는 돈을 돌려주며 이렇게 말했다.

"우리 회사의 기계가 이 정도까지 성능을 발휘할지는 몰랐습니다. 당신들은 우리가 가능하리라 상상하지도 못했던 수준으로 컴퓨터를 사용하고 있네요."

2007년이 되자 전 세계 3,000만 명의 아이들이 그들이 개발한 서비스인 클럽 펭귄Club Penguin에 가입했다. 레인은 사용자 수가 늘어남에 따라 전산 자원을 계속 확대해야 한다는 사실을 알고 있었다. 전 세계의 모든 아이에게 안전한 온라인 공간을 제공하려면 세계 곳곳에 지사를 설립하는 방법밖에 없었다. 지사마다 나라가 다르고, 언어가 다르고, 필요한 기술도 달랐다. 그들은 이 사업을 인수할 대기업을 찾기 시작했다. 클럽 펭귄이 온라인 서비스를 시작하고 22개월 후, 디즈니는 이 온라인 게임 플랫폼을 3억 5,000만 달러(약 4,800억 원)에 사들였다(게다가 특정한 경영 목표가 달성되면 3억 달러를 추가 지급하기로 했다).

레인에게 클럽 펭귄은 순수한 열정의 대상이었다. 디즈니는 가장 높은 금액을 제시한 입찰자가 아니었다. 하지만 레인은 디즈니에 매각을 결정했다. 클럽 펭귄이라는 플랫폼을 아이들을 위한 안전한 온라인 공간으로 지켜낼 역량을 지닌 적임자라고 생각했기 때문이다.

내 친구 레인은 오프라처럼 자신의 삶을 빛내주는 목표를 찾아냈고, 세상은 큰 보상으로 화답했다.

불가능함을 불가피함으로 바꾸는 힘

나는 레인의 이야기를 좋아한다. 그가 큰 꿈을 품었기 때문이다. 레인이 클럽 펭귄에 관한 이야기를 할 때는 '일 이상의 것'을 말하는 듯한 설렘이 전해진다. 마치 어린아이가 집의 뒷마당에서 직접 만든 물로켓을 쏘아 올리기라도 한 듯 들뜨고 행복해 보인다.

모든 사람이 그의 계획을 의심했다. 기자들은 조롱했고, IBM도 도움이 되지 않았다. 하지만 레인은 목표에 도달하는 길을 어떻게든 찾아냈다.

우리는 이 장에서 조금 다른 주제를 다룰 예정이다. 지금까지는 당신의 시간을 바이백하는 방법을 주로 이야기했다. 사소하고 무가치한 업무를 위임 사분면에서 즉시 제거하는 방법과 대체 사분면에 갇혀 살아가지 않는 법을 논의했다. 이제는 생산 사분면에 집중해야 하는 이유를 이야기해 보려 한다.

이 책을 쓰는 동안 칼Carl이라는 고객을 코치하기 위해 전화로 회의를 진행했다. 그는 회의에서 이렇게 말했다.

"댄, 당신이 알려준 바이백 원칙을 그대로 실천했습니다! 비서를 채용하고 '대체 사다리'의 각 단계를 순서대로 올라갔죠. 이제 내 시간의 거의 전부를 되돌려 받았어요. 이제는 당신과 진행하는 30분의 전화 회의가 하루 일과의 전부입니다."

내가 이 책을 쓰기로 한 이유는 이런 오해를 바로잡기 위해서였다. 칼의 사업이 워낙 순조롭고 효율적으로 운영되다 보니 그가 일주일 전체를 통틀어 업무에 쏟는 시간은 30분에 불과했다. 칼은 그렇게 절약한 시간을 자신의 회사를 더욱 성장시키는 데 투자하지 않고 은퇴의 길을 택했다.

그가 시간을 되찾았다는 사실은 전혀 놀랍지 않았다. 바이백 원칙이 효과를 발휘한 것이다. 하지만 나는 그에게 화가 났다. 그래서 이렇게 말했다.

"칼, 정말 잘됐네요. 하지만 내가 당신의 시간을 바이백하도록 도운 이유는 온종일 자리에 앉아 아무 일도 하지 않는 모습을 보기 위해서가 아니었어요. 당신은 제국을 건설하는 데 그 시간을 투자해야 합니다. 당신은 예술가예요. 제 목표는 당신이 한층 높은 수준의 성장을 달성하도록 옆에서 돕는 거고요."

더 많은 시간을 되사들일수록 그 시간의 일부를 생산 사분면에 예치하는 방법을 배워야 한다. 칼 역시 생산 사분면에 시간을 쏟고 있다고 스스로 생각했다. 하지만 그렇지 않았다. 그는 그토록 한가한 시간을 오래 견디지 못할 것이다. 누구든 마찬가지다. 사업가는 절대 은퇴할 수 없다.

당신이 사업가라면 해변에 앉아 마냥 빈둥댈 순 없다. 모래 위에서 며칠만 시간을 보내도 좀이 쑤셔올 테니 말이다. 사업가는 알록달록한 파라솔들을 한참 바라보며 더 품질이 좋은 파라솔을 만들 방법을 생각하고, 회사를 세울 궁리를 하고, 풀장에서 심부름하는 소년을 첫 번째 직원으로 채용할 계획을 세울 것이다. 그것이 사업가의 DNA다.

한편으로는 칼은 훌륭하게 시간을 바이백했다. 그는 자신의 삶을 '돌아보고' 에너지를 낭비하는 업무를 다른 사람의 손으로 '옮겼다'. 하지만 바이백 루프의 마지막 단계인 시간을 '채우는' 일을 잊어버렸다.

적지 않은 시간을 바이백하기 시작했다면(이 책의 전략을 따랐다면 분명 그렇게 될 것이다), 어떻게 해야 그 시간을 의미 있게 채울 수 있을지 고민해야 한다. 바이백한 시간은 생산 사분면에 예치해야 한다. 그러기 위해서는 크고, 대담하고, 의미 있는 목표가 필요하다. 나는 레인이 그랬던 것처럼 당신도 큰 꿈을 품기를 바란다. 명심해야 할 점은 그 꿈이 제정신이 아닐 정도로 커야 하지만, 동시에 믿을 수 없을 만큼 선명해야 한다는 것이다.

당신에게는 '10X 비전'(열 배의 비전)이라고 불리는 꿈, 즉 엄청나게 크고, 혁신적이고, 당신의 마음을 강렬하게 사로잡는 꿈이 필요하다. 화성에 발을 딛고, 올림픽 경기에서 금메달을 따고, 회사를 10억 달러에 매각하고, 세상의 모든 쓰레기를 퇴비로 활용하는 날을 그려보라. 10X 비전을 최대한 크고 선명하게 그리기 위해서는, 이를 수립하는 '두 단계'를 거쳐야 한다. 이 장에서는 그 두 단계를 모두 다룰 예정이다.

1단계는 한계 없이 꿈꾸기다. 이 단계에는 그저 마음껏 꿈꾸면 된다. '어떤 꿈을 이루고 싶은지'에 집중하되, '어떻게 달성할지'는 생각하지 마라. 2단계는 선명한 10X 비전 창조하기다. 마음껏 꿈꿨다면, 이제 그 꿈을 조금씩 선명하게 만들 차례다.

이처럼 10X 비전을 수립하는 두 단계를 거치면 원대한 꿈을 꾸고, 선명한 비전을 만들고, 이를 현실화할 수 있다. 이 단계들을 구분하지 못하고 엉망으로 뒤섞는 사람은 큰 실수를 저지르게 된다.

1단계: 한계 없이 꿈꾸기

분명하게 말하지만 내가 말하는 '큰' 꿈은 정말 큰 꿈을 뜻한다. 클럽펭귄도 처음에는 거의 불가능해 보이는 큰 꿈이었다. 사업가라면 당연히 이런 큰 꿈을 품어야 한다. 물론 그 과정에서 수많은 문제에 부딪힐 것이다. 나는 당신이 설립할 회사가 반드시 성공할 거라고 자신하지 못한다. 하지만 꿈이 작다면 열심히 노력할 이유도 사라질 거라고 장담한다. 금광을 발견하겠다는 정도의 목표를 품지 않는 사람은 금방 시들해진다. 다시 말해 거의 불가능해 보이는 꿈이 아니면 스스로 동기를 부여할 수 없다.

2000년대 초, 콜로라도 대학교의 심리학 교수 카사드Casad 박사는 신입생들을 위한 심리학 수업 첫 시간을 이렇게 시작했다.

"신입생 여러분, 심리학 개론 수업에 오신 것을 환영합니다. 여러분에게 한 가지 알려드릴 소식이 있어요. 이 수업이 꽤 '어려울' 거라는 거죠."

학생들이 웅성대기 시작했다. 카사드 교수는 자신이 왜 이 수업을 어렵게 만들었는지 설명했다.[2] 연구에 따르면 학생들은 수업이

쉬우면 공부에 전념하지 않는다. 대신 게으름을 부리고, 할 일을 차일피일 미루고, 지루해한다. 반대로 수업이 어려울 때는 열심히 공부해야 한다는 동기가 부여된다. 사업가는 꿈을 꾸는 사람이다. 업무에 의욕을 불러일으킬 만큼 어려운 꿈이 아니라면, 지루해질 것이다.

사업가들은 네이비실Navy SEAL(미 해군의 특수부대-옮긴이) 못지않게 문제 해결 능력이 뛰어나다. 문제를 풀어내는 과정을 즐기다 보니 문제가 없을 때는 스스로 문제를 만들기도 한다.

해결책은 무엇일까? 추구할 가치가 있는 목표를 설정하는 것이다. 당신이 진정으로 원하는 것은 무엇인가? 어떤 꿈이 이루기 쉽다는 식의 가능성을 따지기 전에, 미래에 아무런 제약이 없다면 어떤 꿈을 꾸고 싶은지 생각하라.

레인은 아이들에게 안전한 대화방과 순수한 즐거움을 제공하면서 광고에서 자유로운 가상 공동체를 만들고 싶어 했다. 누군가에게 그 꿈은 우주여행만큼이나 실현하기 어려운 목표지만, 그는 자신의 꿈을 이뤘다.

물론 레인의 사례는 당신의 관심을 끌거나, 흥분을 일으키거나, 동기를 부여하지 못할 수 있다. 그렇다면 당신을 그렇게 만들어줄 꿈은 무엇인가? 가족과 즐겁게 시간 보내기? 요트 구매하기? 포춘 100대 기업에 들어갈 회사 세우기? 〈뉴욕타임스〉 베스트셀러 10권 쓰기?

미국의 사업가 겸 작가 팀 패리스Tim Ferris는 이렇게 말했다. "당신은 200년이나 300년 뒤의 사람들에게 기억될 만한 어떤 일을 할 수 있나?"[3]

나는 SaaS 아카데미에서 진행하는 집중 강좌에 참석한 고객들에게 미친 듯이 큰 꿈을 품으라고 독려한다. 우리는 때때로 일상의 무게에 짓눌려 내가 지금 왜 이 일을 하고 있는지 잊어버린다. 하지만 사업가에게 그건 큰 실수다. 사업가란 문제를 해결하는 능력을 선천적으로 타고난 사람이다. 세상의 운명은 이 특별한 재능을 지닌 사업가들에게 달려 있다. 그러니 무엇이 가능한지 따지지 말고 말이 안 되는 생각이라도 마음껏 해보길 바란다.

- 세상의 모든 쓰레기를 없앤다.
- 배고픈 어린이가 없는 세상을 만든다.
- 누구나 개인 비행 물체를 타고 날아다닌다.

이 모든 말이 너무 뜬구름 잡는 소리처럼 들린다면, 원대한 꿈이 삶에 재미를 가져다줄 뿐만 아니라 사업가의 여정에 필수적인 이유를 몇 가지 설명하고자 한다.

큰 꿈은 혁신을 일으킨다.

꿈꾸기를 멈추면 동기 부여도 멈춘다. 더 심각한 문제는 창의성의 감소다. 포춘 100대 기업을 세우고, 새로운 소프트웨어를 개발하고, 매출을 네 배로 늘린다는 꿈에 다시 불을 지피는 순간, 창의성은 곧바로 일을 시작한다. 1,000달러를 더 벌 궁리를 하지 말고 고객

1,000명을 더 확보하겠다고 생각하라. 고객에게 전화 몇 통을 돌릴 걱정을 하기 전에 큰 고객을 잡으라고 직원들에게 말하라. 블로그 게시물 한두 개 작성하는 데 목을 매지 말고 소설을 써서 출간한다는 꿈을 품어라.

당신이 경주용 자동차를 타고 트랙을 돈다고 생각해 보자. 당신의 목표가 기록을 1초 단축하는 것이라면, 코너를 더 바짝 붙어 돌거나 기어를 효과적으로 바꾸는 연습에 몰두할 것이다. 하지만 '속도를 두 배로 높일 거야.'라고 생각하는 순간, 두뇌가 고단 기어로 가동되면서 눈앞에 진정으로 흥미로운 게임이 펼쳐진다. 당신은 엔진을 송두리째 재설계하고, 새로운 타이어를 개발하고, 공기역학을 활용할 방법을 찾아 나설 것이다.

옛 격언에 "필요는 발명의 어머니다."라는 말이 있다. 나는 그 말을 이렇게 바꾸고 싶다. 필요가 클수록 발명도 크다.

원대한 꿈은 의욕을 불러일으킨다.

자신의 일에 엄청난 열정을 쏟는 사람은 보는 사람들도 흥분시킨다. 내 친구 조쉬 엘먼Josh Elman도 그런 사람 중 하나다.

조쉬는 자기가 속한 산업 분야에서 발생하는 크고 작은 문제를 수없이 해결한 제품 전문가이자 소프트웨어 분야 투자자다. 나는 그를 2010년에 처음 만났다. 당시 조쉬는 트위터(현재 'X')와 함께 일하며 이 회사의 고객들에게 업그레이드된 온보딩 경험을 제공했다. 조쉬는 자신이 하는 일에 대해 끝없이 말했고, 나는 끝없이 들었다. 그

때만 해도 나는 트위터를 거의 사용하지 않았지만, 조쉬가 내뿜는 에너지로 인해 나도 트위터를 활용해 보고 싶어졌다.

스티브 잡스가 펩시코PepsiCo의 존경받는 CEO였던 존 스컬리 John Scully를 영입한 사례는 유명하다. 잡스는 스컬리가 대기업에서 제공하는 안락한 사무실을 떠나 차고에서 제품 개발에 땀을 흘리는 젊은 영웅들의 무리에 합류하기를 원했다. 그는 스컬리에게 애플에 입사할 것을 여러 차례 제안했지만 실패했다. 잡스는 마지막으로 이렇게 물었다. "당신은 평생 설탕물이나 팔고 싶습니까, 아니면 나와 함께 세상을 바꾸기를 원합니까?"⁴ 스컬리는 애플로 이직했다.

열정적인 사람은 타인의 열정에 불을 지핀다. 그들은 자신의 목표나 미래를 말할 때 남다른 에너지를 뿜어낸다. 충만한 에너지만큼 전염성이 강한 것은 없다. 충만한 에너지는 다음과 같은 전염 효과를 만든다.

- 고객은 더 많은 제품과 서비스를 사들인다.
- 직원은 더 열심히 일한다.
- 사업가는 목표를 초과 달성한다.

원대한 꿈을 품은 사람은 사소한 일에 주의를 뺏기지 않는다.

내가 큰 꿈을 품는 사람들을 좋아하는 이유는 그들이 일정을 어떻게 세우고, 어떻게 하루를 보내고, 삶을 무엇으로 채울지 잘 알기 때문이다. 그들은 쉽게 좌절하지 않는다. 사소한 문제에 발목을 잡히

지도 않는다. 그들이 삶에서 내리는 모든 의사 결정은 꿈을 현실로 만든다. 남들은 화요일 저녁에 어떤 TV 프로그램을 볼지 고민하지만, 꿈을 품은 사람은 그런 일에 시간을 낭비하지 않는다.

삶을 빛내주는 일을 찾아낸 사람은 아침이 밝기만을 기다린다. 장담하지만 그런 사람에게는 넷플릭스를 보고, 게임에 빠지고, 쓸데없는 일에 시간을 쏟을 여유가 없다. 대신 어느 날 문득 휴식이 필요하다고 느낄 수는 있다(물론 휴식은 매우 중요하다).

원대한 꿈은 단순한 의사 결정을 이끈다.

원대한 목표를 추구하는 사람은 아래와 같은 의사 결정을 고민하느라 시간을 낭비하지 않는다.

- 후보자 A와 B 중에 누구를 채용해야 할까?
- 어떤 고객을 확보해야 할까?
- 조직을 정비하려면 어떻게 해야 할까?
- 어떤 사업 기회를 고려해야 할까?
- 어느 분야에 조사 비용을 투입해야 할까?
- 어떤 신규 마케팅 전략에 투자해야 할까?
- 이 직원을 해고해야 할까, 아니면 한 번 더 기회를 줘야 할까?

비즈니스 코치 겸 작가 댄 설리번Dan Sullivan은 이렇게 말한다. "10X 비전은 2X 비전보다 추구하기가 쉽다."[5] 성공의 열쇠를 얻기 위해서는 일상의 문제에서 조금 떨어져 이를 전체적인 관점으로 바라봐야 한다. 야구에서 수비를 연습할 때 첫 번째로 배우는 교훈이 바로 그것이다. 타자가 친 공이 하늘로 높이 솟구쳤을 때 수비수는 한 걸음 뒤로 물러나 공을 멀리서 바라봐야 잡을 수 있다. 그건 불변의 진리다. 고통스럽고 사소한 세부 사항들로부터 자신을 분리하고 삶의 목적을 전체적으로 바라보라. 더 큰 동기를 부여받고 목표 달성에 필요한 단계를 수월하게 포착할 수 있다.

큰 꿈을 품은 사람은 사소한 장애물에 발목을 잡히지 않는다. 때론 먼 곳의 목표를 똑바로 응시하기만 해도 해답을 얻는다. 또한 당신의 여정에는 반드시 긍정적인 마음가짐을 지닌 동반자가 필요하다. 최고의 인재라 해도 부정적인 사람은 채용해선 안 된다. 당신은 가장 혁신적인 기회를 지향해야 한다. 혁신적이지 못하면 어떤 목표도 달성할 수 없다. 원대한 꿈을 설정하고 이를 향해 전진하라.

2단계: 선명한 10X 비전 창조하기

언젠가 여성을 위한 비영리단체를 운영하는 데니스Denise와 이야기를 나눴다. 그녀는 가정에서 학대받는 여성들에게 쉼터를 제공하는 비영리 단체의 CEO였다. 꿈을 꾸는 사람들이 으레 그렇듯 데니스 역시 일을 하면서 크고 작은 난관에 부딪혔다.

데니스는 이 단체가 겪고 있는 몇몇 문제를 내게 이야기했다.

나는 그 문제에 대한 해결책을 제시하는 대신, 앞으로 10년 뒤에 그녀의 비영리 단체가 어떻게 발전하기를 원하는지 물었다.

"더 많은 도시로 진출해서 더 많은 직원을 채용하고, 이 서비스가 필요한 여성들을 더 많이 도울 겁니다."

출발은 좋았으나 방향성이 확실하지 않았다. 그녀의 비전은 선명함과 거리가 멀었다. 그 목표는 일종의 몽상과 비슷했다. 나는 접근 방식을 바꿔 그녀가 운영하는 단체의 현재 상황을 이야기해 보라고 말했다. 그러자 그녀는 두루뭉술한 이야기를 늘어놓는 대신 구체적으로 대답했다.

"현재 우리는 4개 도시에서 활동 중입니다. 한 쉼터에 4명까지 거주할 수 있죠. 현재 직원은 12명이고, 주말에는 자원봉사자 10명이 일을 돕고 있습니다." 그녀는 날짜와 숫자를 포함한 구체적인 데이터를 동원해서 설명했다.

바로 이것이 선명한 묘사다. 그녀는 이런 식의 뚜렷함으로 비전을 묘사할 수 있어야 했다. 머릿속으로 명확한 목표를 그려야 오늘날 이 단체가 겪고 있는 문제들에 적합한 해결책을 찾을 수 있다. 내가 데니스에게 해줄 수 있는 조언은 하나였다.

"당신이 지금의 상황을 말하듯 미래를 자세히 이야기할 수 있다면, 당신의 비전은 커다란 설득력을 갖출 것입니다."

몽상을 비전으로 바꿔라.

운동선수들이 경기에서 승리하는 이유는 눈앞에 스코어보드라는 실행 가능하고 분명한 목표가 존재하기 때문이다. 사람들은 결승선이 있어서 마라톤을 완주한다. 꿈이 이뤄졌는지 이뤄지지 않았는지도 알 수 없을 때 문제가 발생한다.

우리는 초반부에서 중간부로 이동하는 도중 동기를 쉽게 잃어버린다. 처음 출발했을 때는 모든 게 재미있다. 결승점이 눈앞에 보이면 좋은 기록으로 경주를 마치고 싶어져 열심히 달린다. 하지만 목표로 향하는 '중간 지점'에서는 내가 왜 이 길을 걷고 있는지를 종종 잊어버린다. 매년 1월, 헬스클럽은 사람들로 북적인다. 하지만 두 달만 지나도 한산해진다. 결혼식에서는 서로에게 충실하고 좋은 동반자가 되겠다는 의지를 드러내지만 결국 불행한 결혼 생활을 맞는 사람도 많다. 새학기에 열심히 공부하겠다고 결심하는 학생은 많아도 이를 실천하는 경우는 드물다.

이처럼 도중에 목표를 잊지 않기 위해서는 항시 우리가 확인할 수 있는 스코어보드를 만들어야 한다. 쉽게 말해 10X 비전이란 막연한 꿈을 '선명한 그림'으로 바꾸는 작업이다.

'꿈'(첫 번째 단계)이 동기를 부여하는 시작점이자 전체적인 뼈대라면, '10X 비전'(두 번째 단계)은 선명하고 구체적인 계획을 뜻한다. 당신은 꿈을 테이블 위에 올려놓고 날짜, 숫자, 사실 관계를 덧붙인다. 또 관련된 사람이나 장소, 꿈이 현실이 되기 위해 반드시 일어나야 할 사건을 채워 넣는다. 그리고 자신의 꿈속으로 한 발 들어선 뒤에 주위를 둘러보며 이렇게 묻는다. '이 꿈이 이루어졌을 때 내 주변에는 어떤 친구가 있을까? 나는 어디에 살고 있을까? 우리 집의 모습은 어떨까? 사람들은 나에게 어떤 말을 할까? 나는 몇 살이나 됐을까? 은행에는 얼마나 많은 돈이 있을까?'

레인은 전 세계 아이들을 위한 안전한 온라인 공동체를 창조했다. 마담 C.J. 워커Madam C. J. Walker는 미국 역사상 자수성가한 첫 번째 여성 백만장자가 됐다.• 일론 머스크의 회사는 인간을 지구 궤도로 올린 첫 번째 민간 기업으로 이름을 올렸다.••

그 사람들의 꿈은 매우 선명했다. 그들은 그 꿈에 확실한 사실관계를 덧붙이고 세부 사항을 추가하면서 비전을 점차 가다듬었다. 당신이 수립한 비전에 상세하고 구체적인 내용을 추가할수록 꿈을 달성했을 때의 느낌을 상상할 수 있고, 심지어 미리 맛볼 수도 있다.

나도 내 미래를 구체적으로 그리는 작업을 했다. 내가 구체적이라고 말하면, 상상 이상으로 구체적이라는 뜻이다. 나는 회사의 그래픽 팀을 불러 〈뉴욕타임스〉의 첫 번째 페이지와 흡사한 화면을 디자인하고, 우리 회사의 25년 뒤 모습을 다룬 가상의 기사를 몇 편 작성하게 했다. 심지어 우리 회사가 받은 상, 매출액, 사무실 사진(직장인들이 행복하게 일하는 스톡 사진) 등을 기사에 담았다. 그렇게 구체적인

• 게다가 1910년대를 살았던 흑인 여성으로서 그 일을 이뤘다.

•• 일론 머스크가 설립한 회사 스페이스X는 유인 우주선을 지구 궤도로 보낸 첫 번째 민간 회사였다. 또 다른 민간 기업인 스페이스십원(SpaceShipOne)은 2004년 유인 '준궤도' 비행에 최초로 성공했다.

내용을 추가하자 우리의 비전은 한결 생생해졌다. 나는 그 PDF 파일을 수시로 열어 우리의 이야기가 담긴 미래의 기사를 읽는다.

조금 지나칠 정도라고? 물론 그렇다. 하지만 야구계의 전설 요기 베라Yogi Berra는 이렇게 말했다. "당신이 어디로 가고 있는지 알지 못하면 다른 곳에 도착하게 됩니다." 비전을 선명하게 그리는 순간 모든 것이 변한다. 눈앞에 닥친 문제는 사소해 보이고, 창의성은 솟구치며, 대화는 흥미로워질 것이다. '선명함' 없이는 아무 일도 일어나지 않는다.

선명히 꿈꿔라.

선명한 꿈을 가진 사람 중 내가 가장 좋아하는 사례는 올림픽 수영 선수 조지프 스쿨링Joseph Schooling의 이야기다.

미국의 수영 영웅 마이클 펠프스Michael Phelps는 2016년 자신의 마지막 올림픽 경기에서도 변함없이 승리를 거뒀다. 리우데자네이루 수영 경기장에서 자신의 업적에 또 다른 기록을 추가한 것이다. 펠프스는 세계 신기록을 39회 세우고 올림픽 금메달을 21개 획득한 것으로 화려한 선수 경력을 마무리했다. 게다가 그중 무려 다섯 개의 금메달이 리우데자네이루 올림픽에서 나왔다.

하지만 이 올림픽에서 내 관심을 끈 것은 펠프스가 금메달을 따낸 경기가 아니었다. 오히려 그가 단 한 번 승리를 놓친 100미터 접영 결승전이 내 마음을 사로잡았다.[6] 과거 펠프스는 이 종목에서 세 차례나 올림픽 금메달을 땄다. 하지만 그의 연승 기록은 올림픽에 처음 나온 젊은 싱가포르 선수 조지프 스쿨링에 의해 깨졌다.

2008년, 싱가포르에 살고 있던 열세 살 소년 스쿨링은 학교에서 돌아오자마자 가방을 집어던지고 어느 수영장을 향해 뛰어갔다. 바로 그곳에 자신의 영웅 펠프스가 방문한 것이다.[7] 소년은 펠프스와 함께 사진을 찍고 그 사진을 오랫동안 보관했다. 그 만남의 효과는 엄청났다. 스쿨링은 펠프스를 만나고 수영 연습에 모든 노력을 기울였다. 아예 미국으로 거주지를 옮겨 최고의 코치를 찾았고 10년 동안 연습에 매진했다.

그리고 2016년, 스쿨링은 펠프스와 함께 올림픽 경기장으로 들어섰다. 그때까지만 해도 스쿨링에겐 금메달은커녕 우승 경력조차 없었다. 대신 그에게는 10X 비전이 있었다. 그는 본인이 지향하는 목표를 알았다. 어린 시절 자신의 영웅이었던 펠프스보다 조금이라도 먼저 결승점에 도달하는 것이었다.

출발 총성이 울리고 1초가 지나자 스쿨링은 경기를 앞서나갔다. 49초 뒤에 그는 터치패드를 찍었다. 스쿨링은 경기에서 승리했을 뿐 아니라, 잠깐이기는 해도 펠프스가 도착하기를 기다렸다.

그전까지 스쿨링은 올림픽에서 금메달을 딴 적도, 국제적인 명성을 얻은 적도, 세계 신기록을 세운 적도 없었다. 하지만 역사상 가장 위대한 올림픽 챔피언을 꺾겠다는 원대하고 선명한 비전을 세웠고 오직 그 목표를 향해 나아갔다.

올림픽 선수들의 10X 비전은 태생적으로 선명할 수밖에 없다. 결승선을 첫 번째로 통과하고, 더 무거운 바벨을 들어 올리고, 더 높이 뛰고, 더 많은 점수를 내는 것이다.

하지만 사업가가 구체적인 꿈을 그리기 위해서는 약간의 도움이 필요하다. 당신의 꿈을 선명한 10X 비전으로 바꾸려면 다음 네 가지의 세부 사항을 포함해야 한다.

- 팀
- 하나의 비즈니스
- 제국
- 라이프 스타일

팀

꿈을 이루기 위해서는 어떤 사람과 동행해야 하나? 당신의 조직에 합류해서 그 막연한 꿈을 함께 실행에 옮길 사람은 누구인가? 이사회가 필요한가? 그렇다면 몇 명이나 필요한가? 이사회 구성원은 누가 돼야 할까?

나는 스티브 잡스가 극비로 운영했던 '탑 100'이라는 팀을 종종 생각한다. 잡스는 자기가 가장 중요하게 여기는 100명의 핵심 인재(주로 애플 직원)를 모아 비밀리에 회의를 열고 터무니없는 계획을 실행에 옮기는 일을 돕게 했다. 그는 마법을 현실로 만들어낼 능력을 갖춘 최고의 인재들만 모아 의도적으로 팀을 꾸렸고, 매년 그들과 함께 '절대 외부에 알려져서는 안 되는' 사흘간의 회의를 진행했다.[8] 큰 꿈을 꾸는 사업가에게는 팀이 필요하다는 뜻이다.

하나의 비즈니스

나는 행사에서 강연할 기회가 생기면 그곳에 참석한 사람들에게 회사를 몇 개 운영하는지 물어본다. 개중에는 "저는 회사를 세 개 (혹은 그보다 많이) 갖고 있습니다."라고 답하는 사람도 있다. 나는 그들의 열정을 높이 산다. 문제는 여러 회사를 운영하면 어느 한 분야에서도 세계적인 기업을 세우기가 어렵다는 것이다. 스티브 잡스는 애플에 모든 것을 쏟았고, 아리아나 허핑턴Arianna Huffignton에게는 오직 〈허핑턴 포스트〉뿐이었다. 빌 게이츠Bill Gates에게는 마이크로소프트가 있었고, 레인은 클럽 펭귄에 최선을 다했다.

이 사업가들은 하나의 비즈니스에 모든 에너지를 쏟았고, 그 덕에 성장했다. 그들은 한 우물을 파면서 얻은 기술, 네트워크, 자금, 인재, 기타 자원을 다른 곳에 투자했다. 가령 일론 머스크는 언제나 엔지니어였다. 그는 엔지니어로 활동하면서 암을 고치거나 전쟁 영웅이 되기 위해 한눈을 팔지 않았다. 평생 한 곳에만 몰두하며 재능과 기술을 축적했고, 제국을 만들기 위해 이를 '예치'했다.

나는 당신이 여러 기업으로 이루어진 제국의 건설자가 되는 꿈을 품기를 바란다. 하지만 10X 비전을 수립할 때는 먼저 하나의 회사에 집중하고, 자신의 삶을 빛내주는 분야에서 세계 최고가 된 뒤에 새로운 기회에 투자해야 한다.

제국

당신이 하나의 비즈니스를 상상하고 그 꿈을 분명하게 묘사할 수 있게 됐다면 미래의 제국을 꿈꿀 차례다. 다시 강조하지만 그 제국은 당신의 생산 사분면과 핵심 역량을 기초로 해서 세워야 한다.

그때가 되면 당신은 어떤 제품이나 서비스를 판매하고 있을까? 여러 산업 분야에서 활동할까? 한 기업의 CEO로서 다른 회사들에 투자할까? 다양한 조직을 서로 융합해 시너지를 내겠다는 높은 목표가 있을까, 아니면 각자의 이익을 독립적으로 추구하는 기업들을 운영할까? 어떤 자선 사업에 관여하고 있을까?

내 친구 브라이언 스쿠다모어Brian Schudamore는 1-800-GOT-JUNK라는 이름의 폐품 수거회사를 설립하면서 사업에 뛰어들었다. 이 회사를 크게 키운 뒤에는(현재 기업 가치는 3억 달러에 달한다) 종합 홈서비스 회사 오투이 브랜드O2E Brands를 출범시키며 제국을 건설하기 시작했다. 현재 브라이언은 이 브랜드 안에서 페인트 작업 서비스인 와우 원데이 페인팅WOW 1 DAY PAINTING과 청소 서비스 쉑 샤인 Shack Shine 같은 프랜차이즈 사업을 운영하고 있다. 이 모두가 사업 초기에 1-800-GOT-JUNK를 운영하며 얻은 아이디어와 기술의 영향을 받았다.

미래에 어떤 제국을 건설할지를 상상하면 어떤 팀이 필요한지, 어떤 네트워크와 접점을 구축해야 하는지, 어떤 개인적 역량을 개발해야 하는지를 판단할 수 있다.

라이프 스타일
꿈꾸는 삶이 이루어질 10년 뒤로 시간을 이동해 보라. 혈관에

흐르는 피를 느끼고, 주위를 걸어 다니고, 냄새를 맡고, 풍경을 감상하고, 소리를 들어보라. 무엇을 하고 있나? 열렬한 달리기 애호가가 됐나? 철인 3종 경기에 나가기 위해 훈련하고, 손주들과 시간을 보내고, 파리에서 살고 있나? 일하지 않는 시간에는 무엇을 하나? 한 해에도 여러 차례 휴가를 보내며 세계를 돌아다니나? 아니면 빈곤층 어린이들을 위해 봉사 중인가? 휴일은 어떻게 보내나? 어떤 사람들과 어울리고, 어떤 취미를 즐기고, 어떻게 에너지를 충전하나?

나는 당신이 좀 더 생생하게 미래를 그릴 수 있도록 돕고 싶다. 내가 '라이프 스타일'이라고 부르는 말에는 당신이 상상할 수 있는 미래의 모든 것이 포함되어 있다. 그러니 원대하고 야심 찬 꿈을 품기를 바란다. 아마 당신은 네 개의 지역에 집을 마련해 두고 계절마다 한 곳씩 돌아가며 생활할지도 모른다. 어떤 원대한 꿈이든 마음껏 펼쳐라. 단 하나만 명심하면 된다. 그 꿈을 구체적이고 선명하게 계획하라.

모든 효율을 비전에 담아내라

지금까지 이야기한 네 가지 요소를 마음껏 상상했다면, 이제 그 모든 것을 비전에 담아낼 차례다.

내 친구 카일Kyle은 제안서 작성용 소프트웨어 회사의 설립자다. 그는 인디자인 프로그램과 인터넷에서 쉽게 구할 수 있는 무료 사진들을 이용해서 자신의 10X 비전을 만들고, 그 사진들을 업무용 데스크톱 컴퓨터의 바탕화면으로 설정했다. 아침에 출근한 카일은 컴퓨터의 전원을 켤 때마다 그의 미래가 자신을 바라보는 경험을 한다. 아내와 아이들이 미소 짓는 모습, 언젠가는 꼭 살 거라고 마음먹은 큰 배, 가족들과 함께 느긋한 오후를 보내고 있을 호수의 멋진 경치를 마주한다.

카일은 이렇게 말한다. "그 목표를 어떻게 달성할지 벌써 고민할 필요는 없습니다. 작은 기회일지라도 나타날 때마다 놓치지 않고 잡으면 되는 거죠." 카일은 자신의 비전 프레임워크를 종이에 작성하는 것만으로도 꿈을 이루기 위한 첫 날갯짓을 할 동기를 부여받는다.

다섯 가지 바이백 요점

1. 앞날에 영감을 주는 큰 그림이 필요하다. 사업가는 세상에 긍정적인 영향을 선사하고 변화를 만드는 사람이다. 원대한 아이디어는 혁신을 불러일으키고, 열정을 끌어내고, 문제를 극복하고, 수많은 의사 결정을 더 쉽게 내릴 수 있게 해준다.
2. 1단계: 10X 비전 수립을 위한 1단계는 상상력을 제한하지 않고 꿈꾸는 것이다. 그 일을 어떻게 달성할지 염려하지 말고, 아무런 제약이 없다면 어떤 일을 하고 싶은지만 생각하라.
3. 2단계: 원대한 꿈에는 약간의 선명함을 더해야 한다. 눈앞의 상황을 설명하는 것처럼 구체적이고 상세하게 미래를 묘사할 수 있다면, 자신을 동기 부여하는 비전을 지금 당장 만들 수 있을 것이다.
4. 사업가의 비전에는 팀, 하나의 비즈니스, 제국, 라이프 스타일 등 네 가지 요소가 포함돼야 한다.
5. 무엇보다 중요한 것은 큰 꿈을 품는 일이다!

실전 매뉴얼

당신의 목표는 선명한 미래의 비전을 세우는 것이다. 반복해서 말하지만 이 작업은 다음과 같은 단계를 밟아야 한다.

- 1단계: 일단 꿈꿔라. 혼자 길을 걷고, 배우자와 대화를 나누고, 영감을 주는 책을 읽고, 멘토에게 조언을 받아보라. 제약에서 자유로워진다면 어떤 일을 이루고 싶은지 열린 마음으로 생각하라.
- 2단계: 상세함을 추가하라. 큰 꿈을 품었다면 그 꿈을 좀 더 구체적이고 상세하게 그려야 한다. 펜, 붓, 아이패드 등 무엇이든 손에 들고 미래를 그리고 글로 옮겨라. 특히 팀, 하나의 비즈니스, 제국, 라이프 스타일을 포함하는 것을 잊지 말라.

1장에서 언급한 비전 보드를 작성하는 방법을 활용하면 작업에 도움이 된다.

14장 균형

《성공하는 사람들의 7가지 습관》을 쓴 스티븐 코비는 관객들 앞에서 '큰 돌멩이 실험'을 시연한 적이 있다.

　코비는 성공한 여성 사업가 한 사람을 무대 위에 오르게 했다. 코비는 그녀에게 무슨 일을 하는지 물었고, 그녀는 세계적인 기업에서 이사로 일하고 있다는 대답을 했다. 코비는 무대 뒤에서 양동이 하나를 들고 나오더니 거기에 작은 자갈 수백 개를 쏟았다. 그리곤 그곳에 담긴 자갈들은 성공적인 경력을 유지하기 위해 그녀가 해내야 하는 온갖 업무를 상징한다고 말했다. 코비는 그녀에게 큰 돌멩이 몇 개를 건네주며 양동이에 담으라고 말했다. 각각의 돌멩이에는 '휴가', '가족', '종교' 같은 이름표가 붙어 있었다.

　여성 사업가는 큰 돌멩이 몇 개를 어렵사리 양동이 안에 밀어 넣었지만, 나머지는 들어갈 틈이 없었다. 그러자 코비는 똑같이 생긴

빈 양동이 하나를 내밀며, 거기에 모든 돌멩이를 담아보라 말했다. 그 사업가는 큰 돌멩이들을 먼저 채워 넣기 시작했다. 그다음에 작은 자갈들을 쏟아부었다. 신기하게도 그 많은 돌이 양동이에 쏙 들어갔다. 같은 양동이, 같은 돌멩이, 같은 자갈이었지만 결과는 달랐다.

두 개의 양동이는 당신의 삶에서 선택할 수 있는 두 가지 전략이다. 삶이라는 이름의 양동이에 작은 자갈들을 먼저 채우기 시작하면 가장 중요하고 큰 돌멩이들을 담을 수 없게 된다. 하지만 큰 돌멩이부터 담으면 그 주위에 작은 자갈들을 한결 수월하게 끼워 넣을 수 있다.

당신의 삶에 가장 중요한 순간은 언제인가

이 책의 마지막 장에서는 양동이에 어떤 돌멩이부터 담아야 하는지 인지함으로써 삶에서 가장 중요한 순간을 놓치지 않는 방법을 이야기해 보려 한다.

삶이라는 양동이에 큰 돌멩이부터 담지 않으면 당신의 주위 사람들이 그 대가를 치를 수밖에 없다. 바이백 원칙을 도입하지 않겠다는 말은 수많은 이메일에 시달리고, 밤늦게까지 회사에서 일하고, 가족들과 보내는 주말을 포기하겠다는 뜻이다. 일과 가정을 동시에 잡으려고 안간힘을 쓰지만 그 사이 어딘가에서 꼼짝달싹할 수 없는 처지가 된다. 일정에 당연히 포함돼야 하는 큰 돌멩이들을 빠뜨리는 순간, 밤늦게까지 일하고, 가족과 함께하는 저녁 식사에 참여하지 못하고, 중요한 이벤트를 놓친다. 나 또한 다르지 않았다. 언젠가 나는 예고 없이 부모님 댁을 찾았다. 마침 그 근처에서 볼일이 있었기에, 겸사겸사 부모님을 찾아뵌 것이었다. 어머니는 나를 보고 이렇게 말했다.

"대니! 와줘서 반갑다. 아버지 생신이라 같이 저녁 식사를 하려고 온 거니?"

나는 붉어진 얼굴로 그렇다고 대답한 뒤에 아버지를 껴안았다. 하지만 너무 늦었다. 아버지는 내 얼굴에 드러난 표정을 보고 아들이 자신의 생일을 완전히 잊고 있었다는 사실을 알아차렸다.

앞서 8장에서는 '완벽한 한 주'를 설계하는 방법에 관해 이야기했다. 한 주의 일정을 자기 주도적으로 계획하는 사람은 자신의 발목을 잡는 사소한 일에서 벗어나 삶을 밝히고 더 많은 돈을 안겨주는 일에 초점을 맞춘다. 우리는 이 전략의 시간적 지평을 1년으로 확대해서 '미리 채워진 한 해'Preloaded year를 설계할 수 있을 것이다.

'미리 채워진 한 해'를 말 그대로 한 해의 일정 전체를 자기 주도적으로 설계하는 작업을 뜻한다. 주위의 요구에 수동적으로 반응하며 한 해를 보내는 대신, 자신의 진정한 바람과 가치관에 따라 한 해의 일정을 선택하는 것이다.

큰 꿈을 실행 가능한 형태로 만들어라

코비의 말처럼 '미리 채워진 한 해'에는 큰 돌멩이부터 담아야 한다. 그 돌멩이가 무엇인지는 말할 필요조차 없다. 가족, 신앙, 친구처럼 삶에서 가장 소중한 것들이다. 우리는 이 모든 것을 먼저 양동이에 담아야 한다. 동시에 또 하나의 중요한 돌멩이도 잊어선 안 된다. 바로 당신의 10X 비전이다.

10X 비전을 실행 가능한 크기로 잘라 한 해의 일정에 반영해야 한다. 따라서 '미리 채워진 한 해'를 설계하는 법을 설명하기 전에, 당신의 10X 비전에서 오늘 해야 할 일을 역순으로 도출하는 방법을 이야기해 보자.

1. 체크포인트를 설치한다.

당신은 10X 비전이라는 최종 목적지를 마음속으로 이미 정했다. 그렇다면 최종 목표 지점에서 오늘(현재)로 거슬러 와라. 그 길의 중간중간에 계획이 어떻게 진행되는지 수시로 파악할 수 있는 체크포인트를 설치해야 한다. 체크포인트를 잘 설치하기 위해서라도 최종 목표 지점을 선명히 그려야 한다. 언제 비전을 달성하고 싶은지 파악하고 있어야 체크포인트를 효과적으로 수립 및 수행할 수 있다. 목표를 달성하는 데 10년이 걸릴 것 같다면, 그 지점에서부터 역산하면 된다. 지금부터 5년 뒤, 3년 뒤, 1년 뒤의 모습을 떠올려라. 그 시점에 당신이 어떤 모습이어야 10년 뒤의 목표를 이룰 수 있는가?

각 체크포인트에는 팀, 하나의 비즈니스, 제국, 라이프 스타일 등 네 가지의 요소가 포함되어야 한다.

내 동료 랜들Randall은 10년 뒤 서적, 캐릭터, 애니메이션 등을 망라하는 대형 미디어 기업을 설립하겠다는 비전을 세웠다. 그가 목표 지점에 도달하려면 지금부터 5년 뒤까지는 수십 권의 소설을 쓰고, 수많은 캐릭터를 개발하고, 적어도 한 편의 애니메이션을 제작해야 한다. 3년 뒤에는 적어도 10권의 책과 5권의 만화책을 펴내고, 영화 제작에 자금을 지원할 투자자들과 사업적 유대를 구축해야 한다. 1년 뒤에는 한 권의 책을 출간하고, 5~10개 정도의 캐릭터를 개발하고, 미디어 기업들에 자금을 지원하는 투자자들과 관계를 맺기 시작해야 한다. 관건은 '역순 사고'다. 역순 사고가 바탕이 되면 구체적인 전략을 수립할 수 있게 된다.

2. 다음 체크포인트에 도달하기 위한 전략을 세운다.

체크포인트를 설치한 뒤에는 가장 가까운 지점부터 시작해서 각 지점에 도달하는 데 필요한 전략을 브레인스토밍해야 한다.

아무리 머리를 굴려도 어떻게 전략을 세워야 할지 모르겠다면 주위의 멘토에게 최종 목표를 알려주고 아이디어를 구하라. 일단 1년 뒤 체크포인트에 도달할 전략을 구상했다면, 2년 뒤, 3년 뒤 체크포인트에 도달할 전략도 같은 방식으로 구상할 수 있다. 아이디어를 평가하거나 거르지 말고 나오는 대로 목록을 작성하라. 브레인스토밍에서 나쁜 아이디어는 없다.

랜들의 경우를 예로 든다면, 그는 다음번 체크포인트에 도달하기 위해 아래와 같은 세 가지 전략을 세웠다.

- 링크드인을 통해 미디어 업계의 거물급 인사에게 접촉한다.
- 로스앤젤레스에서 개최되는 미디어 콘퍼런스에 참석한다.
- 디즈니, 소니, 유니버설 스튜디오 같은 대형 미디어 기업의 임원들을 상대로 콜드 콜을 실시해서 조언을 얻는다.

물론 바람직한 브레인스토밍 회의에서는 이보다 훨씬 많은 전략이 도출된다. 열 개든 스무 개든 마음껏 생각하라. 아마 다음번 체크포인트에 도달하는 일이 한결 수월해질 것이다.

3. ICE를 이용해서 점수를 매긴다.

체크포인트에 도달하는 전략의 목록을 완성했다면 각 전략에 점수를 매겨 현실적으로 오늘 당장 시작할 수 있는 일로 범위를 좁힌다. 나는 'ICE'라는 기준을 사용해서 각 전략에 1점부터 30점까지 점수를 부여한다.

- 영향(Impact): 1~10점
- 자신감(Confidence): 1~10점
- 난이도(Ease): 1~10점

영향은 돈에 관련된 문제다. '이 전략이 회사의 매출에 어떤 영향을 미칠까?'라는 질문에 답해야 한다. 여기서 말하는 '영향'이란 '긍정적 영향'을 말한다. 따라서 영향의 점수가 낮다면 그 전략이 현재 회사에 수익을 주지 못할뿐더러 '손실'을 끼칠 수도 있다는 의미다. 반대로 점수가 높으면 이 전략이 조만간 매출 증가에 도움을 줄 거라는 의미다.

자신감은 '이 전략이 얼마나 효과가 있을까?'라는 질문에 대한 답이다. 그 전략이 반드시 효과가 있을 거라고 자신한다면 10점이고, 행운을 기대해야 하는 상황이라면 1점이다. 난이도는 그 전략이 얼마나 실행에 옮기기 쉬운지를 평가한다. 매우 쉽다면 10점을 주면 된다.

랜들의 ICE 점수는 아래와 같을 것이다.

- 링크드인에 검색해서 미디어 업계의 거물급 인사를 접촉한다. (ICE: 23점)
- LA에서 개최되는 미디어 콘퍼런스에 참석한다. (ICE: 20점)
- 디즈니, 소니, 유니버설 스튜디오 같은 대형 미디어 기업의 임원들을 상대로 콜드 콜을 실시해서 조언을 얻는다. (ICE: 16점)

모든 전략에 점수를 매겼다면, 그중 가장 점수가 높은 두세 개 항목을 골라 올해의 일정에 담을 '큰 돌멩이'로 삼으면 된다. 이 돌멩이들을 결정했다면 10X 비전에 도달할 전략들을 자신의 삶에서 가장 중요한 가치들과 함께 한 해의 일정에 담을 준비가 된 것이다. 이제 '미리 채워진 한 해'를 본격적으로 설계해 보자.

완전히 달라진 다음 해를 만드는 법

나는 매년 12월에 아래와 같은 요령으로 다음 한 해를 설계한다.

큰 돌멩이들을 먼저 담는다.

삶에서 가장 중요한 일, 즉 큰 돌멩이를 올해의 일정에 먼저 담는다. ICE 방법론을 이용해 10X 비전을 달성하기 위한 전략도 포함한다. 가족의 생일, 기념일, 휴가, 중요한 비즈니스 행사 등도 빼놓지 않고 미리 계획한다. 당신에게 아무런 일이 일어나지 않는다고 해도 이 돌멩이들만큼은 여전히 양동이에 남아 있을 것이다.

미국의 해군 제독 윌리엄 H. 맥레이븐William H. McRaven은 《침대부터 정리하라》에서 아침에 일어나자마자 침대를 정리하는 사람은 이미 한 가지 과업을 완료한 것이라고 말한다. 비록 즐겁지 않은 하루를 보냈다고 해도, 집으로 돌아오면 깨끗하고 따뜻한 침대가 기다리고 있기 때문이다.

따라서 내가 이듬해의 일정에 큰 돌멩이를 넣는 순간(나는 매년 12월에 '미리 채워진 한 해'를 설계한다), 아침에 침대를 정리하는 것과 같은 과업 하나를 완료하는 셈이다. 비즈니스적으로 그해의 상황이 뜻하지 않게 어려워져도(2020년에 수많은 회사가 어려움을 겪었듯이), 나는 저녁이면 가족들에게 돌아가고, 아내와 데이트하고, 휴일을 즐기고, 좋은 날을 축하하는 일을 놓치지 않을 것이다.

당신의 큰 돌멩이는 무엇인가? 개인적 삶에 대한 답은 누구에게나 비슷하다. 아마도 기념일, 휴가, 자녀와의 시간 등일 것이다.

사업에서의 큰 돌멩이는 절대 놓치면 안 되고 이듬해에 큰 성과를 안겨줄 것으로 예상되는 3~5개의 중요한 활동이다. 이게 무엇인지는 회사에 따라서 다르다. 가령 어떤 조직에서는 콘퍼런스, 라이브 이벤트, 책 저술, 새로운 소프트웨어 프로젝트, 주요 마케팅 행사, 협력 관계 체결 등이 큰 돌멩이가 된다. 회사의 성장을 견인할 만한 중요한 업무를 파악해서 미리미리 일정에 포함하라. 그래야만 뜻하지 않은 시간 충돌이나 일정을 놓치는 상황을 방지할 수 있다.

비슷한 자갈을 모아 큰 돌멩이를 만든다.

매년 반복적으로 수행해야 하는 과업이 있다면, 이들을 한데 모아 큰 돌멩이로 만들고 업무를 일괄적으로 처리할 수 있다.

- VIP 고객들에게 한 해에 두 차례씩 감사를 표시하는 자리를 마련해야 한다면, 6개월마다 이틀의 시간을 내어 그 작업을 한꺼번에 처리하라.
- 전 세계에 흩어져 있는 지사를 1년에 한 번씩 방문해야 한다면, 한 달간 일정을 잡고 전 세계를 도는 마라톤 여정을 계획해 보라.

여러 업무를 일괄적으로 처리하는 일정을 세우면 이를 큰 돌멩이로 삼아 당신의 '미리 채워진 한 해'에 반영할 수 있다. 작업이 완료된 뒤에는 그 업무가 주는 심리적 부담을 덜고 더 중요한 일에 에너지를 쏟을 수 있다.

점검하고 정비할 시간을 추가한다.

운동선수들은 탈수로 인한 컨디션 저하를 방지하기 위해 미리 충분한 수분을 보충한다. 선수들은 몸에 수분이 부족하다고 느끼는 순간 이미 경기력의 20퍼센트가 감소한 상태임을 잘 알고 있다. 따라서 목이 마르기 전에 미리 물을 마시고, 휴식을 취하고, 음식을 섭취함으로써 최상의 몸 상태를 유지한다.

운동선수뿐만 아니라 누구나 자신의 컨디션을 그렇게 관리할 수 있어야 한다. 본인의 에너지 수준이 언제 낮아지는지 판단해서 '점검 및 정비' 일정에 추가하면 1년 내내 최상의 컨디션을 유지할 수 있다. 가령 2개월에 한 번씩은 정기적으로 주말 휴가를 가져야 한다면 그 일정을 '미리 채워진 한 해'에 포함하라. 또는 장기 프로젝트를 완료한 뒤에 필수적으로 며칠은 쉬어야 한다면, 주요 행사가 끝날 때마다 주말에 3일 정도 휴식을 취하기를 권한다. 나는 큰 행사가 끝난 뒤에는 항상 재충전을 위해 이틀간 휴가를 낸다.

자갈들을 담는다.

삶에서 가장 중요한 이벤트를 시간표에 담았다면, 이제는 그다음으로 중요한 일, 즉 어느 정도 의미가 있으나 심각할 정도로 중요하지는 않은 사건을 일정에 넣어야 한다. 대개 주기적으로 되풀이되는 업무나 활동이 자갈에 해당한다.

개인적 삶에서의 자갈이란 아내와 함께하는 주말 데이트, 일요일에 교회 가기, 목요일 저녁의 볼링 대회 같은 일상적 활동을 뜻할 것이다. 사업에서의 자갈은 새로운 소프트웨어 출시, 핵심 인재 채용, 직원들을 위한 일대일 면담, 분기별 이사회 같은 업무를 의미할 수 있다.

여기까지 작업했다면 당신의 '미리 채워진 한 해'는 이미 상당 부분 채워졌을 것이다. 큰 돌멩이들을 양동이에 담는 순간 달력 여기저기에 몇 주간의 일정이 생겨난다. 자갈들을 모아 큰 돌멩이를 몇 개 만들면 달력의 주요 부분에 또 색깔이 칠해진다. 그리고 나머지 자갈들을 양동이에 쏟는 순간 당신의 일정은 90퍼센트가 채워진다.

스트레스 테스트를 잊지 않는다.

지금까지 계획한 '미리 채워진 한 해'가 실행 가능한지 검증하려면 반드시 스트레스 테스트를 해야 한다.

그 일정에 담긴 이벤트가 당신에게 얼마나 많은 에너지, 돈, 시간을 안겨줄지(또는 빼앗을지) 생각해 보라. 내 경우, 한 해의 일정에서 큰 이벤트들이 너무 가깝게 배치되지 않도록 주의를 기울이는 편이다. 일례로 중요한 행사를 개최하기 직전에는 절대 가족 휴가 일정을 잡지 않는다. 행사에 에너지를 쏟다 보면 가족들과 휴가를 보내면서도 정신은 다른 데 가 있다. 중요한 행사를 끝내고 휴가를 떠나야 에너지를 충전하고 가족들에게도 집중할 수 있다.

마지막으로 당신이 세운 일정을 바라보며 자신에게 질문을 던져 보라. '내가 미리 채워진 한 해를 계획대로 실천하면 연말에 정말 멋진 한 해였다고 생각하게 될까?' 그 대답이 '그렇다.'라면 당신은 '미리 세워둔 한 해'를 성공적으로 계획한 것이다. 대답이 '아니다.'라면, 다시 계획을 세우라. 다시 계획을 세울 때는 먼저 문제가 무엇인지 분석해야 한다.

'미리 세워둔 한 해'를 실천하기가 너무 벅찬가? 그렇다면 일정의 어느 부분에 조금 더 여유로운 시간을 끼울지 생각해 보라. 조금 긴 휴가, 스테이케이션Staycation(휴가를 집이나 집 근처에서 보내는 일-옮긴이), 배우자와 떠나는 로맨틱한 여행 등이 도움이 될지 모른다.

현재의 계획을 실행에 옮기기가 어렵거나 불가능한가? 목표를 달성하기 위해서는 어떤 자원이 필요한지 생각해 보라. 그중에는 헬스클럽 회원증, 소프트웨어, 또는 추가적인 운송 수단이 있을 수도 있다. 계획을 달성하려면 수많은 필수 도구가 필요하다. 그 도구들을 손에 넣을 수 있다면, 확보할 날짜를 일정에 추가하라. 그렇지 않으면 계획을 수정해야 할 수도 있다.

그 계획이 당신을 즐겁게 하는가? 한 해의 계획이 당신을 흥분시키지 않거나 아침에 침대에서 벗어날 동기를 부여하지 않는다면, 계획을 다시 세우고 엔진의 회전수를 높일 동기 부여 활동을 한 가지 이상 일정에 추가해야 한다.

실천, 계속 해내는 힘

한 해의 일정을 모두 세웠다면 그 약속을 지켜야 한다. 1년 치 일정을 짰다는 말은 삶에서 어떤 일이 가장 중요한지 이미 결론을 내렸다는 뜻이다. 이제 그 일을 실천하기만 하면 된다. 승마 기수들은 말이 최고의 능력을 발휘하도록 말의 머리 양쪽에 블라인더Blinder를 댄다. 이 도구는 말이 한눈을 팔지 않고 오직 트랙만 바라보게 함으로써 경주에서 승리할 수 있도록 에너지를 최적화한다.

물론 당신은 말이 아니다. 개인의 일과 삶에는 블라인더로 차단할 수 없는 예상치 못한 기회와 사건이 불쑥불쑥 생긴다. 그 기회를 잡기 위해서 미리 세워둔 일정을 바꿔야 할 수도 있다.

아내와 나는 삶에 새로운 기회가 찾아왔을 때 그것이 기존의 계획을 바꿀 가치가 있는 기회인지를 결정하기 위해 간단한 테스트를 한다. 우리는 서로에게 이렇게 묻는다. "이것이 진정으로 '엄청난' 기회일까?" 만일 배우자가 보기에도 그렇다면 계획을 수정한다. 그렇지 않다면 기존의 계획을 그대로 밀고 나간다. 이를 수치화시켜 보면 나는 미리 세워둔 일정의 10~15퍼센트 정도를 도중에 변경한다.

좋은 기회가 왔는데도 이미 짜둔 계획에 어긋난다는 이유로 수용하지 못해서야 되겠는가?

최고의 순간을 누릴 시간

이 '큰 돌멩이의 비유'는 여러 화자를 거치며 다양한 버전으로 진화했다. 어느 동영상에서는 교수 한 사람이 큰 그릇에 여러 개의 골프공을 먼저 담고, 그 뒤에 자갈을 채운다. 그리고 나머지 공간에 모래를 채우고 물을 붓는다.[1] 이 버전은 우리에게 또 다른 교훈을 안겨준다. 삶의 소소한 행복을 즐길 시간은 누구에게나 충분하다는 것이다.

창의력이 풍부한 사람들은 '미리 채워진 한 해'를 통해 일정을 너무 빡빡하게 계획하면 삶이 안겨주는 우연하고 즉흥적인 기쁨을 누리지 못할 거라고 걱정한다. 하지만 당신에게 한 가지 비밀을 알려주겠다. 일정을 세심하게 계획할수록 우연한 기쁨과 창의적인 에너지를 즐길 시간이 늘어난다는 사실이다.

혁신 전략가 숀 카눈고Shawn Kanungo는 최근 우리 회사의 직원들과 전화 회의를 진행하다 갑자기 이런 말을 던졌다. "댄은 창의력이 무척 왕성합니다. 엄청나게 많은 콘텐츠를 작성하지요."[2]

나는 회사 SNS에 되도록 많은 콘텐츠를 게시하려고 노력한다. 개중에는 미리 계획된 콘텐츠도 많지만, 짬이 날 때마다 즉흥적으로 올린 게시물도 많다. 이러한 콘텐츠 게시 활동은 '미리 채워진 한 해'에는 포함되지 않은 즉흥적인 활동이다. 또 친구들과 캐나다에서 산악자전거를 타는 등 미리 계획하지 않은 소소한 일탈을 즐기기도 한다.

내가 이런 즉흥 활동을 즐길 수 있는 이유는 그럴 만한 시간을 미리 확보해 뒀기 때문이다. 나는 지인들의 갑작스러운 시간 요청에 자신과의 약속을 어겼다는 죄책감 없이 응한다. 큰 돌멩이와 자갈들이 모두 일정에 들어 있고, 무사히 완료될 거라고 확신하기 때문이다. 나는 금요일에 시간이 비면 산악자전거를 타러 간다. 그러면서도 아내의 생일, 아이들의 축구 경기, 중요한 콘퍼런스 등을 절대 놓치지 않는다.

'미리 채워진 한 해'의 가장 큰 장점이 바로 그것이다. 가장 중요한 이벤트들이 미리 일정에 들어 있다는 사실을 인식함으로써, 삶이 제공하는 최고의 순간을 누릴 시간을 확보할 수 있다.

2007년, 나도 10X 비전을 하나 작성한 적이 있다.

내 꿈은 훌륭한 아이디어 컨설턴트가 돼서 최고의 인재들을 보유한 전 세계의 여러 회사에 투자하는 것이었다. 미래에는 여러 회사의 리더들과 돌아가며 대화를 나누고, 중요한 전략적 의사 결정을 검토하고, 시장에서 맞닥뜨리는 문제를 해결하며 하루하루를 보낼 수 있게 되기를 희망했다.

그런 형태의 제국을 건설하기 위해서는 전 세계 인재들을 온라인에서 자유롭게 만날 수 있는 디지털 팀 시스템이 필요하다고 생각했다. 각 팀의 리더들이나 이사회 멤버들과 연속적으로 온라인 회의를 진행해 보고 싶었다. 그 꿈을 이루려면 무엇이 필요할까? 온라인 대기실이 필요하다. 어떤 그룹과 30분 정도 이야기하는 동안 다음 그룹이 온라인 대기실에서 차례를 기다리는 것이다.

2007년에는 온라인 대기실이라는 개념이 존재하지 않았다. 하지만 나는 개의치 않고 그 아이디어를 그림으로 옮기고 비전 보드에 담았다. 비록 모든 것을 완벽하게 생각해 내지는 못했지만, 그 비전을 그림으로 그리고 나니 손에 닿을 듯 가까워졌다.

몇 년 뒤, 한 기업의 소프트웨어 개발자들은 온라인 전화 회의 기술을 개발했고, 커뮤니케이션 플랫폼 줌Zoom은 가상 대기실을 만들었다. 내가 상상한 그대로였다. 나는 그저 상상했을 뿐이었다. 하지만 그 미친 아이디어를 글로 옮긴 지 10년도 되지 않아 나는 이미 그런 세상에 살고 있었다. 내가 꿈을 꾸고, 상상하고, 계획한 그 미친 아이디어는 현실이 됐다.

누구에게나 이런 기적 같은 일이 현실이 될 수 있다.

다섯 가지 바이백 요점

1. 한 해를 미리 계획하기 위해서는 가장 중요한 일(큰 돌멩이)부터 일정에 담고, 그다음으로 중요한 일을 포함하고, 마지막으로 기쁨을 안겨주는 소소한 활동을 끼워 넣어야 한다.
2. 세심하게 계획을 세우고 치밀하게 일정을 수립할수록 즉흥적이고 우연한 기쁨을 더 많이 누릴 수 있다.
3. 한 번 일정을 세웠다면 그대로 밀고 나가라.
4. '미리 채워진 한 해'는 10X 비전을 실행에 옮기는 데도 도움이 된다. 비전을 5년, 3년, 1년 단위의 목표로 잘게 나누면 그 해에 무엇을 해야 할지 알 수 있다.
5. 만일 당신에게 예상치 못한 기회가 찾아왔다면 기존의 계획을 변경할지 말지를 고민해야 한다. 자신에게 이렇게 질문하라. 이건 진정으로 '엄청난' 기회일까? 만일 그렇다면 계획을 바꿀 가치가 있다. 그렇지 않다면 기존의 경로를 유지하라.

실전 매뉴얼

'미리 채워진 한 해'를 작성하라. 당신의 비전을 이루기 위한 계획을 그대로 밀고 나가는 데 도움이 될 것이다.

이제 당신의 원대한 게임을 시작할 시간이다.

나가며

다시 사들인 삶

내 목표는 휴가가 필요 없는 삶을 사는 것이다.

— 롭 힐Rob Hill

시간을 바이백하기 위한 내 여정은 조금 특이한 지점에서부터 시작됐다. 바로 옷을 세탁하는 일이었다. 나는 20대 때 뉴저지의 파시파니Parsippany라는 도시에 살며 스페릭을 운영하느라 밤낮없이 바쁘게 일했다.

나는 천재가 아니었다. 심지어 그때는 "회사를 성장시키기 위해서가 아니라 당신의 시간을 되사기 위해 직원을 채용하라." 같은 개념도 머릿속에서 가다듬어지지 않았다. 그저 나는 사업에서 성공하려면 더 많은 시간이 필요하다는 결론을 내린 뒤, 주위를 둘러보며 내게서 소중한 시간을 빼앗는 일이 무엇인지 고민했다. 내가 무엇을 찾아냈는지 아는가? 바로 청소와 세탁이었다.

별것 아닌 듯 보여도 그 두 가지 일이 내게는 스트레스였다. 조금 이상하게 들릴지 모르지만, 나는 우리 집을 청소하고 옷을 세탁해 줄 사람을 고용하면서 처음으로 시간을 바이백하기 시작했다. 그러자 하루에 두 시간 정도 여유가 생겼다. 내가 시간 해방에 관한 깨달음을 얻은 순간이 바로 그때였다. 대부분의 사람이 회사에서 특정한 역할이나 조직도만을 생각하고, 어떤 일이 누구의 책임인지를 따지는 데만 정신을 쏟는다. 하지만 그보다는 누구에게나 한정적인 자산, 즉 시간을 절약하는 방법에 집중해야 한다.

나는 누군가에게 돈을 지불하고 시간을 사들여야 한다고 마음먹은 순간부터 모든 곳에서 거래의 기회를 찾기 시작했다. 하루에 열 시간을 직접 프로그래밍에 매달릴 수도 있지만, 다른 직원을 채용해서 그 일을 맡기면 사업을 더욱 크게 성장시키는 데 열 시간을 사용할 수 있을 거로 생각했다. 또 우리 회사의 웹사이트를 내가 직접 개발할 수도 있지만, 나보다 능력이 뛰어난 전문 개발자에게 일을 위임하면 그 시간을 아이들과 보낼 수 있겠다는 결론에 도달했다. 어쨌든 이 모든 일이 시작된 계기는 집을 청소하고 옷을 세탁하는 일을 누군가에게 맡기면서부터였다.

돌이켜 보면 나는 다른 사람들에게 일을 맡기기로 한 내 의사결정이 그들의 삶에도 직접적이고 긍정적인 영향을 미칠 거라는 사실을 알고 있었다. 우리 집을 청소하거나 내 옷을 세탁하는 사람에게는 내가 새로운 고객이었다. 따라서 그들은 내 일을 맡아서 얻은 소득을 자신의 시간을 바이백하는 데 사용할 수 있을 터였다. 그것이 바로 바이백 원칙의 최대 장점이다. 당신이 시간을 바이백하면 호수 위에 물결이 번져나가듯 모든 사람에게 혜택이 돌아간다. 바이백 원칙의 위력을 제대로 이해한 사람은 정원 돌보기, 인사 관리, 행정 업무, 단순한 과업, 복잡한 프로젝트 등 모든 곳에서 이를 적용할 기회를 찾는다.

내가 리사라는 직원을 고용해서 우편물 정리 업무를 맡긴 이야기를 기억하는가? 다른 사람에게 돈을 주고 자신의 우편물을 들여다보게 하는 것이 조금 이상해 보일 수도 있다. 하지만 바이백 원칙이 내게 가르쳐 준 또 하나의 교훈이 바로 그것이다. 우리는 때때로 자신의 취약한 부분을 남에게 과감히 맡길 필요가 있다. 나는 데이트에 대해서는 잘 모르지만, 전문가들은 상대방에게 마음의 문을 열어야 데이트에 성공한다고 말한다. 이 조언은 비즈니스의 세계에서도 꽤 유용하다.

비서를 채용할 때든 대체 사다리에 관련된 직원을 찾을 때든, 바이백 원칙의 혜택을 온전히 누리고 싶다면 그들이 당신의 삶에 한 발을 들여놓도록 허락해야 한다.

나는 바이백의 수준을 한 단계 끌어올려 요즘에는 '하우스 매니저'House Manager를 고용하고 있다. 말 그대로 그 사람은 내 자동차를 세차하고, 차에 기름을 넣고, 학교에서 아이들을 데려오는 일을 포함해 우리 집 지붕 아래에서 벌어지는 모든 일을 관리한다. 내가 그녀를 채용한 이유는 비서를 채용한 이유나 대체 사다리의 각 단계에 해당하는 직원들을 뽑은 이유와 똑같다. 우리 집의 하우스 매니저도 그들처럼 내 시간을 바이백해 주기 위해 일한다.

내가 삶에서 노력을 기울이는 일은 딱 두 가지다. 사랑하는 사람들과 함께 시간을 보내는 것, 그리고 사업에서 더 많은 가치를 창조하는 것이다. 그밖에는 아무것도 없다.

회사에서 업무 보조 직원을 뽑는 건 이해가 가는데, 사적인 삶에서까지 누군가를 채용해야 하냐고 말하는 사람들도 있다. 누군가는 이렇게도 생각한다. '굳이?'

- 다른 사람을 우리 집에 들이면 사생활을 침해당하는 기분이 든다.
- 내 집을 청소해 주는 대가로 남에게 돈을 주면, 사람들이 나를 속물이라고 흉볼 것이다.
- 그 모든 일은 나 혼자서 충분히 할 수 있다.
- 어쨌든 그 일은 내 개인적 책임 아닌가.

이런 이야기를 수없이 들었다. 내 친구 맨디Mandy와 스티브Steve 부부는 돈도 많이 벌었고 그들만의 제국도 건설한 부자다. 그러나 내가 두 사람의 집을 방문했을 때, 맨디는 뜨거운 햇볕 아래에서 잡초를 뽑고 있었다. 물론 운동 삼아 했을 수도 있고 바깥 활동이 좋아서 했을 수도 있다. 하지만 내가 추측하기로 맨디는 그 일이 본인의 책임이라고 생각했던 것 같다.

맨디는 이렇게 말할 것이다. '나는 그 일을 충분히 할 수 있고 시

간도 많다. 왜 하면 안 되는가?'

물론 이해는 간다. 하지만 남에게 충분히 맡길 수 있는 일에 직접 손대는 순간, 오히려 그들에게서 소득을 빼앗는다는 사실을 깨닫지 못하는 사람이 많다. 왜 그토록 이기적인가?

하지만 오해하지 말라. 나는 사람들이 집안일을 통해 책임감을 쌓는다는 사실을 누구보다 잘 이해한다. 그런 이유로 하우스 매니저 베티Betty가 우리 아이들의 방을 청소하지 못하게 한다. 그녀는 나에게 고용된 사람이지, 아이들을 위해 일하는 사람이 아니다. 우리 아이들은 책임감을 배워야 한다. 나는 그 사실을 잘 알고 있고, 여러분도 그럴 것이라 믿는다.

베티는 매일 오후 4시가 되면 우리 집에 마련된 사무 공간에 들어와 내게 단백질 셰이크를 건넨다. 나는 그녀에게 미소 지으며 고맙다고 말한다. 계속되는 회의와 빡빡한 일정 탓에 마침 시장기를 느끼던 참이기 때문이다.

간혹 내가 수백만 달러의 거래가 오가는 전화 회의에 매달리고 있을 때 그녀는 방으로 살며시 들어온다. 내가 손을 내밀기만 해도 베티는 단백질 셰이크를 내게 쥐여 준다.

그건 일종의 규약이다. '매일 오후 4시에 댄에게 단백질 셰이크를 준다.' 하우스 매니저와 나눌 수 있는 일상은 그런 식이다. 나는 굳이 회의를 중단하지 않고도 뭔가를 배에 채움으로써 늦은 오후에 정신력을 유지하고 시간을 절약할 수 있다.

베티는 그 밖의 다른 간단한 규칙들도 잘 지키고 있다(나는 독자 여러분에게 댄이라는 사람의 민낯을 공개하는 셈이다). 나는 일회용 치실을 사용한다. 플라스틱 손잡이 한쪽 끝에는 치실이, 다른 쪽 끝에는 이쑤시개가 달린 제품이다. 나는 좋아하는 브랜드의 껌도 즐겨 씹는 편이다. 베티는 우리 집의 모든 방과 자동차 안에 항상 새 치실과 껌을 가져다 둔다. 그리고 늦은 밤 내 침대 머리맡에는 늘 새 생수병이 놓여 있다. 또 나는 자동차에 기름을 넣고 세차하는 일을 몇 년 동안 직접 해본 적이 없다.

베티는 우리 가족이 여행을 떠날 때도 우리에게 멋진 시간을 선사한다. 그녀는 우리보다 먼저 목적지로 날아가 모든 것을 미리 준비해 둔다. 덕분에 우리는 예상치 못한 일로 시간을 낭비할 필요가 없다. 베티가 그렇게 할 수 있는 이유는 일을 처리하는 방법에 대한 체계적인 대본이 미리 마련돼 있기 때문이다.

스티브 잡스가 그 유명한 터틀넥 셔츠를 항상 갖춰 입었듯이, 나도 베티와 한번 맺은 규약을 바꾸거나 다시 생각하지 않는다.

나는 회사 업무와 똑같은 관점에서 집안일을 생각한다. 자동차에 기름을 넣을 시간에 아이들과 놀아주거나, 집을 청소할 시간에 비즈니스를 할 수도 있다. 청구서를 읽고 있을 시간에 아내와 데이트를 즐길 수도 있다. 하우스 매니저 덕분에 삶에서 가장 훌륭한 선택지를 고를 수 있는 것이다.

누군가에겐 내 이야기가 먼 나라 이야기처럼 들릴지도 모른다. 지금 당장 하우스 매니저를 두라고 권하는 것도 아니다. 그러나 훗날 그런 경제적 여유와 능력이 생겼을 때 하우스 매니저의 존재로 엄청난 시간을 절약할 수 있다는 사실을 알아둬라. 하우스 매니저가 아니더라도 삶의 곳곳에 시간으로부터 해방될 수 있는 방법이 넘친다.

주위를 둘러보며 오늘 당장 시간을 바이백할 수 있는 기회가 무엇인지 생각해 보라. 집을 청소하고, 자동차를 관리하고, 음식을 준비하고, 정원을 손질하는 일 등이 모두 고려의 대상이다. 당신의 시간을 소모하는 일을 생각보다 저렴한 비용으로 남에게 맡길 수 있다.

삶 전체를 바이백하라

바이백 원칙은 한 번으로 끝나는 일회성 활동이 아니라, 하나의 철학이다. 당신은 스스로 어떻게 시간을 보내는지 꾸준히 '돌아보고', 시간을 소모하는 무가치한 업무를 다른 사람에게 어떻게 '옮길지' 생각해야 한다. 그리고 당신의 삶을 빛내주고 더 많은 돈을 벌게 해주는 활동으로 새롭게 얻은 시간을 '채워야' 한다.

바이백 원칙을 올바르게 활용하는 사람은 삶의 궁극적인 목적을 위해 자신을 끊임없이 개선한다. 당신은 본인이 싫어하는 업무를 그 일을 좋아하는 누군가에게 맡김으로써 새롭게 확보한 시간을 다른 분야에 재투자할 수 있다.

2013년, 언론인 브라이언 보르지코프스키Bryan Borzykowski는 "은퇴는 당신을 죽음으로 몰고 가는가?"라는 제목의 기사를 BBC에 기고했다.[1] 그가 이 기사에서 인용한 연구 결과는 충격적이다. 일터를 떠나 전통적인 방식의 은퇴 생활에 돌입하는 순간 다음과 같은 문제가 발생한다는 것이다.

- 우울증을 겪을 확률이 40퍼센트 증가한다.
- 의사가 처방한 마약성 약물을 복용하게 될 확률이 60퍼센트 증가한다.
- 적어도 한 가지의 신체적 질병에 걸릴 확률이 60퍼센트 증가한다.

살기를 멈추는 순간 죽음이 시작된다. 내 계획은 이것과 정반대인 삶을 살아가는 것이다. 매일매일 풍부하고 온전한 삶을 살아감으로써 죽음이 나를 쫓아오지 못하게 막을 것이다. 대부분은 은퇴를 해야 인생을 즐기게 될 거라고 착각한다. 하지만 나는 그렇게 생각하지 않는다. 은퇴한 순간부터 내가 좋아하는 일을 하지 못하게 될 것이다.

언젠가 우리 부부가 여행을 떠났을 때 아내가 이렇게 물은 적이 있다.

"당신은 은퇴한 뒤에 어떤 모습으로 살고 싶어?"

"여보, 지금 보고 있잖아."

나는 천재가 아니다. 하지만 언젠가부터 오프라, 버핏, 브랜슨 같은 사람들을 흉내 내기 시작했다. 바이백 원칙을 삶에 적용하는 법을 배웠고, 생각과 시간, 비즈니스를 업그레이드하는 방법을 지금도 학습하고 있다. 나는 바이백 원칙 덕분에 내가 원하는 삶을 '지금' 살고 있다. 따라서 은퇴 계획이 없다. 나는 언제까지나 시간을 되사들이고, 바이백 원칙을 활용하고, 삶을 즐길 것이다.

나는 회사를 매각하고 은퇴를 선언한 뒤에 이탈리아로 날아가 빈둥거리며 3개월을 보낼 생각이 없다. 나는 오늘 당장이라도 좋아하는 사람들을 이탈리아로 초대해 3개월간 각자의 취향에 맞게 '미술 강좌'를 열어줄 능력이 있기 때문이다.

실제로 나는 이 책을 쓰기 위해 캐나다 로키산맥 근처에 오두막을 한 채 빌려 우리 회사의 카피라이터 크리스Chris와 함께 작업을 진행했다. 몇 주 전에는 동영상 촬영 프로젝트를 끝낸 영상 제작자 샘Sam을 초대해서 며칠을 묵게 했다. 이번 주 목요일 저녁에는 세계에서 가장 아름다운 여성(내 아내)과 데이트를 할 예정이다. 나는 주말마다 친구들과 산악자전거를 타고, 두 아들과도 많은 시간을 보낸다. 또 나는 뜨거운 물이 담긴 욕조에 몸을 담그기를 좋아해서 하루에 한 시간씩 욕조에 들어앉아 긴장을 풀고, 책을 읽고, 멋진 아이디어를 생각하며 마음을 가다듬는다.

왜 이런 삶에서 은퇴해야 할까?

여러분도 '원하는 삶을 살기 위해 은퇴한다.'는 헛된 생각을 멈췄으면 한다.

당신의 제국

바이백 원칙을 삶에 적용하면, 풍부한 능력을 갖추게 된다. 그 점은 장담할 수 있다. 2장에서 이야기한 것처럼 자신의 바이백 요율이 얼마인지 계산하는 순간, 더 많은 시간을 되사기 위해 창의적인 사고력을 발휘하게 된다.

바이백 원칙을 삶에 충실히 적용하는 사람은 은퇴할 필요도 없지만 은퇴를 원하지도 않는다. 그들은 자신이 미래에 건설할 제국을 미리 볼 수 있는 크고 선명한 창문을 가지고 있기 때문이다. 자신이 만들 제국의 미래를 본 이들은 항상 에너지가 넘친다. 더 왕성한 에너지를 동원해서 제국을 건설하는 꿈을 꾼다. 따라서 더 많은 시간을 얻는다. 당신에게도 당신만의 제국을 건설할 더 많은 시간이 주어질 것이다.

나는 100살이 넘을 때까지 온전하고 충실한 삶을 살 계획이다. 내 나이가 세 자릿수를 기록할 때까지는 60년이 남았다. 그 정도면 거대한 제국을 건설할 만한 시간이다.

65세가 되면 일에서 손을 떼겠다고 계획하지 말라. 그보다는 당신의 세계를 창조하는 데 65년을 더 쏟겠다고 결심하라. KFC의 설립자 커넬 샌더스Colonel Sanders는 이렇게 말했다. "일은 삶의 밑바탕이다. 나는 절대 은퇴하지 않을 것이다. 사람은 사용해서 닳는 속도보다, 사용하지 않아 녹스는 속도가 더 빠르다."

영원히 은퇴하지 않기로 마음먹은 사람에게는 생산 사분면의 삶을 바탕으로 계획을 실천할 시간이 넘쳐난다.

- 정비 업체를 운영 중이라면 그 업체가 프랜차이즈 사업을 통해 전국 주요 도시로 진출하는 상상을 해보라. 그 회사는 어떤 모습인가?
- 주택 건축업자라면 당신의 부동산 포트폴리오 가치가 수십억 달러에 달하는 날을 상상해 보라. 어떤 기분이 들까?

물론 당신의 상상력을 하룻밤 사이에 키울 수는 없다. 내 동생 피에르도 처음에는 무작정 주택 건축 사업에 뛰어들었다. 피에르가 자기 회사를 도와달라고 부탁했을 때, 나는 동생에게 숙제를 하나 냈다.

"캐나다 지도를 화면에 띄우고 네가 진출하고 싶은 모든 도시에 회사 로고를 붙여봐."

당시 피에르의 통장에는 고작 27달러뿐이었다. 지은 집이라곤 한두 채가 전부였다. 좋지 않던 시기에 내가 그렇게 말했으니 피에르 입장에서는 당혹스러웠을 것이다. 하지만 피에르는 결국 해냈다. 자신의 목표를 향해 달렸다. 오늘에 이르러 피에르는 4개 도시에서 지사를 운영 중이다. 지금까지 수백 채의 집을 건축했고, 많은 상을 받았으며, 자신의 부동산 포트폴리오를 든든하게 구축하고 있다. 그는 지도 위에 자기 회사의 로고를 붙임으로써 가시적인 목표를 창조했고, 덕분에 자신의 꿈에 현실적인 실행 계획을 첨부할 수 있었다. 이

때 그의 꿈은 막연한 희망에서 구체적인 목표로 진화했다. 이제는 당신도 비전을 현실로 바꿀 때가 됐다. 나는 이 책을 통해 당신이 '당장' 행동하기를 바란다.

13장에서 이야기했던 10X 비전 작성 연습을 기억하는가? 내가 구글 드라이브 안에 또 하나의 디지털 쓰레기를 더하기 위해 그 비전을 개발하라고 말한 것은 아니다. 이제 한 걸음을 내디뎌 보자.

우리가 지금부터 해볼 것은 우리의 미래를 시각화하는 과정이다. 당신의 두뇌를 자극해서 원하는 삶을 이뤄낼 기회를 포착했으면 한다. 또 당신의 생각보다 훨씬 크고 위대한 당신의 모습을 상상하게 되기를 바란다.

아래의 단계를 밟으면서 오늘부터 새로운 삶을 시작하는 연습을 해보라.

1단계, 당신이 영화관에 앉아 있는 모습을 상상해 보라. 스크린의 크기, 무대, 눈앞에 늘어선 의자의 대열 등 상세한 내용을 그 장면에 추가하라. 이제 영화가 시작된다. 10X 비전을 달성한 미래의 당신을 그린 작품이다. 당신은 영화 속에서 자신의 제국을 건설하고 생산 사분면에 충실한 삶을 산다. 당신이 운영하는 회사는 훌륭한 플레이북과 A급 직원들 덕분에 기름이 잘 칠해진 기계처럼 매끄럽게 돌아간다. 비서가 당신의 이메일과 일정을 전적으로 관리하고, 하우스 매니저는 당신의 집을 관리한다. 당신은 혁신적 리더다. 당신 이외에는 아무도 당신의 삶을 통제하지 않는다.

2단계, 이제 스크린 앞으로 가서 당신이 이뤄낸 10X 비전의 삶으로 들어가라. 모든 상상력을 동원해서 그 삶을 감각으로 경험하라. 사람들이 말하고, 웃고, 환호하는 소리를 듣고, 옷의 촉감을 느끼고, 공기 중에 퍼지는 향기를 맡고, 혀 위에서 느껴지는 맛을 즐겨라. 당신의 10X 비전과 연관된 모든 것을 현실로 재생하라. 자신의 표정, 동작, 심지어 심장이 뛰는 느낌까지 생생하게 경험하라(이쯤 되면 당신의 감각은 불꽃놀이를 하듯 환하게 불타오를 것이다. 비전에 생명을 불어넣었기 때문이다).

3단계, 시각화 과정에 대해 아무도 언급하지 않은 한 가지 비밀을 이야기하겠다. 당신의 두뇌는 상상의 감각을 통해 보고 느낀 대상을 거부하기 시작할 것이다. 마음속에서는 부정적인 생각이 치솟고, 그 비전을 어떻게 현실화할 것인지 신경이 쓰일 것이다. 그 꿈이 너무 멀고 막연하게 느껴져서다. 그런 생각이 들 때마다 자신에게 이렇게 말해보라. "그런 생각은 필요 없어."

- 그 비전을 이루려면 계획을 어떻게 세워야 할까?
- 친구들이 어떻게 생각할까?
- 그 목표를 이루려면 엄청나게 일해야 하지 않나?

이 질문에 단호하게 대답하라. "그런 생각은 필요 없어." 당신이 이 사고 과정을 완료했다면(10분도 채 걸리지 않는다) 이제 눈을 뜨고 하루의 일과를 시작하라. 이 작업이 일상이 되면 삶이 눈에 띄게 개선된다. 미국의 작가 겸 연설가 마리안 윌리엄슨Marianne Williamson 은 베스트셀러《사랑으로 돌아가기A Return to Love》에서 이렇게 말한다. "소심한 삶은 세상에 도움이 되지 않는다. 주위에 불안감을 안겨주지 않기 위해 몸과 마음을 움츠리는 사람에게는 아무것도 배울 게 없다."

'소심한 삶'은 자신, 사랑하는 사람들, 인간관계에 결코 도움이 되지 않는다. 그건 다른 사람들에게도 세상을 소심하게 살아가라고 가르치는 일과 다를 바 없다. 소심한 꿈을 품고 살아가는 사람은 그렇지 않은 사람이 됐을 때 이룰 수 있었던 것보다 훨씬 저조한 성과를 거둔다. 소심한 삶을 선택한 탓에 세상에 더 큰 도움이 될 기회를 스스로 박탈하는 것이다. 당신은 자신이 될 수 있는 가장 큰 사람이 되어야 한다.

당신이 이 책을 다 읽었다는 말은 앞으로 더욱 큰 게임에 뛰어들고, 더 위대한 정체성을 확인하고, 더 원대한 삶을 살기로 약속했다는 뜻이다. 당신이 아니라면 대체 누가 그 일을 이룰 수 있겠는가?

삶을 떠받치는 일곱 기둥

내 고객 오스틴Austin은 사업을 처음 시작했을 때 남편과 아빠로서 감당해야 하는 여러 가지 책임을 저버렸다고 말했다. 하지만 모두 가족을 위해서였다고 덧붙였다. "아내에게 이렇게 말했죠. 앞으로 4년 정도는 아이들이 일어날 시간에 집에 없을 것이고, 저녁에도 함께 식사하지 못할 거라고요. 아내가 가정을 지켜준다면 나는 열심히 일해서 성공할 수 있을 테니까요."

나는 왜 그랬느냐고 물었다.

"전부 가족들을 위해 그런 거죠."

"아니죠. 그들은 그런 삶을 원한 적이 없습니다."

그는 살짝 충격을 받았다. 가족들이 진정으로 무엇을 원했는지 생각한 적이 없었기 때문이다. 수많은 사업가가 '가족들을 위해서'라는 핑계를 대며 죽도록 일한다. 하지만 그 대가를 치르는 사람도 가족이다. 스스로에게 이렇게 물어야 한다.

'내가 성공의 사다리를 올라 정상에 도달했을 때 가족들이 더 이상 나를 원하지 않는다면 어떨까? 그들이 내가 집을 비운 상황에 너무 익숙해진 나머지 어쩌다 내가 집에 있을 때 사생활을 침해당하는 듯이 느낀다면? 그것이 내가 꿈꾸는 미래인가?'

시간의 이동 방향

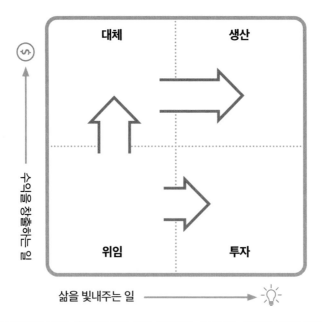

위임 사분면이나 대체 사분면과 달리, 투자 사분면에는 항상 어느 정도의 시간을 예치해야 건강하고 활기찬 삶을 살아갈 수 있다. 위임 사분면에서 바이백한 시간의 일부분을 투자 사분면에 예치하라. 위임 사분면에서 대체 사분면으로, 대체 사분면에서 생산 사분면으로 당신의 시간이 이동하는 동안, 투자 사분면의 시간은 일정하게 유지돼야 한다.

오스틴은 열심히 일했다. 하지만 투자 사분면에 시간을 예치하는 일을 외면함으로써 삶에서 가장 소중한 부분을 놓쳤다. 투자 사분면의 일은 당신의 삶을 빛내주기는 해도 당장 큰돈을 벌게 해주지는 못한다. 그렇기에 투자 사분면에 시간을 투자하길 아까워하는 사업가들이 많다.

그럼에도 불구하고 투자 사분면에 늘 일정 시간을 안배해야 한다. 그렇지 않으면 삶을 살아갈 가치가 없어진다. 큰 꿈을 좇아 열심히 일하지만, 아이들의 생일 파티, 친구의 졸업식, 아내가 가장 좋아하는 휴일 등 삶에서 진정으로 중요한 순간들을 놓치게 될 것이다. 그건 일종의 죄악이다.

삶을 떠받치는 일곱 기둥 - 점검표

나는 아래 사항들이 포함된 점검표를 매주 들여다보며 내가 어떤 삶을 살아가고 있는지 수시로 확인한다. 이 점검표는 내가 성공을 추구하는 동안 삶에서 가장 중요한 일을 놓치지 않도록 돕는다.

1. 건강: 건강을 잃으면 모든 것을 잃는다.
많은 사람이 몸이 망가질 때까지 일에 매달린다. 아무리 성공한 삶을 산다고 해도 신체적 건강을 지키지 못한다면 무의미하다.

2. 취미: 압축을 해제하라.

당신의 취미는 무엇이었나? 트랙을 달리고, 아이스 링크에서 땀을 흘리고, 중고 책방에서 초간본을 찾는 데 시간을 쏟았던 적이 있나? 당신은 달리기를 마치고 귀가하고, 스케이트를 벗고, 새로 산 책을 책상 위에 올려놓을 때 의욕이 샘솟는 느낌을 받는다. 당신의 표정과 태도가 그 사실을 그대로 보여준다. 본인만을 위해서가 아니라 주위 사람들을 위해서라도 취미생활을 하라. 이는 정신 건강을 유지하는 데도 필수적인 요소다. 취미가 없으면 살기가 힘들어지고, 주위 사람들도 그만큼 어려움을 겪는다.

3. 정신 수양: 우주의 에너지를 활용하라.

꼭 특정 종교를 믿으라는 말은 아니다. 하지만 한편으로는 종교 행위와 깊이 연관된 조언일 수도 있다. 우리는 주위를 둘러싼 영적인 세계와 교감하는 능력을 계발해야 한다. 명상에 들거나, 요가를 하거나, 교회에 나가거나 어떤 방법을 통해서라도 정신을 수양하라.

4. 친구: 인간관계를 무너뜨리지 말라.

사업가 중에는 'A 타입' 성격이 많다. 아마 당신도 규칙을 엄격하게 지키고, 열심히 일하고, 집중력이 강한 사람일 것이다. 하지만 이따금 일에서 벗어나 친구들과 시간을 보내지 않는다면, 어느 날 삶에서 결정적인 순간이 닥쳤을 때 주위에 아무도 남지 않게 된다. 친구는 마치 근육과도 같아서 시간을 투자하지 않으면 사라진다.

5. 사랑: 당신이 사랑하는 사람에게 전념하라.

어중간한 관계는 오래가지 못한다. 사랑하는 사람과의 관계에 늘 모든 것을 쏟아야 한다. '사랑'의 대상에는 가족뿐만 아니라 모든 인간관계가 포함된다. 당신의 가정, 일터, 삶에는 얼마나 사랑이 넘치는가?

6. 경제적 상황: 돈 문제를 직시하라.

이 말만 들어도 짜증이 나는 사람이 있을 것이다. 많은 사람이 일터가 아닌 곳에서 이루어지는 돈에 관한 대화를 별로 좋아하지 않는다. 물론 당분간 돈 걱정을 하지 않아도 되는 사람도 있을지 모른다. 하지만 경제적 문제는 늘 괴롭고 삶의 여러 부분에서 에너지를 빼앗는다. 당신의 경제적 상황을 정면으로 바라보라.

7. 사명: 당신은 왜 노력하는가.

사람들은 하나같이 성공하고 싶어 한다. 하지만 "당신이 말하는 성공의 의미는 무엇입니까?"라고 물으면 쉽게 대답하지 못한다. 그들은 건강이나 일, 그밖에 다른 것들이 자신의 삶에 왜 중요한지 잘 모른다. 당신이 처음 사업을 시작할 때 용기를 북돋고 영감을 주었던 사명을 늘 기억해야 한다.

나는 이 일곱 기둥을 세우기 전까지 '삶의 균형을 잡는다는 건 말도 안 되는 소리'라고 생각했다. 당시 나를 지배했던 삶의 방식은 한 분야(가령 비즈니스)에 철저히 집중하고 나머지 영역에는 큰 문제만 없도록 유지보수 모드를 가동하는 것이었다. 하지만 이제는 무엇이 옳은지 깨달았다. 삶에는 결코 무시하면 안 되는 몇몇 기둥이 있다. 이 기둥은 당신의 삶 전체를 떠받치고 있으므로, 그중 하나라도 쓰러지면 삶 전체가 무너져 내릴지도 모른다.

이 간단한 점검표가 모든 문제를 해결해 주지는 못하겠지만, 당신의 투자 사분면에 적은 시간이라도 꾸준히 예치하도록 돕는 역할을 할 것이다.

내가 '삶을 떠받치는 일곱 기둥'을 활용하는 방법은 이렇다. 먼저 이 점검표를 '매주' 들여다보며 점수를 매긴다. 그리고 가장 점수가 낮은 두 가지 기둥이 무엇인지 점검한다. 마지막으로 다음 주에 이를 개선할 방안을 찾아낸다. 만일 '사랑' 항목에서 낮은 점수가 나왔다면, 나는 아내에게 작은 기쁨이라도 안겨줄 수 있는 일을 계획한다(가장 바람직한 것은 그 일을 '완벽한 한 주'에 포함하는 것이다). 아내와 데이트를 하거나, 아내에게 하루 동안의 자유로운 저녁 시간을 선사하거나, 그녀를 마사지 숍에 데려다주는 것이다.

물론 이 점검표가 완벽한 시스템은 아니다. 하지만 삶에서 완전히 은퇴하지 않고 시간과 에너지를 새롭게 투자 사분면에 예치하는 가장 효과적인 방법이라 자부한다.

미주

들어가며

1. Stephen R. Covey, *The 7 Habits of Highly Effective People: Powerful Lessons in Personal Change* (New York: Simon & Schuster, 2020).

1장

1. James Clear, *Atomic Habits: An Easy & Proven Way to Build Good Habits & Break Bad Ones* (New York: Avery, 2018).
2. Michael A. Freeman et al., "Are Entrepreneurs 'Touched with Fire'?" (prepublication manuscript, April 17, 2015), https://michaelafreemanmd.com/Research_files/Are%20Entrepreneurs%20Touched%20 with%20Fire%20(pre-pub%20n)%204-17-15.pdf.
3. Allan Dib, *The 1-Page Marketing Plan: Get New Customers, Make More Money, and Stand Out from the Crowd* (Miami: Successwise, 2018).

2장

1. "Oprah Gail Winfrey: Star Born Out of Adversity," *Hindustan Times*, January 29, 2020, https:// www.hindustantimes.com/inspiring-lives/oprah-gail-winfrey-star-born-out-of-adversity/story- a7NN8muJ5lLl22PaOXpFkK.html.
2. Sarah Berger, "Oprah Winfrey: This Is the Moment My 'Job Ended' and My 'Calling Began,'" *Make It*, CNBC, April 1, 2019, https://www.cnbc.com/2019/04/01/how-oprah-winfrey-found-her- calling.html.
3. Kaitlyn McInnis, "Oprah Winfrey Reveals the Universal Way to Know You've Found Your Life's Calling," Goalcast, October 8, 2019, https://www.goalcast.com/oprah-winfrey-reveals-the- universal-way_to_know-youve-found-your-life-calling/.
4. OWN, "Oprah Explains the Difference Between a Career and a Calling | the Oprah Winfrey Show | Own," YouTube, October 13, 2017, https://www.youtube.com/watch?v= opNxqO70smA.
5. OWN, "Oprah Explains the Difference between a Career and a Calling | the Oprah Winfrey Show | Own," YouTube, October 13, 2017, https://www.youtube.com/watch?v= opNxqO70smA.
6. Gay Hendricks, "Building a New Home in Your Zone of Genius," in *The Big Leap: Conquer Your Hidden Fear and Take Life to The Next Level* (New York: HarperCollins, 2010).
7. Jon Jachimowicz et al., "Why Grit Requires Perseverance and Passion to Positively Predict Performance" (prepublication manuscript, February 15, 2018), https://doi.org/ 10.31234/osf.io/6y5xr.
8. Oprah Winfrey, "A Day in the Life of Oprah," interview by Natasha Silva-Jelly, *Harper's Bazaar*, February 26, 2018, https://www.harpersbazaar.com/culture/features/ a15895631/oprah-daily- routine/.
9. Stephen R. Covey, *The 7 Habits of Highly Effective People: Powerful Lessons in Personal Change* (New

York: Simon & Schuster, 2020).

10. Simon Sinek, *The Infinite Game* (New York: Portfolio/Penguin, 2019).

3장

1. "London's 1000 Most Influential People 2010: Tycoons & Retailers," *London Evening Standard*, https://web.archive.org/web/20110303202728/http://www.thisislondon.co.uk/standard-home/article-23897620-londons-1000-most-influential-people-2010-tycoons-and-retailers.

2. Melody Wilding, "Why 'Dysfunctional' Families Create Great Entrepreneurs," *Forbes*, September 19, 2016, https://www.forbes.com/sites/melodywilding/2016/09/19/why-dysfunctional-families-create-great-entrepreneurs/?sh=391352b751df.

3. Judy Drennan, Jessica Kennedy, and Patty Renfrow, "Impact of Childhood Experiences on the Development of Entrepreneurial Intentions," *The International Journal of Entrepreneurship and Innovation 6*, no. 4 (2005): 231 – 38.

4. Steve Blank, "Dysfunctional Family? You'd Make a Great Entrepreneur," *Inc.Africa*, January 9, 2012, https://incafrica.com/library/steve-blank-why-dysfunctional-families-produce-great-entrepreneurs.

5. Wilding, "'Dysfunctional' Families."

6. Steve Blank, "Preparing for Chaos—the Life of a Startup," Steve Blank, April 29, 2009, https://steveblank.com/2009/04/29/startups-are-inherently-chaos/.

7. Wei Yu, Fei Zhu, and Maw-Der Foo, "Childhood Adversity, Resilience and Career Success: The Moderating Role of Entrepreneurship," *Frontiers of Entrepreneurship Research 39* (2019): 31 – 36.

8. John Dewey, *How We Think* (New York: Dover, 2003), 78.

5장

1. Michael E. Gerber, *The E-Myth Revisited: Why Most Small Businesses Don't Work and What to Do About It* (New York: HarperBusiness, 1995).

2. Joan Acocella, "Untangling Andy Warhol," *The New Yorker*, June 1, 2020, https://www.newyorker.com/magazine/2020/06/08/untangling-andy-warhol.

3. Duncan Ballantyne-Way, "The Long-Lost Art of Andy Warhol and Its Ever-Growing Market," fineartmultiple, 2018, https://fineartmultiple.com/blog/andy-warhol-art-market-growth.

4. Andy Warhol and Pat Hackett, eds., *Popism: The Warhol 60s* (New York and London: Harcourt Brace Jovanovich, 1980), 22.

5. Jennifer Sichel, "'What is Pop Art?' A Revised Transcript of Gene Swenson's 1963 Interview with Andy Warhol," *Oxford Art Journal* 41, no. 1 (March 2018): 85 – 100, https://doi.org/10.1093/oxartj/kcy001.

6. Acocella, "Untangling Andy Warhol."

7. "The Case for Andy Warhol," The Art Assignment, PBS Digital Studios, YouTube, May 28, 2015, https://www.youtube.com/watch?v=7VH5MRtk9HQ.

8. Blake Gopnik, "Andy Warhol Offered to Sign Cigarettes, Food, Even Money to Make Money,"

ARTnews.com, April 21, 2020, https://www.artnews.com/art-news/market/andy-warhol-business-art-blake-gopnik-biography-excerpt-1202684403.

9. "Stephen Shore Ditched School for Warhol's Factory," San Francisco Museum of Modern Art, YouTube, May 27, 2019, https://www.youtube.com/watch?v=rPAGGIe4Ln0.

10. "Andy Warhol 1928 – 1987," Biography, The Andy Warhol Family Album, 2015, http://www.warhola.com/biography.html.

6장

1. Keith Ferrazzi and Tahl Raz, *Never Eat Alone: And Other Secrets to Success, One Relationship at a Time* (New York: Crown Business, 2014).

7장

1. Ray Dalio, *Principles: Life and Work* (New York: Simon & Schuster, 2017).

2. Nick Offerman as Richard "Dick" McDonald in *The Founder*, directed by John Lee Hancock (2016: New York, NY: FilmNation Entertainment).

3. Christopher Klein, "How McDonald's Beat Its Early Competition and Became an Icon of Fast Food," History.com, last modified August 7, 2019, https://www.history.com/news/how- mcdonalds-became-fast-food-giant.

4. Robert T. Kiyosaki and Sharon L. Lechter, *Rich Dad, Poor Dad: What the Rich Teach Their Kids About Money That the Poor and Middle Class Do Not!* (Paradise Valley, AZ: TechPress, 1998).

8장

1. Ken Robinson and Lou Aronica, *Finding Your Element: How to Discover Your Talents and Passions and Transform Your Life* (New York: Viking, 2013).

2. Team Tony, "Stop Wasting Your Time!: Harness the Power of N.E.T. Time," Tony Robbins, March 6, 2020, https://www.tonyrobbins.com/productivity-performance/stop-wasting-your-time.

3. David Finkel, "New Study Shows You're Wasting 21.8 Hours a Week," *Inc.*, March 1, 2018, https://www.inc.com/david-finkel/new-study-shows-youre-wasting-18-hours_a_week.html.

9장

1. Trung T. Phan, "Pela Case, The $100m Sustainable Phone Case Startup That Created a Category," The Hustle, January 19, 2021, https://thehustle.co/01192021-pela-case.

10장

1. "The One Question I Ask in a Job Interview," GaryVee TV, YouTube, July 13, 2016, https://www.youtube.com/watch?v=kYPkCWREPy0.

11장

1. Yaron Levi et al., "Decision Fatigue and Heuristic Analyst Forecasts" (prepublication manuscript, July 20, 2018), doi:10.31234/osf.io/mwv3q.

2. *Moneyball*, directed by Bennett Miller (Culver City, CA: Columbia Pictures, 2011).

12장

1. Shawn Baldwin, "The Great Resignation: Why Millions of Workers Are Quitting," CNBC, October 20, 2021, https://www.cnbc.com/2021/10/19/the-great-resignation-why-people-are-quitting-their-jobs.html.

2. Baldwin, "The Great Resignation."

3. Naina Dhingra et al., "Help Your Employees Find Purpose—or Watch Them Leave," McKinsey & Company, February 27, 2022, https://www.mckinsey.com/business-unctions/people-and-organizational-performance/our-insights/help-your-employees-find-purpose-or-watch-them-leave.

13장

1. David Cameron Gikandi, *Happy Pocket Full of Money, Expanded Study Edition: Infinite Wealth and Abundance in the Here and Now* (Charlottesville, VA: Hampton Roads Publishing Company, 2015).

2. Primary-source interview; quotes from memory; name changed.

3. Brian Johnson, as quoted by Tim Ferriss on *The Tim Ferriss Show*.

4. Zat Rana, "Career Strategy: Don't Sell Sugar Water," CNBC, March 24, 2017, https://www.cnbc.com/2017/03/24/career-strategy-dont-sell-sugar-water.html.

5. The Strategic Coach Team, "10x Is Easier Than 2x," Strategic Coach, accessed May 9, 2022, https://resources.strategiccoach.com/the-multiplier-mindset-blog/10x-is-easier-than-2x.

6. Alyssa Hertel, "Where Is Michael Phelps Now? Olympics Legend Focused on Mental Health and Family," *USA Today*, July 22, 2021, https://www.usatoday.com/story/sports/olympics/2021/07/22/michael-helps-olympics-swimming-here_is_he_now/7930625002.

7. Andy Bull, "Michael Phelps Taught a Lesson for Once—By Singapore's Joseph Schooling," *The Guardian*, August 13, 2016, https://www.theguardian.com/sport/ 2016/aug/ 13/michael – phelps-taught_a_lesson-for-once_by_singapores-joseph-schooling.

8. Gary Ng, "The Top 100 Meeting: Apple's Ultra Secretive Managerial Tool," *iPhone in Canada* (blog), May 7, 2011, https://www.iphoneincanada.ca/news/the-top-100-meeting – apples-ultra-secretive-managerial-tool.

14장

1. Meir Kay, "A Valuable Lesson for a Happier Life," May 4, 2016, https://www.youtube.com/watch?v=SqGRnlXplx0.

2. Primary source interview.

나가며

1. Bryan Borzykowski, "Can Retirement Kill You?" Worklife, BBC, August 13, 2013, https://www.bbc.com/worklife/article/20130813-the-dark-side_of_the-golden-years.

옮긴이 박영준

대학에서 영문학을 전공하고 대학원에서 경영학을 공부한 후 외국계 기업에서 일했다. 현재 바른번역 소속 전문번역가로 활동 중이며 국제정치, 경제, 경영, 자기계발, 첨단기술 등 다양한 분야의 책을 번역하고 있다. 역서로는《당신이 생각하는 모든 것을 믿지 말라》《슈퍼에이지 이펙트》《슈퍼사이트》《컨버전스 2030》《인러닝》《존 맥스웰 리더십 불변의 법칙(25주년 특별개정판)》《포춘으로 읽는 워런 버핏의 투자 철학》《우버 인사이드》《최고의 리더는 사람에 집중한다》《훌륭한 관리자의 평범한 습관들》《프로젝트 설계자》등이 있다.

시간 해방

초판 1쇄 인쇄 2024년 9월 3일
초판 1쇄 발행 2024년 9월 13일

지은이 댄 마텔
옮긴이 박영준
펴낸이 유정연

이사 김귀분
책임편집 정유진 **기획편집** 신성식 조현주 유리슬아 서옥수 황서연 **디자인** 안수진 기경란
마케팅 반지영 박중혁 하유정 **제작** 임정호 **경영지원** 박소영

펴낸곳 흐름출판(주) **출판등록** 제313-2003-199호(2003년 5월 28일)
주소 서울시 마포구 월드컵북로5길 48-9(서교동)
전화 (02)325-4944 **팩스** (02)325-4945 **이메일** book@hbooks.co.kr
홈페이지 http://www.hbooks.co.kr **블로그** blog.naver.com/nextwave7
출력·인쇄·제본 (주)삼광프린팅 **용지** 월드페이퍼(주) **후가공** (주)이지앤비(특허 제10-1081185호)

ISBN 978-89-6596-650-0 03190